B. D.

MW01484434

PARALELNI SVET

(DOPUNJENO IZDANJE)

1

PREDGOVOR
DOPUNJENOM IZDANJU

Prošlo je 27 godina od prvog izdanja knjige Paralelni Svet. Usledilo je novih 22 izdanja, a knjiga je postala i ostala apsolutan jugoslovenski rekord. Prema podacima mojih osam izdavača i statistike stotina biblioteka iz svih republika bivše Jugoslavije, ovu knjigu i ostale koje su sledile, do sada je kupilo ili pozajmilo preko 2,000.000 čitalaca. Ako se ovome doda podatak da svaku knjigu u proseku čitaju i ostali članovi porodice, onda se taj broj rapidno penje na nekoliko miliona.

Neke od mojih glavnih knjiga prevedene su pored srpskog i hrvatskog na engleski, poljski, slovenački, a nedavno i makedonski jezik. Ova neverovatna statiska i stotine e-maila čitalaca, još jedan su dokaz koliko je naš narod bio željan saznanja o Bogu nakon dugogodišnje komunističke cenzure i masovne propagande da u Boga veruju samo budale ispranih mozgova!

Ali nekome iz "paralelne dimenzije" bilo je veoma stalo da što više našeg sveta sazna o Bogu, Isusu i budućnosti koja čeka one koji su hrabro i mudro odbili greh i kratkotrajan "raj na zemlji", a odlučili da sačekaju "obećani raj u večnosti". Jer ako se ljudski vek uporedi sa dužinom večnosti, on je kraći od jedne trilionke sekunde!

Ovde nije potrebna neka prevelika pamet pa da se razuman čovek opredeli, zar ne?

Autor

3

SPECIJALNA ZAHVALNOST

Autor ove knjige želi da se zahvali doktorima nauka F.Seferu i P.Gomezu sa Kalifornijskog univerziteta, Dr. Džemsu Klaudu sa Kolumbijskog (Pacifik) Univerziteta, Dr. Davidu Frejzeru iz Pasadene i Dr. Karlu Šumaheru iz Berna u Švajcarskoj.

Posebnu zahvalnost dugujem Prof. Dr. Branislavu Grbeši, psihijatru i bivšem rektoru Niškog univerziteta, kao i Džonu Fuleru, autoru knjige DUH SA LINIJE 401.

PRIKAZE

DUH SA LINIJE 401

Sedim udobno zavaljen u mekom plišanom sedištu prostranog "džeta" i posmatram udaljene zgrade losanđeleskog aerodroma. Celim kompleksom dominira u svetu čuveni okrugli restoran, koji kao da lebdi u vazduhu. Neshvatljivo obešen ispod četiri ogromne betonske noge-pipka, ovaj arhitektonski kolos zaista neodoljivo podseća na svemirski brod, koji kao da se upravo spustio iz Velsovog romana Rat svetova. Čudesnom prizoru doprinosi i talasanje uzavrelog spoljnog vazduha, koji deformiše sliku i time je čini još nestvarnijom.

Dva sata su i dvanaest minuta. Konačno smo nadomak glavne piste, ali se iza nas već naređalo desetak drugih aviona koji se strpljivo vuku jedan za drugim. Tromo se ljuljuškamo još par minuta, a onda se okrećemo u poziciju za poletanje. Kapetan odmah dodaje gas, a avion počinje da podrhtava uz resko pištanje turbina.

Dok se zalećemo, gledam kroz prozor kako proleću velike betonske ploče poletne staze. Desetak sekundi kasnije, ogromna mašina se lagano uspravlja naviše i mirno nastavlja u tom pravcu. Snažni motori i dalje ravnomerno pište, a mi se naginjemo u velikom zaokretu.

Ispod i iza nas ostaje Los Anđeles sa svojim mnogobrojnim, u svetu čuvenim predgrađima, kojima se uprkos visine još uvek ne može sagledati kraj na horizontu. Penjemo se u širokom luku, a u dubini se ukazuje tamnoplava površina

Pacifika. Bacam poslednji pogled na Santa Moniku koja se kupa u popodnevnom suncu. Miljama dugačka peščana plaža gotovo se crni od kupača, a po tamnoj površini mora jasno se razabiru stotine razbacanih belih tačkica, odnosno jedara mnogobrojnih jahti i čamaca. Zamišljam njihove prebogate vlasnike kako razgolićeni sede sa cigarom u jednoj, a konzervom koka-kole u drugoj ruci i ogovaraju svoje poslovne prijatelje i neprijatelje.

Dvadesetak minuta kasnije, muziku u slušalicama prekida kapetanov monotoni glas koji nas obaveštava da upravo nadlećemo Las Vegas. Ne uspevam da razaznam čuveni gradić. Već smo suviše visoko i sem beskrajne pustinje Moave gotovo ništa drugo se ne vidi.

Vraćam pogled na unutrašnjost aviona. Dve starije dame, jedan elegantan prosedi gospodin i ja, jedini smo putnici prve klase. Proveo sam sedam napornih nedelja u Holivudu na snimanju specijalnog filma za astronautičku agenciju NASA. Vraćam se u Toronto, u koji prema kapetanovim proračunima stižemo kroz pet i po časova.

Avion tipa "Lokid 1011" pripada kompaniji Istern i smatra se jednim od najboljih aviona širokog trupa ikad konstruisanih. Aparat je u vazduhoplovnim krugovima poznat i pod nadimkom "šaptač", zbog svojih mlaznih turbina prigušena zvuka. Da nije tog spoljnog šuma, putnik bi lako pomislio da se vozi u nekom vazdušnom balonu. Toliko je udobna, glatka i neprimetna plovidba ovim nebeskim džinom od tri stotine sedišta. Ovaj tip aviona drži i zavidan rekord sigurnosti letenja, jer se nikad ranije nije srušio "svojom krivicom". Do nezgoda je uvek dolazilo greškom Ijudi koji su njime traljavo upravljali.

Američki putnici su jedno vreme izbegavali ove divne nebeske brodove, jer su se u takvom istom avionu, iste kompanije i u ovakvom istovetnom odeljku prve klase, često

8

pojavljivali čuveni "duhovi sa linije 401". Ako mislite da je u pitanju neka glupa šala konkurentske kompanije, varate se. Ono što se dešavalo desetinama pilota i stjuardesa Isterna nije smešno, a još manje zabavno. Ukoliko ste još i osoba slabih živaca, dužnost mi je da vas odmah ovde upozorim da ovo nije knjiga za vas!

⧗

Bio je petak uveče, 29. decembra 1972. godine.

Njujorški aerodrom "Kenedi" vrveo je od hiljada užurbanih putnika željnih da što pre pobegnu u toplije krajeve i tamo proslave predstojeće novogodišnje praznike. Avioni u pravcu Kalifornije i Floride bili su skoro svi puni. Među ostalim avionima leteo je te večeri i Isternov "Lokid 1011" na liniji 401 za Majami. Približavajući se glavnoj poletnoj stazi, članovi posade Isterna vršili su poslednje provere instrumenata i razgovarali o predstojećem letu. Zaključili su da će i te večeri trebati znatno manje goriva jer su vetrovi bili povoljni. Pozadi se udobno ljuljuškalo sto šezdeset tri putnika. Bilo je prošlo devet časova i ovo je bio poslednji Isternov let za Floridu te noći.

Dok su brisači ravnomerno uklanjali sneg sa prednjeg stakla, tri muškarca osvetljena elektronskim signalnim lampicama ćutke su gledali ispred sebe. Približavao se trenutak poletanja. Tišinu bi povremeno prekidao samo metalni glas iz kontrolnog tornja diktirajući potrebne informacije. Tačno u devet i dvadeset zagrmeli su i Isternovi snažni motori i avion se uskoro vinu u nebo. Desetak minuta kasnije već je izronio iz snežnih oblaka. Aparat je besprekorno funkcionisao; bio je isporučen kompaniji pre nepuna četiri meseca i sve je ukazivalo da će ovo biti samo još jedan u nizu rutinskih letova iskusne i profesionalne posade.

Za komandama se nalazio kapetan Robert Loft, kompanijski pilot sa oko trideset hiljada časova letenja iza sebe i tri stotine časova upravljanja ovim tipom aviona.

Do kapetana Lofta, sedeo je prvi oficir Albert Stokstil, četrdesetogodišnjak, ništa manje iskusan ili odgovoran, koji je u Istern prešao posle hiljada časova letenja na vojnim transportnim avionima. Pozadi u uglu, budno motreći na stotine elektronskih signala, sedeo je sredovečni Donald Repo, zvani Don. Bio je to treći oficir koji se specijalizovao za ovaj tip aviona a obavljao je dužnost avio-inženjera. Deset stujardesa vodilo je brigu o udobnosti putnika. Sve je bilo u najboljem redu.

Oko jedanaest i trideset ukazaše se bleštava svetla toplog Majamija okruženog baršunastom tamom okolnih močvara poznatijih pod imenom Everglejds. Pošto je putnicima poželeo dobrodošlicu i lep provod kapetan Loft je sa članovima posade otpočeo da proverava listu nužnih radnji koje je trebalo izvršiti prilikom svakog manevra spuštanja. Kada je na red došlo i spuštanje stajnog trapa, odnosno točkova, signalna svetiljka za prednji točak se nije upalila!

- Prokletstvo! - opsovao je Loft kroz zube. - Moramo se ponovo dići.

Odmah se obratio kontolnom tornju i dobio dozvolu i novi nivo na kojem će kružiti dok se problem ne reši. Verujući da je u pitanju samo pregorela lampica, Loft i njegov ko-pilot su pokušali da je "odobrovolje" sa nekoliko udaraca šakom, pa kad im to nije pošlo za rukom, pokušali su da otvore instrument i zamene sijalicu. Ispostavilpo se da je ovo prilično komplikovano, a vremena nije bilo za gubljenje. Pošto svaki stajni trap može, pored hidrauličnog uređaja, da se ispusti i ručno, odlučeno je da se Don Repo, avio-inženjer, spusti u šaht ispod poda kabine i vizuelno proveri položaj prednjih točkova i ključnog uređaja.

Dok je ovaj silazio s baterijskom lampom, Loft i Albert petljali su se oko problematične lampice. Avionom je za to vreme upravljao programirani kompjuterski uređaj za automatsko letenje, u vazduhoplovnim krugovima poznat pod imenom "Džordž". I baš tu je došlo do onog fatalnog nesporazuma između "savršene" mašine i "nesavršenog" čoveka. Dok se svakog časa naginjao da popravi signalno svetlo, kapetan Loft je nesvesno sve jače pritiskivao upravljač pred sobom koji je automatski isključio autopilota, pa je ogromni avion počeo lagano ponirati naniže.

Donald Repo se u tom trenutku mučio u skučenom prostoru kabinskog šahta, pokušavajući da uperi snop baterijske lampe u željenom pravcu. Konačno mu je to uspelo, pa je zadovoljan zaključio da je sve u najboljem redu, prednji točak je bio ispušten i propisno zaključan u tom položaju. Doviknuo je onima gore da je sve u redu! Kapetan Loft je uzeo mikrofon i javio se opet prihvatnoj kontroli:

- Ovde Istern četiri-nula-jedan. Problem otklonjen. Mi bismo sada da se okrenemo i vratimo u položaj za sletanje.

- Šta se desilo sa vašom visinom?! - upitao je kontrolor letenja oštrim glasom, pošto ga je podišao talas ledenih žmaraca.

Tek tada je kapetan Loft spustio pažljiviji pogled na instrumente pred sobom.

- Hej! - začuo se njegov uzbuđeni glas. - Šta se ovde događa?

Tog trenutka Don Repo je u svom skučenom šahtu čuo neki čudan šum koji je dopirao spolja. Bili su to vrhovi močvarnog drveća koji su udarali po ispuštenim točkovima. Tu se ujedno i završava snimljena traka njihovih poslednjih reči. Tačno u 11:40 te tople noći, Isternov "Lokid 1011" srušio se u močvare Everglejdsa. Od silnog udara se raspao na nekoliko delova i eksplodirao izbacivši uvis usijanu kuglu oslobođenog gasa kerozina!

Devedeset devet osoba je poginulo, sedamdeset sedam je ostalo teže ili lakše povređeno, uključujući i članove posade aviona. Za srazmerno velik broj preživilih, moglo se zahvaliti gustim vodama močvare koje su nakon prve eksplozije prigušile ili pogasile ostale manje požare i svojim plitkim vodama zaštitile preostale nesrećne putnike. Sva trojica baksuznih pilota u prednjem delu takođe su nastradala - jedan na mestu mrtav, druga dvojica izdahnuvši u bolnici iste noći. Najgore od svih, svakako je prošao siroti Don Repo koji je još satima ostao prignječen u svojoj skučenoj rupi ispod poda glavne kabine. Ona dvojica gore imala su kakav-takav osećaj o tome šta će se desiti, a on baš nikakav. Njega je smrt zatekla u pravom šoku. Čini se da su i druga dvojica umrla sa jakim osećanjem lične krivice. Toliko jakim, da im nije dao mira ni tamo na "onom svetu"!

Proći će još nekoliko godina, pre no što će se sva trojica smiriti i zauvek napustiti ovaj materijalni svet u kojem su tako tragično završili. Ono što će uskoro uslediti, verovatno će mnogim čitaocima podići kosu na glavi, ali, nije li svrha ove knjige da ih obavesti baš o tim misterioznim fenomenima koje naša materijalistička moderna nauka nije u stanju da zabeleži i izmeri!

Dva meseca kasnije, sve je opet teklo normalnim tokom. Kao i svaka druga nesreća, i pad Isternovog aviona postao je samo statistika. Poginule su pokopali, olupinu odvukli u jedan od Isternovih hangara u Majamiju, a svega nekoliko dana kasnije komisija je već bila sigurna da je do udesa došlo isključivo nepažnjom posade. Milioni putnika ni za trenutak nisu posumnjali u ispravnost čuvene kompanije, još manje su izgubili poverenje u izvanrednu letelicu koja je i u ovom slučaju dokazala da je bila u ispravnijem stanju od onih koji su te kobne noći njome rukovali.

O nesreći se više nije prepričavalo ni među službenicima Isterna. Kao da su svi želeli da je što pre zaborave i vrate se svojim svakodnevnim obavezama i planovima za budućnost. O lepšoj budućnosti su te noći, koju želimo da vam opišemo, pričale i dve mlade stujardese, Džejn i Dona. O budućnosti je u stvari pričala Dona, koja je tih dana trebalo da se uda za jednog inženjera iz iste firme. Radoznala Džejn je svuda pratila Donu u toku celog leta pa čak i u toku služenja večere. Rastale su se samo na par minuta, kada se Dona prva spustila skučenim liftom u donje prostorije aviona da iz toplih rerni uzme novu količinu hrane. Devojka je prvo osetila, kada se dole našla sama, neku čudnu hladnoću. Iako je termometar u rernama jasno pokazivao visoku temperaturu, Doni se, iz nepoznatih razloga, počela ježiti koža na golim rukama. Prišla je redovima rerni proveravajući njihovu sadržinu. Odjednom ju je neko dotakao po razgolićenom ramenu. Misleći da je to Džejn u međuvremenu, sišla, stjuardesa se osvrnula prijateljski se smešeći. Ali njen osmeh se istog časa zaledio, jer, sem nje u prostoriji nije bilo nikog!

Leđima se privukla toplim rernama i tako oslonjena počela polako da klizi prema liftu. Sasvim sigurno je "osećala" nečije prisustvo, mada joj nije bilo jasno ko bi još, sem nje, tu mogao biti. Naglo je pootvarala nekoliko uzanih vrata plakara, misleći da se neko od kolega sakrio, pa je plaši. Pošto se uverila da nema nikog, upaničeno je počela da pritiska dugmad na oba lifta. Uletela je u onaj drugi, pošto je prvi, kojim se spustila, bio zauzet. U njemu se nalazila Džejn pa su se tako mimoišle.

Džejn se takođe iznenadila čudnoj hladnoći, ali i činjenici da je dole ne čeka prijateljica. Ta, svojim očima ju je videla kako se spustila liftom pre nepuna tri minuta!

Kratko je stajala u nedoumici, pa se i sama protrljala po mišićima i pošla u pravcu redova sa rernama. I njoj se učinilo da nije sama u odeljku, pa je počela sve češće zabrinuto da se osvrće. Sasvim je jasno čula nečije teško disanje, pa se okrenula u tom pravcu. Pomislila je prvo da joj se magli pred očima, jer je malo poviše desnog zida primetila nekakvu čudnu izmaglicu. Bilo je to nalik na mali oblak kondezovane pare koji je pulsirao povećavajući se i smanjujući naizmenično.

Džejn je protrljala oči. Istina, ovo joj je bio treći let toga dana, ali se nije osećala naročito umornom. Oblačak bele pare se ne izgubi, naprotiv, počeo se duguljasto formirati i ocrtavati udubljenja očiju i usta, a zatim sve jasnije obrise čovečijeg lica! I pored strašne želje da pobegne sa tog užasnog mesta Džejn se od straha gotovo paralisala. Noge su joj otkazale i kao da su bile zalepljene za pod. Širom otvorenih smeđih očiju, devojka je piljila u avet pred sobom. Prikaza se sad već jasno oformila u lice sredovečnog čoveka sa naočarima tankih metalnih okvira. Lice mu je bilo pepeljasto, a proređena kosa seda. Tog trenutka Džejn nije imala pojma ko bi to mogao biti, jer srećom nije poznavala pokojnog Don Repa. Da slučajno jeste verovatno bi je te noći pronašli dole mrtvu!

Rukama stiskajući drhtave usne kako bi prigušila krik, devojka se konačno odvojila od zida sa rernama i potrčala prema liftovima preko puta. Dok je sa obe ruke mahnito udarala po dugmetu jednog i drugog lifta, nije se usuđivala da se osvrne u tom pravcu. Jedva se ugurala između uzanih vrata i tada se još jednom, poslednji put, suočila sa avetinjskom prikazom. Lice poče da se miče, čovek kao da je želeo da progovori. Lift ga je sprečio u tome.

Izbezumljena od straha, Džejn je iz malog lifta utrčala u obližnji toalet i zaključala vrata. Lice joj je bilo bledo, oči preplašene, a usne pomodrele. Bilo joj je potrebno deset minuta da dođe sebi, malo se umije i dotera kosu. Kada je nešto kasnije srela, Dona se zagleda u svoju drugaricu:

- I ti si dole nešto primetila? - bilo je prvo što je upitala.

- Nešto ?! - ponovi Džejn prigušenim glasom i uvuče je u mali prolaz kako ih ostali ne bi čuli. - Svojim očima sam videla dole ispred zida lice nekog čoveka s naočarima! Otvarao je usta i želeo nešto da mi kaže!

Dve devojke mudro odlučiše da o ovome za sada nikom ne govore. Naravno, nije im ni na kraj pameti bilo da bi to lice moglo pripadati kojem od nastradalih članova posade srušenog aviona. Ali vi već sigurno pogađate, ovaj prvi čudni slučaj desio se baš na toj kobnoj liniji 401, od Njujorka za Majami, u jednom od Isternovih "Lokida 1011", onom istom tipu aviona koji se na ovoj istoj liniji srušio pre dva meseca!

Mesec dana kasnije, jedna senior stjuardesa, po imenu Suzan, ukrcala se sa svojih desetak drugarica u veliki "Lokid 1011" na istoj liniji, ali iz Majamija za Njujork. Svi putnici su bili raspoređeni na svoja mesta i avion je bio spreman za poletanje. Suzan, inače šef domaćica na ovom letu, prolazila je lagano između redova prve klase, vrhom olovke brojeći putnike i upoređujući ih sa brojem na listi putnika koju je držala u levoj ruci. Jedan pitnik je bio suvišan, u odnosu na listu.

Diskretna, kakva je samo ona umela biti, Suzan je još jed-nom prošetala, pažljivije zagledajući lica putnika. Tada je primetila u jednom od polupraznih redova uniformisanog kapetana njihove kompanije. Sedeo je ukočen, gotovo nepomično zureći nekud ispred sebe i prilično bled u licu. Suzan ga nije lično poznavala, ali je znala za običaj da prvom klasom lete piloti Isterna vraćajući se sa dužnosti, ili odlazeći da preuzmu neki avion u susednom gradu ili državi. Ipak, bila je iznenađena što se ime ovog kapetana nije nalazilo na njenoj listi, mada je trebalo.

- Izvinite, kapetane - zastala je Suzan i obratila mu se tihim glasom - putujete li sa nama kao "povratnik", ili ste na putu privatno? Znate, nemam vas na svojoj listi - pitala je izvinjavajući se.

Ali na kapetanovom pepeljastom licu ne pomeri se ni najmanja bora. Kao da je uopšte nije čuo, ni primetio, i dalje je zurio nekud ispred sebe, čudnim pogledom od kojeg Suzanu podiđe jeza. Pomislila je da je možda bolestan.

Diskretno se povukla u pravcu pilotske kabine prilično zabrinuta.

- Momci, pozadi u prvoj klasi nešto nije u redu! - nagnula se između kapetanovog i ko-pilotovog sedišta. - U odeljku prve klase sedi jedan kapetan Isterna kojeg nisam ranije sretala. Na moje pitanje gde putuje nije ni okom trepnuo, nekako je "smrtno bled" i samo zuri ispred sebe!

- Zašto ne pogledate u listu?

- U tome je problem, kapetane! Tog tipa nema na našoj listi! Znam, - nastavi ona, - možda nije imao vremena da se prijavi našem uredu na aerodromu, a možda je i kakav psihopata s ko zna kakvim namerama? Izgleda bolestan u svakom slučaju!

Kapetan Rajerson ju je kratko posmatrao, onda poče tromo da se izvlači iz svog sabijenog sedišta.

- Poći ću sa vama da pogledam - reče stjuardesi, zakop-čavajući svoj službeni kaput.

Pošto je oštrim koracima umarširao do sredine odeljka, kapetan Rajerson se saže u nameri da oslovi misterioznog kolegu. Ali kada ga je pobliže pogledao, Rajerson ustuknu dva koraka unazad i sam smrtno prebledevši...

16

- Gospode! - uzviknuo je. - Pa to je kapetan Loft!

Tada se desilo ono najčudnije od svega. Do prozora, tri sedišta dalje sedela je starija dama sa džepnom knjigom u rukama. Privučena prisustvom dvojice službenika i kapetanovim uzvikom i sama se zagledala u nepomičnu figuru uniformisanog čoveka. Naočigled ove trojice svedoka do tada prilično solidno telo u uniformi, poče da "bledi". Kroz njega su se uskoro nazirali delovi fotelje, a onda telo potpuno nestade! Efekat je prisutne neodoljivo podsetio na poznata "pretapanja" viđena u filmovima.

Dami do prozora ispade knjiga iz ruku i ona klonu bez svesti. Kapetan ostavi prebledelu stjuardesu da pomogne putnici, a on se dugim koracima uputi prema izlazu iz aviona. Šta je Rajerson rekao i sa kim je razgovarao u uredu Isterna nikad nije objavljeno, tek uskoro u avion umarširaše trojica naoružanih aerodromskih policajaca koji detaljno pretražiše ceo avion i zaviriše u svaki ćošak. Zastoj je potrajao ceo sat, a prva vest o "duhu sa linije 401" već se uveliko širila idućeg dana, ne samo po avionima Isterna, već i po ostalim kompanijama.

Pošto su i same načule o tom događaju, Džejn i Dona se sa olakšanjem zagledaše jedna u drugu. Bio je to konačan dokaz da je sa njima dvema sve u redu, da nisu šenule niti se naglo razbolele od kakve opake duševne bolesti. Ohrabrene onim što su čule, stjuardese počeše i same da se poveravaju svojim drugaricama, pa priče o Isternovom "duhu" počeše da dobijaju zabrinjavajući tok.

🔲

Početkom avgusta, odnosno sedam meseci nakon pomenutog udesa u močvarama Everglejdsa, u Isternovom avionu se našla mlada stjuardesa meksičkog porekla, Leona Parana.

17

Po nagovoru jedne drugarice, prijavila se na konkurs za nove stjuardese Isterna i naravno, pobedila iz više razloga. Govorila je tečno španski i engleski, a vrlo dobro je vladala i francuskim. I prijatnim izgledom i opštim ponašanjem, bila je ravna svakoj manekenki.

Te noći bila je raspoređena na liniji 401 za Majami, a iza sebe je imala kratak staž od svega dve nedelje. Samo što je izašla iz Isternove škole za domaćice aviona.

- Leona! - doviknu joj starija koleginica iza leđa - siđi dole i odnesi samo dve večere u pilotsku kabinu!

Devojka potvrdi glavom da je razumela i odmah posluša. Kako se i posada hranila istom hranom kojom i ostali putnici, Leona pođe prema rernama sa naređanim tacnama koje su se podgrejavale. Ali, rernu kojoj je prišla, nije mogla da otvori. Dok se petljala oko elektronskog dugmeta za podešavanje temperature, koje je inače i oslobađalo staklena vratanca rerni, ona oseti nečiji dodir po levom ramenu.

- Dozvolite! - reče sredovečni uniformisani čovek sa naočarima na bledom licu.

Mlada devojka se bez reči pomeri u stranu, a oficir dodirom ruke oslobodi tvrdoglavi uređaj koji škljocnu i rerna se otvori.

- Hvala vam, kapetane! - nasmeši se ona ljupko.

- Ja nisam kapetan - reče onaj ozbiljno. - Radim kao aero-inženjer.

Leona se još jednom ljubazno osmehnu i poče da izvlači dve tacne sa već naslaganom hranom. Kada se opet okrenula, onaj oficir je već bio nekud nestao. Leona se popela na gornji sprat i unela jelo u pilotsku kabinu...

- Ah, hvala! - preuze kapetan prvu tacnu, a kopilot drugu.

- Zahvalite vašem kolegi - nasmeši se devojka. - Da mi nije pomogao da otvorim rernu, bojim se da biste još čekali.

Leona se sa onim istim smeškom okrete malo udesno, prema uglu u kojem obično sedi aero-inženjer. Bio je to mladić tridesetih godina, potpuno crne kose i bez naočara! Devojka se zbunila.

- Gde je onaj drugi gospodin?
- Koji drugi? - upita mladić zainteresovano.
- Onaj što mi je malopre otvorio rernu. Ima naočare i predstavio se kao aero-inženjer - i dalje se smešila.

Utom kapetan poče da kašlje, jer se bio zagrcnuo.

- Sreli ste dole čoveka u uniformi Isterna, sa naočarima? - upita je ostavljajući tacnu sa hranom po strani.
- Da - potvrdi Leona.
- Oh, Bože! - uzbudi se kapetan. - Zar opet?!

Dok su trojica pilota izmenjali značajne poglede, Leona ih je posmatrala sve zabrinutija. Ona pomisli da se radi o nekom, kompaniji već poznatom duševnom bolesniku koji se "opet" uvukao u avion, izdavajući se za pilota kompanije!

Kapetan se saže i izvadi iz svoje putne torbe jedan koverat. On izvuče iz njega fotografije trojice muškaraca uniformisanih u odeće Isterna.

- Da li je to bio jedan od ovih? - pruži joj kapetan fotose u koje se Leona zagleda i bez mnogo dvoumljenja upre prstom u Don Repu.
- Bio je to ovaj gospodin!
- To nije moguće! - promrmlja kapetan više za sebe.
- Zar nešto nije u redu? - poče Leona da paniči.

- Gospodin s kojim ste, kako tvrdite, malopre razgovarali, bio je pilot Isterna i poginuo u nesreći pre sedam meseci!

Leoni tek tada prolete mozgom nedavni razgovor koji je na tu temu vodila sa jednom Isternovom stjuardesom. Njene velike tamne oči se čudno izvrnuše naviše i ona se mlitavo sruši na uzani pod pilotske kabine.

19

- Dođavola! - bilo je sve što je kapetan promumlao.

Dok je mlađi avio-inženjer pokušavao da povrati Leonu kapetan dohvati svoj dnevnik letenja, podeblju svesku u koju se moralo upisivati sve značajnije što se dešavalo u toku leta tog dana. Na žalost svi oni listovi iz tih dnevnika, za koje su neke novinske kuće kasnije nudile hiljade dolara, bili su istrgnuti i nestali su bez traga! Kompanija Istern očigledno nije ništa prepuštala slučaju.

Prošlo je gotovo godinu dana od nesreće u močvarama Everglejdsa, a "duhovi sa linije 401" naizmenično su se pojavljivali s jednim izuzetkom - nedostajao je ko-pilot Albert Stokstil. On se nikad nikome nije prikazao, a zašto, saznaćemo kasnije.

Život je, međutim, "s ove strane" tekao i dalje svojim tokom, milioni putnika su nekud leteli, hiljade pilota menjali su svoje linije i avione, a kompanija Istern je s nestrpljenjem čekala da se priče o njenim duhovima skinu sa novinskih stubaca. Priznaćete i sami, nije prijatno putovati avionom kojima povremeno "upravljaju duhovi"! Ono što se uskoro desilo, prevršilo je svaku meru.

Ko-pilot Moris Danlop bio je tog popodneva određen da leti iz Majamija za Njujork, dakle, na onoj drugoj liniji tristotine osamnaest. Već kao dvadesetogodišnjak imao je u džepu letačku dozvolu za privatni avion. Pošto je završio koledž aviomehaničara, ubrzo je dobio službu kod Isterna koji je rado primao mlađi svet. Tamo je nastavio da pohađa Isternovu večernju školu za pilote koju je takođe s uspehom završio. Drugi oficir je bio već skoro tri godine.

Kako se prvi našao u pilotskoj kabini, Moris je najpre po svom starom običaju izvadio iz džepa kaputa malu namagnetisanu sličicu svoje supruge i ćerkice, koju pritisnu na metalni deo sa svoje leve strane. Ovaj ritual značio mu je neku vrstu razbijanja baksuza. Tvrdi se, da gotovo nema pilota koji nije bar malo sujeveran kada su u pitanju slične stvari.

Odjednom, Moris začu negde pozadi ispod kabine neko lupanje. Prilično iznenađen, on utvrdi da se neko nalazi dole u šahtu. Ustao je, otvorio okrugli poklopac i propustio napolje nekog oficira Isterna prilično čudna izgleda. Čovek je bez reči seo za mali sto u uglu avio-inženjera.

- Sve sam proverio, nema problema - rekao je tiho.

Moris ga nije poznavao, Istern je imao na platnom spisku više od dve hiljade pilota i vrlo malo njih se poznavalo. Misleći da je to treći član posade, Moris se bez reči vrati u svoje desno sedište. Više se nije osvrtao, sve dok nije čuo poznat glas kapetana Brauna. Ali iza kapetana je ušao još jedan stariji čovek koji zauze prazno sedište avio-inženjera.

- Zar se onaj gospodin predomislio? - upita ih on sa začuđenim smeškom na preplanulom licu.

- Koji gospodin? - spuštao se kapetan u svoje sedište.

- Onaj avio-inženjer koga sam malo pre pustio iz "rupe" - kako su popularno zvali šaht ispod kabine.

Kapetan Braun je bio vrlo ozbiljan i metodičan čovek koji nije voleo glupe šale, u pilotskoj kabini. Pošto je kratko i oštro posmatrao svog mlađeg kolegu, on ga upita:

- Otvorili ste šaht i propustili napolje nekog Isternovog oficira?

- Tačno - uozbilji se Moris, osećajući da nešto nije u redu.

- Bio je prilično bled u licu i nosio naočare sa tankim metalnim okvirima? - nagađao je kapetan sve slabijim glasom.

- Tačno! - priseti se Moris naočara.

Kapetan se saže u stranu i izvadi iz tašne jednu fotografiju.

- Ličio je na ovog čoveka? - pruži je on Morisu.

- Da, to je bio taj čovek! Oficir Isterna!

- Da li vi, mladiću, znate ko je taj gospodin na slici?

Moris vidno preblede, ali ne zato što se setio Dona Repa, nikad ga lično nije ni sreo, već zato što se setio priče o "duhu sa linije 401"! Bio je to osamnaesti slučaj prikaza duhova na Isternovim linijama za Majami i kompanija je odlučila da poduzme nešto ozbiljno, kako bi se jednom zauvek stalo na put tim naklapanjima!

Kako su sva moderna naučna sredstva zatajila u logičnom razjašnjavanju ovih čudnih događaja, kompanija se obratila jednom poznatom parapsihologu. Nakon gotovo mesec dana provedenih na sređivanju dokumenata, svedočenja, preslu-šavanju traka i obradi ostalih podataka, parapsiholog je došao do sledećih zaključaka: ako se ima u vidu neverovatna mogu-ćnost postojanja "dva sveta", od kojih je jedan materijalni a drugi sačinjen od energije čiste svesti, odnosno duhovan, stvari su se odvijale potpuno prirodnim tokom. Kad su umrli, bivši Isternovi piloti našli su se u tom drugom svetu. Jedan od njih, drugi oficir Stokstil, shvatio je šta se sa njim desilo! Međutim, druga dvojica, kapetan Loft i avio-inženjer Don Repo, ostali su tako snažno "vezani" za ovaj svet, da ga naprosto nisu ni mogli ostaviti; ostali su da se muvaju po onoj tananoj ivici između te dve dimenzije! Ovome su doprineli nešto ateizam, a nešto griža savesti zbog izgubljenih života i grdne materijalne štete koju su ovim padom počinili kompaniji. Dok su im tela ostala ovde uništena i raskomadana, njihova svest je prešla potpuno neoš-tećena! Ovo iz razloga što se materijalni i duhovni svet ne mogu potirati! Jednostavno su odvojeni i apsolutno nezavisni jedan od drugoga, tvrdio je parapsiholog.

Posledice slede - oficir Stokstil bez problema odlazi dalje, ostavljajući zauvek iza sebe ovaj materijalni svet. Loft i Donald Repo ostaju, i u svojoj snažnoj želji da se "vrate", počinju da se pojavljuju među bivšim drugovima u obliku prikaza. Njima je očigledno potrebna pomoć, treba im na neki način staviti do znanja da su umrli i objasniti im gde i kako da idu dalje. Na žalost, parapsiholog nije stručnjak i na tom čisto spiritualističkom polju, pa je predložio kompaniji da pozove u pomoć jednog poznatog sveštenika, inače čuvenog po "isterivanju duhova" iz starih kuća i dvoraca! Na jednoj specijalno aranžiranoj spiritualističkoj seansi, za koju se tvrdilo da se održala u odeljku prve klase na liniji 401 iz Njujorka za Majami, pop je "prizvao" duhove pokojnih pilota i objasnio im neke njima nepoznate stvari. Obećali su mu da će smesta otići u miru i da se nikad više neće ponovo pojaviti. I nisu se. Nikad više!

Izabrao sam za vas, dragi čitaoci ovaj slučaj kao prvi u nizu ostalih, jer je ovo najmasovniji fenomen prikaza koje su se ikada desile grupisane oko jednog mesta ili objekta. Ljudi kojima se gore opisano dešavalo, bili su svi vrlo ozbiljni, obrazovani i profesionalno savesni u svom odgovornom radu prevoženja miliona putnika. O tom čuvenom slučaju pisala je kako ozbiljna, tako i neozbiljna štampa, a ni Holivud nije zaostao snimivši uzbudljiv film prema knjizi Džona G. Fulera DUH SA LINIJE 401.

Mi se u ovim prvim poglavljima nećemo baviti teorijom o autentičnosti ovih slučajeva, ili njihovim tehničkim detaljima. Cilj je da čitaoca, pre svega, obavestimo o tim fenomenima i istovremeno da ga zabavimo. Kasnije ćemo pogledati detaljnije i naučne pokušaje da se ovi fenomeni razjasne.

DEVOJKA S MOSTA

General Anderson ljutito zalupi slušalicu telefona i poluglasno opsova, što inače nije bio njegov običaj. Kratko je gledao u vlažni tamni prozor po kojem su dobovale krupne kapi jesenje olujne kiše a onda se okrete svojoj supruzi Emi:

- General Paterson zahteva da se odmah vratimo za Omahu, - kratko je obavesti. - Neki važan član Kongresa želi da nas vidi sutra ujutru u deset časova. Bojim se, draga, da ćemo u tom slučaju morati odmah da se pakujemo i krenemo na put.

- Ovo je bio najgori godišnji odmor koji smo ikad imali, zar ne? - podiže gospođa Emi svoj pogled sa pletiva. - Gotovo cele nedelje je lila kiša, a sad nas čak prekidaju službenim razlozima!

General Anderson ne reče više ništa. Skupljao je svoj duvan u lulu i najvažnije stvari za put. Svoju vikend kuću su napustili oko pola devet uveče. Do Omahe, koja se nalazi na samoj državnoj granici između Ajove i Nebraske, trebalo im je najmanje tri časa vožnje automobilom.

Oko deset i trideset prošli su kroz gradić Logan i počeli se približavati tamnoj konstrukciji gvozdenog mosta preko rečice Bojer. Još uvek je padala kiša, ali sada nešto slabija. Sa radija je dopirala tiha muzika u ono vreme čuvene crnačke grupe "Pleters". Iz Omahe je vršen direktan prenos njihovog večernjeg koncerta. Bila je to 1959. godina.

Odjednom, Anderson poče da koči, što probudi njegovu suprugu iz dremeža. Nasred pustog vlažnog puta, na ulazu na most, stajala je neka mlada devojka. Pod svetlima farova, činila se sablasno nestvarnom. Prišla je desnim vratima njihovog Dodža, čiji prozor je gospođa Anderson već spuštala.

- Haj! - pozdravila ih je čudnim baršunastim glasom koji je više ličio na glasan šapat. - Živim nekoliko milja unapred, da li biste me povezli kući?

- Naravno! - odmah se složio Anderson. - Upadajte!

Gospođa Anderson otvori vrata i saže se sa sve naslonom svog sedišta, kako bi propustila devojku na zadnje sedište.

Automobil Andersonovih bio je kabriolet sa dvoja vrata. Dok je kiša i dalje dobovala po platnenom krovu, lagano pođoše dalje. Devojka je ćutala i ukočeno gledala nekud kroz desni prozor. U toku vožnje Anderson bi bacio po koji pogled u ogledalce, proučavajući čudno bledo lice mlade devojke. Nije mogla imati više od 18 godina i kad bi se doterala, mora da bi bila prava lepotica. Andersonu je bilo jedino smetalo ono smrtno bledilo na njenom mladom licu. Neprijatno ga je podsetilo na lice jedne mlade devojke koja se pre tri godine utopila, a u čijem je neuspelom spasavanju i sam učestvovao.

- Volite li Pleterse? - upita je on kako bi prekinuo nelagodnu atmosferu.

- Smeta mi vaš radio - reče devojka umesto odgovora.

Anderson baci kratak pogled na svoju suprugu, koja odmah ugasi radio. Već su oboje zaključili i po devojčinom čudnom liku i po njenom preozbiljnom glasu da je verovatno bolesna ili joj se desilo nešto vrlo neprijatno.

- Skrenite desno kod onog puta - upozori ih.

Anderson posluša bez reči. Puteljak je vodio na neko privatno imanje, odnosno ranč. Uskoro prođoše ispod kapije sa nazivom ranča i produžiše do velike bele kuće u kolonijalnom stilu. Bilo je očigledno da ovde žive bogataši. Anderson se osvrte da vidi devojku, ali ona se ne pomeri.

- Želite li da obavestim vaše roditelje? - ponudio joj se misleći da je zaista bolesna.

- Molila bih vas - reče devojka i dalje zureći u kuću. Anderson se već bio uhvatio za kvaku svojih vrata, kad se seti da je upita:

- Šta da im kažem? Ta ne znam ni vaše ime?

- Recite mom ocu da ste dovezli Loni, njegovu ćerku.

General klimnu glavom i izađe u kišu. Pretrčao je par koraka dok se nije našao ispod visoke nadstrešnice koju su pridržavala četiri debela bela stuba. Pre no što će udariti teškim metalnim zvekirom, Anderson pogleda u prozore na gornjem spratu. Samo dva su još bila osvetljena.

Posle predugih dva minuta, konačno se na ulaznim vratima pojavi proseda glava crnog batlera koji ga upitno odmeri.

- Dobro veče! Ja sam general Anderson! - predstavi mu se ovaj, mada je to bilo očigledno i po oznakama njegove uniforme. - U mom automobilu se nalazi jedna devojka koja kaže da se zove Loni i da živi ovde. Mogu li videti njenog oca?

Batler zinu, ostade u tom komičnom položaju par trenutaka, onda otvori širom vrata i propusti gosta unutra. Anderson se nađe u velikom foajeu raskošne vile.

- Zar nešto nije u redu? - začu se glas starijeg čoveka koji je silazio sa gornjeg sprata, opasujući svoj kućni mantil od tamnocrvene svile.

- Ovaj gospodin - promuca batler - želi da vas vidi, ser!

- Generale! - klimnu glavom domaćin i zaustavi se pred noćnim posetiocem.

- Roj Anderson! - predstavi se oficir i pruži ruku. - Napolju u automobilu su moja supruga i jedna mlada devojka koja tvrdi da je vaša kćer. Kaže da se zove Loni. Naišli smo na nju pred samim ulaskom na most i povezli je. Odevena je samo u laku haljinu, prilično neprijatna odeća za ovakvo vreme!

- Da, slažem se s vama - reče domaćin odsutnim glasom. - Mogu li da je vidim? - upita na kraju.

- Svakako, sedi pozadi u našim kolima.

Domaćin dohvati kišobran koji je visio u obližnjem plakaru i ponudi gosta da prvi izađe. Prešli su desetak koraka do parkiranog automobila čiji je motor tiho brujao i brisači radili. Istovremeno je gospođa Anderson spustila desno staklo na svojoj strani vrata.

- Gde je devojka?! - upita je iznenađeni Anderson.

26

Njegova supruga se naglo okrenu i ostade u tom položaju.

- Ali ... ali to nije moguće! - bunila se tihim glasom. - Pa još smo pričale pre nepunih pola minuta!

Uzbuđena žena potraži prekidač za unutarnje svetlo. Da, zadnje kožno sedište ne samo da je bilo prazno, bilo je i "suvo"! Zaprepašćeni supružnici nisu znali šta više da kažu starom čoveku kojeg su tako nepristojno probudili i uznemirili. On im se čudno smešio, pogledom prijateljskim i tužnim istovremeno, ali i punim razumevanja.

- Molim vas uđite za momenat unutra - zamoli ih on. - Popijmo zajedno jedan topao čaj.

Ovo je posle svega bio više nego dobar predlog, koji supružnici Anderson prihvatiše bez opiranja.

- Ali – snebivao se general ponovo ulazeći u foaje - ja ne znam šta da kažem! Ta nismo deca, gospodine! - kao da se pravdao svom otmenom domaćinu. - Kunem vam se pokupili smo tu devojku na mostu i dovezli je pred vašu kuću!

- Smirite se, generale! - tešio ga je sedi čovek. - Ja vam verujem, iz prostog razloga što je to zaista bila moja kćer Loni. Ali ja moram ujedno i da vam se u njeno ime izvinim. To nije, znate, prvi put da se moja kćer šali na ovako grub način s nedužnim putnicima, od kojih su neki doživeli i prave nervne šokove.

Anderson pomisli da je devojka malo poremećena, ali istovremeno i vraški vešta u mađioničarskim trikovima nestajanja bez traga.

- Kako za ime sveta, uspeva onako neprimetno da se iskrade iz automobila? - upita on svog domaćina.

- Sedite! - zamoli ih ovaj najpre, pa se i sam spusti u jednu od dubokih fotelja razmeštenih usred visokog foajea.

- Ja, - bilo je starom čoveku sve neprijatnije, - ja prosto ne znam kako da vam objasnim. Vidite... - razvlačio je - devojka koju ste malopre dovezli u stvari više nije živa.

General Anderson se opasno uozbilji. Njega još do danas niko nije uvredio na ovako drzak način. Ta šta ovaj starac misli? On koji je prisustvovao nuklearnim eksplozijama, prošao kroz pakao Ivo Džime i kasnije Koreje, valjda zna šta govori!

- Ne Ijutite se! - pročitao je sedi čovek njegove misli.
- Kako da se ne Ijutim gospodine, pa nismo dovezli duha!

Stari čovek se tužno zagleda u šare na tepihu.

- Bojim se, gospodine Anderson, da ste učinili upravo to!
- Ali... - zastade general! - pa to prosto nije moguće! O čemu to govorite, gospodine!
- Pokušavam da vam objasnim neprijatnu istinu - podiže onaj svoj umorni pogled. - Zovem se Lojd Robinson - konačno im se predstavi. Možda ćete me se lakše setiti ako vam kažem da sam do pre dvadesetak godina bio aktivan u Kongresu.
- Tačno... - seti ga se general. - Kongresmen Robinson! Sve vreme mi je vaš lik bio odnekud poznat, pa sam već pomislio da ste bili filmski glumac!

Lojd Robinson se opet tužno nasmeši.

- Da, nisu to bila ni tako rđava vremena, dok nas nije jednog dana zadesila užasna tragedija.

Prisećajući se tih tužnih dana, starom čoveku je trebalo nešto više vremena da se koncentriše...

- Loni je bila divna mlada devojka, jedna od najlepših u kraju. Bila nam je jedinica i imali smo za nju velike planove. Želeli smo da diplomira prava i da se uda za mladića sebi ravnog iz bolje porodice. Na sve smo računali sem na Ijubav! Loni se odjednom zaljubila u lokalnog mladića, dosta pristojnog, ali iz kuće okorelog alkoholičara i poznatog propalice. Mene i suprugu bilo je stid zbog te pogrešne veze i sve smo pokušali da odgovorimo Loni od udaje. Bez mnogo uspeha. Kada je saznala da nameravamo da je prebacimo u drugi grad na studije, dogovorila se sa svojim momkom da te noći pobegnu njegovim automobilom. Moj odani batler, kojeg ste videli, to je na vreme otkrio i pojurili smo za njima mojim sportskim autom. Na krivini pred samim mostom njihov se automobil naglo zaneo i iz sve snage udario u gvozdenu u. Našli smo ih tek dva dana kasnije, gotovo sedam milja nizvodno, na samoj granici Nebraske.

Ali... - opet je mucao Anderson - da li vi, u stvari, hoćete da nam kažete da je vaša kćerka mrtva već dvadeset godina?!

- Da, ali kao što vidite, nije se smirila već je ostala tu s nama, na samoj ivici života i smrti, valjda kako bi me kaznila zbog mog primitivnog i nerazumnog ponašanja.

- Da li je zaustavljala i druge ljude? - upita tiho gospođa Anderson.

- Nekoliko desetina, gospođo. Nekima bi nestala još u toku vožnje, a nekima na sličan način kao vama večeras. Sve smo pokušali, konsultovali sveštenike, psihologe, medijume i spiritiste, ali bez uspeha. Ona se uporno vraća natrag, dok me jednog dana i samog ne odvede sobom! Valjda ću tada uspeti da joj objasnim svoje razloge i postupke očajnog čoveka kojem su želeli da poremete roditeljske planove.

Kada su Andersonovi konačno napustili imanje Lojda Robinsona, bila je uveliko prošla ponoć. General je ćutao čvrsto stisnutih usana, pogleda uprta i tamu pred sobom. Od šumova se jedino čuo rad motora i ravnomerno klizanje brisača po vlažnom staklu. Sva njegova znanja i pretpostavke o ovom materijalnom, atomskom svetu, bile su te noći iz osnove poljuljana. Razmišljao je, ako su ovakve stvari ipak moguće, onda je za tako nešto postojalo samo jedno jedino objašnjenje - pored ovog nama vidljivog sveta, mora postojati još jedan, nama nepoznat i neshvatljiv svet, čija se konstrukcija i sastav svakako graniče sa našim zdravim razumom i logičnim rasuđivanjem na koje smo navikli.

Povremeno bi bacao zabrinut pogled na malo ogledalo, ali se bleda devojka ne ukaza više na zadnjem sedištu. Verovatno se već spremala da zaustavi nekog drugog vozača na mostu, u svom očajnom pokušaju da se ponovo "preveze" u ovaj svet, iz kojeg je tako mlada, zaljubljena i željna života prerano nestala.

Slučaj koji sam vam gore opisao, nije proizvod petparačkih novina željnih senzacija, nego se zaista desio pomenutim ličnostima.

SLUČAJ DOKTORA MORTONA

Neviđena recesija trideset godina prošlog veka, nije, naravno, mimoišla ni industrijski Pitsburg u državi Pensilvaniji. Stotine hiljada besposlenih radnika, dovedenih do prosjačenja, potucalo se tih godina američkim gradovima. Usled velikih migracija u očajničkom pokušaju da se nađe bilo kakav posao, mase naroda su živele po gradskim parkovima, železničkim stanicama, improvizovanim šatorima ili na brzinu sklepanim drvenim barakama. Nepotpuna ishrana i nečistoća svakodnevno su sobom odnosile svoje žrtve.

U jednom od tih bednih predgrađa živeo je u svojoj skromnoj kući i doktor Henri Morton, savestan lekar i humanista, dopisnik mnogih naučnih društava i član Američkog Lekarskog Udruženja. Preko celog dana je ordinirao u svojoj maloj ambulanti u prizemlju, a uveče bi se premoren penjao na sprat svog stana koji se nalazio iznad ordinacije.

Bilo je kasno januarsko veče, kada je na ulaznim vratima začuo kucanje. Najpre slabo, zatim dva puta nešto jače. Mada iscrpen od dnevnog pešačenja i obilaska svojih mnogobrojnih siromašnih pacijenata, doktor Morton se podiže iz svoje udobne fotelje i siđe da vidi o čemu se radi. Nerado je ovo činio u dragocenim časovima zasluženog odmora, ali bi u njemu uvek prevladala profesionalna dužnost savesnog lekara.

- Šta želiš? - upita pomalo Ijut bledu desetogodišnju devojčicu koja je stajala u snegu pred vratima.

- Moja majka umire - reče dete slabim glasom. - Molim vas, pođite sa mnom da joj pomognete!

- Ako već umire, zašto nisi otišla po popa! - primeti nervozno doktor Morton.

- Ali ja ne želim da ona umre, doktore! - insistirala je devojčica. - Molim vas, pođite da je u tome sprečite!

Henri Morton se postide sebe samog. Godine i svakodnevan naporan rad učinile su ga prgavim, mada je u suštini bio meka srca i vrlo čovečan. Pažljivije se zagleda u svog malog bledolikog posetioca. Devojčica je na modrim bosim nogama imala duboke cipele bez čarapa, a preko vunene haljine, umesto kaputa, visio je samo stari šal dvaput omotan oko vrata.

- Uđi - ponudi je on.

- Neka, hvala, čekaću vas ovde - odbi dete tiho.

- Gde se nalazi tvoja majka?

- U radničkim barakama. Nema ni tri stotine jardi.

Doktor Morton dohvati svoj zimski kaput sa obližnje vešalice i ogrnu ga a na glavu natače crni šešir. Na podu je, kao i uvek, ležala njegova stara torba s najpotrebnijim lekovima i instrumentima.

- Hajdemo! - reče on i izađe u hladnu snežnu noć.

Dok je sledio devojčicu, rukom je pridržavao visoku kragnu svog kaputa, a žmirkanjem izbegavao oštre snežne pahulje koje je nanosio ledeni vihor. Dete je koračalo ispred njega na nekoliko koraka.

Zaustavili su se nedaleko, pred dvospratnim drvenim barakama koje je opština nabrzinu sklepala za mnogobrojne siromašne porodice tog kraja. Na ulazu u uzani hodnik doktora Mortona zapahnu neprijatni miris truleži i prljavštine. Peo se za devojčicom daščanim stepenicama na sprat, gde mu ona širom otvori vrata jedne skučene sobe. Morton uđe i bez reči se naže nad bledom ženom koja je već skoro u komi ležala u prljavom krevetu, prekrivena sa dva tanka vojna ćebeta.

Lekar je odmah pregleda i ustanovi da žena boluje od teškog zapaljenja pluća. Kako bi je malo povratio svesti stavio joj je pod nos nešto da udahne, pa joj pomože da popije lek koji je imao u tašni. Kao da ju je ovo pomalo povratilo, žena otvori svoje gotovo beživotne oči i u čudu se zagleda u čoveka nad sobom.

- Sve je u redu - lagao je doktor Morton. - Trebalo bi malo da se ugrejete.

On se okrenu u pravcu male plehane peći koja je ugašena stajala u uglu sa nekoliko cepanica naslaganih ispod. Želeći da izgrdi devojčicu što već ranije nije založila peć Morton se okrete i potraži je pogledom. Ali deteta više nije bilo, a njena skromna odeća visila je na ekseru iza zatvorenih vrata. Morton priđe vratima, pogledavši u prazan hodnik, pa ih zatvori. Razgledao je vunenu haljinu, šal i par dečijih cipela na podu. Bio je uzbuđen, jer mu nije bilo jasno kako se i kad dete presvuklo i otišlo a da je on nije ni primetio. Pa, onda, njena odeća i obuća - bila je potpuno suva!

- Gde je odjednom nestala ona vaša ćerkica? - vratio se iznenađen krevetu bolesnice.

- Moja kćer? - tužno mu se nasmeši žena.

- Da, devojčica koja je došla po mene i dovela me ovamo!

Žena zaklopi umorne oči, ali zadrži setan smešak na ispucalim usnama.

- Moja sirota kćer, doktore, umrla je pre dva meseca.

Doktor Morton oseti potrebu da se spusti na rasklimatanu

stolicu pored kreveta. Kao hipnotisan, piljio je u dečiju odeću na ekseru, ne mogavši da shvati šta mu se to desilo. Sanja li on sve ovo, ili ga je noćas zaista ovamo dovela "avet"?

Ne samo iz religioznih obzira, već i veoma ganut ljubavlju male pokojnice prema svojoj bolesnoj majci, doktor Morton potpali vatru i ostade da sedi pored umiruće žene. Izdahnula je pred zoru, a stari lekar se zamišljen vratio u svoj stan i u svoj lekarski dnevnik zabeležio i ovaj slučaj, najneobičniji od svih, nakon njegove smrti, dnevnik su objavili rođaci, a doktorov susret sa devojčicom "sa onog svcta" koja je ostala pored svoje bolesne majke postade novinska senzacija prvog reda.

DAMA IZ VOZA

Poznati američki slikar Žerar Hejl, bio je francuskog porekla. U toku svog studijskog boravka u Parizu 1928. godine, bogata plemićka porodica iz doline Loare ponudila mu je pozamašnu sumu za izradu portreta. Da bi stigao do tog mesta putovao je lokalnim vozom. Putnika je bilo veoma malo, pa se Žerar tako našao sam u svom kupeu.

Uspavan ravnomernim kloparanjem točkova, slikar je za trenutak zadremao, a kada se prenuo primetio je da više nije sam. Preko puta njega sedela je lepuškasta mlada dama, elegantno odevena, mada ne baš po poslednjoj pariskoj modi. Izmenjali su nekoliko konvencionalnih fraza, pa se ispostavilo da putnica zna mnogo više o američkom slikaru, no što bi se moglo pretpostaviti. Žeraru nije bilo jasno otkud bi ona o njemu mogla znati toliko stvari, kad se nikad ranije, u to je bio siguran, nisu sreli!

- Da li biste me mogli nacrtati i samo po memoriji? -

upitala ga je u toku razgovora.

- Svakako, gospođice - odgovorio je slikar - mada bi mi bilo mnogo draže da to učinim naživo!

Dama se čudno osmehnula, a kada uskoro voz poče da koči, ona ustade i pođe ka izlaznim vratima kupea.

- Još ćemo se sresti kasnije - poruči Žeraru i izađe.

Već na sledećoj maloj stanici sišao je i gospodin Hejl. Na drvenom peronu sačekali su ga grof i grofica u svojoj otvorenoj kočiji. Odvezli su ga do svog prekrasnog dvorca na samoj obali reke Loare, i pošto su mu pokazali okolinu, došlo je i vreme večere. Slikar se izvinio svojim domaćinima u ogromnom holu i pošao prema masivnom mermernom stepeništu na sprat u svoje odaje da se presvuče. Na pola puta je odjednom zbunjen zastao i zagledao se u svoju bledoliku saputnicu iz voza.

- Nisam li vam rekla da ćemo se još videti? - zastade i mlada dama u prolazu.

- Da sam znao, gospođice, da putujemo u istom pravcu, mogao sam vam se pridružiti na onoj stanici i nastaviti s vama!

- Bojim se gospodine Hejl, da bi to bilo vrlo komplikovano - uputi mu ona diskretan smešak i nastavi da silazi.

Slikar je još malo gledao za njenom vitkom figurom, pa se pope u svoje sobe i presvuče se. Kada se nešto kasnije pridružio domaćinima koji su ga čekala za dugačkim svečano pripremljenim stolom, prvo što je primetio bilo je da nedostaje mlada dama iz voza. Učtivo se trudio da prećuti njihova dva susreta, ali pošto se ona više nije pojavljivala ni do kraja večere, Žerar se s nelagodnošću promeškolji u svom sedištu i obrati gospodaru kuće:

- Oprostite, grofe, na radoznalosti, ali ko vam je ona mlada dama sa kojom sam danas doputovao i opet se malopre sreo na stepeništu?

Grof i grofica su kratko piljili u njega par trenutaka, koji se slikaru otegoše kao večnost, a onda ga grof obavesti:

- Sem moje supruge i mene, u dvorcu živi samo posluga! O kakvoj to mladoj dami govorite?

- Ali... - nije se predavao Žerar - proveo sam sa njom u kupeu nekoliko minuta! Znala je toliko toga o vama i ovom dvorcu, a pre no što sam ovamo sišao, sreo sam je i na vašem stepeništu u holu!

Po bledilu koji poče da obliva grofičino lice, slikar oseti da njihov dijalog ne vodi u željenom smeru. Onda grof odjednom upita:

- Da li biste nam je možda mogli skicirati?

- Svakako! - potvrdi uzbuđeni Hejl.

Uskoro mu jedan od posluge donese komad hartije i olovku. Žerar Hejl se unese u svoj rad i nakon nepunih desetak minuta pruži hartiju grofu preko stola.

- Isuse! - vrisnu prigušeno grofica već pri prvom pogledu na crtež i prekri lice rukama, grčevito plačući.

La Montan je još neko vreme držao crtež u drhtavim rukama, onda se njegove tanke usne konačno razdvojiše.

- Da, gospodine Hejl - potvrdi on konačno muklim glasom slomljena čoveka. - Devojka s kojom ste putovali i ovde se sreli, naša je pokojna ćerka Arleta. Umrla je pre gotovo dvadeset godina!

Žerar Hejl prvi put u svom životu požali što se prihvatio portretisanja ove "avetinjske" plemićke porodice. Kasnije je ispričao svojim američkim prijateljima da su sa "devojkom iz voza" putovali i neki drugi svedoci iz tog mesta, a neretko se pojavljivala i u mesečinom obasjanim noćima kako šeta železničkim nasipom - bez glave!

Verovatno ju je tražila, jer, već sigurno pogađate, mlada kontesa se iz nepoznatih razloga bacila pod lokalni voz.

ANĐELI ČUVARI

Bari i Margaret Lokvud vraćali su se sa decom iz kampa u kojem su proveli dvonedeljni odmor. Bila je kišna i maglovita noć. U kamp prikolici koju su vukli za sobom, mirno je spavalo njihovo troje dece od pet do jedanaest godina, ni ne sanjajući u kakvu smrtnu opasnost srljaju sa svojim roditeljima. No, uprkos slaboj vidljivosti, Bari je žurio iz jednog drugog ozbiljnog razloga. Dan ranije telefonirali su mu da je njegova majka na samrti. Odjednom ga, iz apatičnog stanja umornog vozača, prenu zvuk supruge koja je sedela do njega:

- Ko je ono? Stani!

Na desetak metara pred njima, stajala je pored uzanog planinskog puta neka prilika odevena u belu dugu haljinu, sa dugim belim rukavicama. Davala im je, mahanjem ruku jasne znake da stanu. Bari poče naglo da koči, a kako je bila ujedno i blaga nizbrdica, kola i prikolica se malo zanesoše klizeći po vlažnom asfaltu. Kada se konačno zaustaviše, Lokvudovi s užasom primetiše da stoje svega jedan metar nad ambisom bivšeg planinskog mosta, čiju je betonsku konstrukciju oborila i raznela divlja bujica planinske reke!

Pošto su se povratili od prvog šoka, pohitali su napolje da vide šta se desilo sa onom ženom i da joj se zahvale. Ali tamo više nije bilo nikog. I Bariju i Margareti postade jasno da ih je samo "anđeo čuvar" mogao upozoriti i sve ih spasiti od sigurne smrti. Upalili su signalna svetla, i presrećni što su još živi, ostali da čekaju policiju koja ih je pred jutro pokupila i sprovela do montažnog mosta kojim su konačno prešli.

Na žalost, u svoj grad su stigli prekasno. Barijeva majka je već bila mrtva, izdahnula je, otprilike, u isto vreme kad se ukazala i bela prikaza pored puta predhodne noći! Slučaj se i ovog puta može protumačiti logički, ali samo s psihološke strane: Baka, kojoj su na samrti nedostajali sin i voljena unučad, pošto je "napustila telo", odmah je pohitala u kamp da ih vidi. Našla ih je na putu natrag, odnosno, na putu u sigurnu smrt. Zbog toga se toliko uzbudila da je počela "projektovati" svoju duhovnu sliku kako bi ih zaustavila. Otkud nam baš takvo objašnjenje? Pa jednostavno. Kada su došli kući, na odru je već ležala stara gospođa Lokvud, odevena u svoju staru venčanu haljinu i duge bele rukavice, kako je u svojoj poslednjoj želji i uvek zahtevala. Zašto je baš tako zahtevala? Zato što je otac Barija Lokvuda umro prilično mlad a ona je bila udovica više od četredeset godina!

$$\boxed{\text{II}}$$

U proleće 1879. vraćala se od Karibskih ostrva fregata "Povetarac" na putu za Boston. Odjednom su upali u neviđenu oluju i nevreme, koje ih je odvuklo daleko na uznemirene vode Atlantika. Zabrinuti kapetan Džon Pomeroj, čiji je otac takođe bio kapetan i nestao bez traga pre petnaest godina, bespomoćno je zurio u pomahnitale igle kompasa koje su se, bez veze, okretale oko ose. Prvo što mu je tom prilikom proletelo mozgom bila je činjenica da se i njegov otac, verovatno, utopio u jednoj sličnoj oluji. Takođe je pretpostavljao da su zašli u Mare Sargasso, poznatije pod imenom "Groblje brodova". Još se nikad niko nije odatle vratio. Oblast je takođe bila poznata i kao Đavolov trougao!

- Bez kompasa nemamo šanse! - pogleda u njega prvi oficir.

I Pomeroj se toga bojao. A onda se oluja smirila i našli su se na mirnom moru bez vetra. U očajanju su gledali u svoja opuštena jedra i počeli da štede vodu i hranu, jer nisu bili snabdeveni za duže putovanje.Posle gotovo deset dana lutanja po avetinjskoj pučini bez talasa i vetra, iscrpili su sve zalihe. Oficiri su se pribojavali onog najgoreg, odnosno kanibalizma! Jer u gladi Ijudi lako gube razum i čine nezamisliva nasilja kako bi se održali i preživeli.

Jedanaestog dana poče odjednom da duva lagani, pa sve jači vetar. Jedra se hrabro isprsiše, ali bez smera i pomoći kompasa to nije značilo skoro nikakvu utehu. Po svemu sudeći, upadali su ponovo u olujne vode...

- Brod! Brod! - povika iznenada osmatrač sa jarbola.

Pokazivao je nekud u stranu. Pomeroj odmah dograbi jednocevni dogled i uperi ga u tom pravcu. Dugo je posmatrao čudni brod bez jedara i njegovu odrpanu posadu i kapetana. Sve je nekako bilo avetinjski bledo i staro i na brodu i na posadi...

- Sledite ih! - reče konačno svom pomoćniku. - Kapetan mi daje jasne znake da ga sledim!

Izvukli su se za dlaku. Nastupi opet neviđena oluja iz koje se spasoše zahvaljujući brodu koji je iznenada naišao i izveo ih iz opasne zone. A onda mu se odjednom izgubio svaki trag. Naprosto je nestao.

Uplovili su u bostonsku luku 18. maja 1879. Presrećni što ga vide živog i zdravog, drugovi su ga te večeri opkolili na prijemu u čast njihovog povratka...

- Već smo vas bili otpisali! - govorili su mu.

- Nije nam bilo suđeno! - smešio im se Pomeroj.

- Kako to mislite? - upita ga jedan od oficira.

- Kada se iz magle pojavio taj brod, dobro sam ga pregledao dogledom - pričao im je. - Na pramcu je pisalo "Volusia", a s lakoćom sam prepoznao i kapetana koji mi je mahao s palube!

Oficiri su mislili da im se ruga. Jer brod kojim je upravljao njegov nestali otac, zvao se "Volusia"!

LJUDI S MASKAMA

Među desetak najvažnijih slučajeva prikaza, svakako spada i slučaj "Ijudi s maskom", jer je to ujedno i vrlo retka pojava kombinovanog prikazivanja s proročanskim posledicama. Neobičan slučaj se desio jednoj sredovečnoj ženi iz San Franciska o kome su pisali gotovo svi američki listovi.

Bio je kraj avgusta. U popodnevnom avionu za Mineapolis, Savezna država Minesota, sedela je pored prozora i gospođa Elinor Blum, pedesetogodišnja domaćica iz gradića nedaleko od San Franciska. Odlazila je da poseti svoju najmlađu kćerku Alison, koja je upravo dobila svoju prvu bebu. Odjednom, u toku dosadnog iščekivanja da se avion konačno pomeri sa svoje rampe, putnica je sa vidnim iznenađenjem primetila pored aerodromske zgrade dvojicu muškaraca u kompletnim skijaškim odelima i sa karakterističnim, od vune ispletenim, maskama za lice. Kroz tri mala izreza, samo su im se nazirale oči i otvor za nos. Gospođu Blum ovo veoma zbuni, jer se napolju sve "topilo" od užasne letnje žege. Zašto su se ova dvojica ovako grdno obukla? Kako uopšte mogu da izdrže u onim debelim vunenim odelima i čak maskama?

Kada se avion pomerio i ona pokušala da još jednom vidi čudne skijaše, više ih nije bilo. Uskoro je na ovo potpuno zaboravila, stavila slušalice za muziku i sva se predala slatkom sanjarenju o svom skorom susretu sa ćerkom i zetom i malim unukom. Let se odvijao mirno i bez problema. Aparat je bio četvoromotorni Konvejer, jer se 1954. godine još nije ni sanjalo u kakvu će se "mlaznu industriju" vazdušni saobraćaj uskoro pretvoriti. Ali nakon nepunog sata letenja, avion je naglo počeo da gubi visinu, i uskoro se našao usred moćne snežne oluje, kroz koju se jedva videlo. Već pogađate, nesrećni avion se prinudno spustio, odnosno srušio na jednu snežnu zaravan

Stenovitih planina! Od pedesetak putnika, osam je tom prilikom poginulo. Među preživelim srećnicima bila je i lakše povređena novopečena baka Elinor Blum. Osvestila se, ležeći na snegu a prvo što je ugledala bila su dvojica maskiranih skijaša koji su joj žurili u pomoć. Ona ista dvojica, koje je pre par časova videla na aerodromu! U stvari, ova dvojica su bili turisti skijaši koji su stanovali u obližnjem zimskom motelu i s ostalima su pohitali u pomoć unesrećenim putnicima.

Kasnije je gospođa Blum to ovako objasnila novinarima: Dve prikaze s aerodroma, bile su, u stvari, "mentalne projekcije" odnosno prikaze koje je njoj "s onog sveta" verovatno poslao pokojni muž, kako bi je upozorio na opasnost i istovremeno ohrabrio u pogledu ishoda avionske nesreće! Zvuči fantastično, zar ne?

Sedam godina kasnije, jednom poznatom američkom džez muzičaru dogodila se slična stvar. Kao i svi neurotični avioputnici, i ovaj gospodin je s pažnjom čitao novinske izveštaje, pa je dobro zapamtio slučaj "ljudi s maskama". Nerado je leteo, osim kad je morao iz poslovnih razloga.

Jednog dana u Njujorku, sedeo je pored prozora u avionu koji je trebalo da poleti i na svoje zaprepašćenje jasno ugledao, iza velikih prozora avionske zgrade, "devojku u bikiniju" kako fotografiše njihov avion! Odmah su ga spopali ledeni žmarci, jer je napolju padao sneg! Šta bi drugo devojka u bikiniju mogla da znači, sem da će se oni, uskoro, srušiti negde na plažama Kalifornije gde je nameravao da odleti. Kao sumanut, istrčao je iz aviona na opšte zaprepašćenje stjuardesa...

- Gde je ona devojka u bikini kostimu?! - uleteo je uskoro u jedan butik na drugom spratu zgrade, gde se navodno *prikaza* pojavila. Prodavac ga je, zapanjen kratko gledao, onda se setio da je to velika kartonska reklama fabrike "Kodak"! Dakle ne paničite!

KUĆA DUHOVA

Pored dobronamernih, nesrećnih, izgubljenih, zbunje-nih i ostalih duhova koji nas svakodnevno posmatraju s one strane materijalnog sveta, postoji i jedna, na sreću manja grupa tako-zvanih "bučnih duhova". Ovo je priča o njima i ujedno posle-dnji slučaj prikaza čiji ćemo fenomen pokušati da objasnimo u kasnijim poglavljima ove knjige.

U toku mog prvog boravka u Holivudu, sreo sam na snimanju filma mladi bračni par Bila i Kristl Monro. Bil je radio kao snimatelj specijalnih efekata, a Kristl je bila labo-ratorijski stručnjak za kopiranje istih efekata. Od njih sam, iz prve ruke čuo svedočenje o tome šta im se tog proleća desilo u kraju gde su stanovali.

Odmah nakon venčanja, mladi bračni par je odlučio da napusti svoje samačke sobice i preseli se u neki veći stan u boljem kraju Holivuda. Izabrali su omanju kuću za iznajml-jivanje, na periferiji Holivud Hilsa, vrlo otmene četvrti. Ovo im je omogućio dupli prihod koji su sad, kao supružnici, svakog petka primali.

Kraj je bio divan i čist, veoma tih i prepun bogatih starijih kuća i novijih vila u španskom stilu. Odudarala je jedino viktorijanska vila-dvorac na tri sprata, koja se nalazila baš do njihove kuće. Previsoka trava, uvelo cveće i polupani prozori, svedočili su da tu verovatno niko ne živi. Puno je takvih napuštenih kuća po Los Anđelesu, pa se Bil i Kristl nisu na to obazirali, sve dok jednog dana nisu sreli stariji bračni par kako napušta čudnu kuću. Uljudno su im se naklonili i nastavili niz pločnik držeći se ispod ruku. Oboje su bili odeveni u otmenu, ali bar sto godina staru odeću.

Ovo, međutim, nije zbunilo mlade supružnike. Desetine hiljada statista i običnih građana svakodnevno odlaze u mnogobrojne filmske ili televizijske studije na snimanje, mnogi od njih polaze od kuće presvučeni i našminkani kako na snimanju ne bi gubili vreme. Ono što je Bila i Kristl iznenadilo, bila je činjenica da u toj, spolja napuštenoj kući, ipak neko živi!

Uskoro su se upoznali sa drugim mladim bračnim parom koji ih je pozvao jedne večeri u posetu. Uz kolače i pivo, razgovarali su o problemima filmske industrije, pa visokim cenama kuća u tom kraju što podseti Bila da upita komšije:

- Kad smo već kod kuća, ko je onaj čudni stari par što stanuje u onom "dvorcu duhova" do nas?

- Duhovi, naravno! - doviknu mu veselo mlada domaćica iza šanka niša kuhinje.

- Ne, stvarno - insistirao je Bil - sreli smo ih već tri puta. Uvek kada se mi vraćamo s posla, oni nekud odlaze obučeni u neke stare kostime. Kako samo mogu živeti u onakvom kršu?!

- I vi ste ih sreli? - odjednom ih upita domaćin nešto ozbiljnija izraza na licu.

Na ovo Bil nije znao šta da kaže. Samo je kratko pogledao u Kristl, a u tom se iz kuhinje vratila mlada domaćica sa novom turom svežih kolača.

- Dobro, klinci, šta ste se umusili. Njih dvoje nisu ni tako loši duhovi, ukoliko ne pokušate da im uđete u kuću. Onda se zaista grdno naljute i počnu razbijati prozore, lupati po vratima, ljuljati lustere i gađati posetioce raznim stvarčicama.

- Šalite se? - Bil upita kiselo.

- Ni govora! - sede mlada žena u fotelji. - To dvoje koje tvrdite da ste sreli, a po opisu vidim da jeste, nisu živa bića. To su duhovi bivših vlasnika kuće, koji su umrli još pre sto godina. Izvinjavam se ako sam vas možda ovim uplašila, ali red je da vas neko na to upozori.

- Ja vam ne verujem! - odbi Bil ovu mogućnost.

- Meri se ne šali - umeša se sad i domaćin, vraćajući čašu

na maleni stakleni sto. - U pitanju su "prikaze" bivših vlasnika dvorca. Prvi put sam o tome čuo od agenta za prodaju nekretnina, očajnog što već godinama pokušava da preproda kuću bogatim glumcima i producentima, ali ih duhovi pokojnih vlasnika unutra počnu uznemirivati i isteraju ih napolje.

- Ne mogu u tako nešto da poverujem - uozbilji se Bil. - Video sam do sada hiljade specijalnih efekata i valjda znam da razlikujem žive Ijude od "duhova"!

Domaćin ga je ćutke posmatrao, onda bez reči ustade i nekud se izgubi. Vratio se sa crno-belom fotografijom nekog starog bračnog para, koju pruži Bilu i Kristl.

- Jesu li to ono dvoje koje ste sreli?

- Naravno! - potvrdi Bil.

- Mrtvi su već sto godina! - uveravao ga je prijatelj nešto povišenim tonom. - Uostalom, ako ne verujete nama, pozovite doktora Sefera sa Kalifornijskog univerziteta. Njegov telefonski broj je na poleđini te slike koju nam je prošle godine dao. On je član specijalnog "odeljenja za hvatanje duhova"!

Bil i Kristl su mislili da sanjaju. Njihova poseta se ubrzo završila, a pri odlasku su zaista poneli i onu fotografiju. Sutradan je Bil pozvao pomenutog naučnika i postao jedan od ko zna koliko svedoka koji su sreli "Ijude iz one dimenzije".

Njegov je detaljan opis događaja registrovan preko "tri" sinhronizovana detektora laži, snimljen na magnetofonsku traku i pažljivo klasifikovan u specijalnu arhivu tog odeljenja univerziteta. Kada sam ovo čuo, zamolio sam Bilija da pokuša da i meni zakaže jedan razgovor sa doktorom Seferom. Objasnio je naučniku da se interesujem za ove pojave zbog pisanja nove knjige.

VIDEO DUHOVI

Kalifornijski univerzitet u Los Anđelesu, poznatiji pod skraćenicom "UCLA" (University of California at L.A.) ogroman je kompleks zgrada i laboratorija, parkova i hala. Posle četrdesetak minuta potucanja po raznim odeljenjima, konačno sam se sreo sa mladićem ne starijim od trideset godina.

- Znam, iznenađeni ste - nasmešio mi se, ljubazno pružajući ruku. - Svih petoro bili smo vrlo mladi i prepuni entuzijazma i naučnog poleta. Na žalost ostalo nas je samo dvoje, ostala trojica su nakon dve godine izgubili živce i pobegli sa projekta. Neprijatni posao "hvatanja duhova", potpuno im je uništio volju i želju da nastave!

Idemo dugim žurnim koracima u pravcu kancelarije. To je, u stvari, neka vrsta radne biblioteke, jer pored nekoliko stolova u sredini, svi okolni zidovi su prekriveni stalažama prepunim fascikli, knjiga, filmova i video kaseta svih vrsta i veličina ...

- Kao što i sami vidite - pokazuje mi doktor Sefer širokim pokretom ruke - mi ovde ne gubimo vreme! Od kako smo ustanovili ovo odeljenje pre pet godina, prikupili smo nekoliko hiljada izveštaja, fotografija "stranog porekla", snimljenih filmova i video kaseta na kojima se jasno vide mrlje i ostali oblici "vanzemaljskog porekla"!

Vadi iz prvog donjeg reda jednu video kasetu, kratko je zagleda i umeće u video mašinu. Na monitoru se pojavljuje crno-bela slika nečijeg dvorišta sa bazenom za kupanje.

- Ovo sam nedavno dobio od jednog filmskog glumca čija vila na Beverli Hilsu ima na svakom uglu po jednu TV kameru. Te kamere snimaju preko cele noći, a u specijalnoj prizemnoj prostoriji vile sedi noćni stražar koji budno pazi šta se na ekranu dešava. Jedne noći kamera koja je snimila deo dvorišta sa bazenom za kupanje, snimila je ovo što upravo gledate!

Iznad bazena poče se formirati neka bela magličasta smesa, slična oblačku kondezovane pare. Čas bi se izdužila, čas skupila, onda bi odjednom dobila i ispupčenja slična glavi i rukama, ali bez prstiju, slično rukavicama za zimu s odvojenim palcem! Cela scena neodoljivo me podsetila na duha koji se bori da izađe iz zarobljeništva Aladinove lampe. Prikaza odjednom skoči u vodu bazena! Malo je "plivala" po talasastoj površini, pa "šetala" po vodi i na kraju opet odskočila uvis i rasplinula se u mnoštvo sitnijih oblačića koji ispariše!

- Ceo događaj traje tačno minut i sedamnaest sekundi - gleda mladi naučnik na svoj kvarcni časovnik. - Neviđeno, zar ne? To je ujedno i najduži snimak jednog pravog "duha", ikada snimljen! Posle poznanstva sa Bilom i njegovom suprugom, pozvao sam ih da pažljivo analizirajući video traku da mi kažu svoje stručno mišljenje. Bil je bio šokiran, Rekao mi je da je u pitanju obična filmska traka, možda bi posumnjao, ali TV monitore je teško prevariti, još teže upotrebiti u "duplim ekspozicijama". Dakle, trik ne dolazi u obzir!

- Otkud baš te noći da uključe kameru? - budi se u meni urođeni skeptik.

- Kamere snimaju svake noći - objašnjava mi Sefer. - Zbog sigurnosti. Kamere je postavila agencija koja čuva kuću i ona postavlja stražara svake noći. Ukoliko se ništa ne desi, traka se automatski briše idućeg dana prilikom novog snimanja. Ukoliko se pojavi kakav sumnjivac na ekranu koji se šunja po imanju, traku koristi policija idućeg dana i pokušava da identifikuje uljeza. U Holivudu i okolini ima takvih obezbeđenja nekoliko desetina hiljada, razumete?

Razumeo sam, ali kosa će tek uskoro početi da mi se diže, kad mi Sefer prikaže super-8, film u bojama koji su on i njegov drug snimali unutar one kuće s duhovima iz prošlog veka! Sasvim jasno se vidi da "nešto" seva preko opustelog bivšeg salona za dnevni boravak. Ali, najčudnije je to, da sevanje ostavlja "trag" poput zvezde repatice. I ne samo iz jednog kraja sobe u drugi, već i pod uglom od stoosamdeset stepeni, kakve su viđali svedoci kod kretanja letećih tanjira! Tako nešto i pri tako velikim brzinama još uvek je neizvodljivo u ovom našem materijalnom svetu jer se graniči s poznatim zakonima fizike. Onda se "to" zaleti iz sve snage i "prođe" kroz jedan, još neoštećeni deo velikog zidnog ogledala koje prska i pada u komadima! Tonski su snimljeni i uzbuđeni uzvici dvojice naučnika, koji su, prema Seferovom pričanju, držali svoje skupocene glave rukama zaštićene! - Šta kažete? - pita me dok isključuje projektor.

- Nemam reči! - priznajem slabim glasom. - Šta je to? Ima li "to" ikakve veze sa našom atomskom strukturom?

- Ni najmanje! - odmahuje Sefer glavom. - Bil i ja i još neki eksperti iz fabrike Kodak, proveli smo ceo vikend ovde zatvoreni, mikroskopski ispitujući film. Bil je mišljenja da se ovakav specijalan efekat može izvesti, možda, jedino uz skupocenu kompjutersku tehniku koja bi proračunavala putanju "stvari" od sličice do sličice, a izvođenje onako oštrih zaokreta uopšte nije moguće! Možda - podvlači - skupim laboratorijskim putem. A ukoliko bi neko ipak poželeo da mu se ponove ovi isti efekti, to zadovoljstvo bi ga koštalo oko dva miliona dolara!

- Šta je to? - ponavljam zapanjen.

- Ne znam - mladi psiholog sleže ramenima. - Niko ne zna. Nezavisno od nas, vojska vrši svoje eksperimente. NASA pažljivo ispituje svoje kosmonaute, jer svaki put kad raketa napusti rampu i "te stvari" se pojave u blizini. Strašno sam hteo da zavirim u njihove snimke, ali ne daju. Ja im za uzvrat ne dopuštam da vršljaju po mojoj dokumentaciji.

- Da li smatrate da su "te stvari" svesne? - pokušavam da mu pomognem.

- Nema sumnje! U pitanju su mentalne projekcije bivših vlasnika tog dvorca, odnosno "duh" nekog veseljaka koji se naočigled TV kamera hteo malo da okupa u bazenu onog glumca! Baš zato je i izabrao noć, kako bi se video bolje osvetljen dvorišnim reflektorima! U pitanju je neka vrsta jonizacije.

- Jonizacija "čega"? - raspitujem se na ivici očajanja, ali doktor Sefer opet samo sleže ramenima, ili o tome ne želi da govori.

- Cela stvar s duhovima, odnosno prikazama može se, za sada, objasniti jedino prihvatanjem činjenice da je energija čovekove svesti zaista neuništiva, kako se od iskona tvrdilo i verovalo, i da su u pitanju "uznemireni" duhovi bivših stanovnika ove planete koji, iz nama nepoznatih razloga, žele da na sebe svrate pažnju.

- Zašto?

- Verovatno, kako bi nam stavili do znanja da pored ovog, nama jedino poznatog, postoji još jedan, nama nedokučiv svet, duhovni svet, ili popularno zvani - paralelni!

Dok se ja dvoumim trljajući čelo, mladi naučnik šnira u jedan manji kino-projektor 8 milimetara kolor traku...

- Ovaj amaterski snimak jedne privatne sahrane, dobio sam od jednog građanina iz Filadelfije, koji je o našem radu i odeljenju saznao iz televizijske emisije. Dobro obratite pažnju na ovo što ćete sada videti, pa mi recite, jeste li primetili išta neobično!

Dok traka počinje da se vrti, otvaram širom oči, ali sem obične privatne sahrane ne vidim ništa neobično. Ljudi stoje pored sanduka spremnog za spuštanje, a nekoliko njih malo po strani. Prisutan je uglavnom mlađi svet. Može se s lakoćom razaznati i nabrojati šesnaest prisutnih, uključujući anglikanskog sveštenika i tužne roditelje preminulog.

Dok mu prepričavam šta sam upravo video i nabrajam

prisutne, doktor Sefer se misteriozno smeši i bez reči ponovo umeće traku u projektor. Opet gledamo dva minuta sahrane i opet se ne primećuje ništa neprirodno.

- Ne razumem! - priznajem mu otvoreno. - Apsolutno ništa neobično ne može se primetiti!

- U pravu ste - slaže se Sefer. - Ali kada im se film vratio od Kodaka, roditelji su gotovo zanemeli, a majka se čak onesvestila! Pogledajte sad ovu scenu ponovo - zaustavlja Sefer projektor na odgovarajućem mestu, pošto ga je pustio po treći put. Vidite li onu devojku u zelenoj letnjoj haljini što stoji iza ono dvoje dece?

- Vidim - potvrđujem je zureći u "zamrznutu" sliku na malom ekranu.

- E, to je devojka čijoj sahrani prisustvujemo.

- Molim?! - pitam Sefera misleći da mi se ruga.

- Smešno zar ne? - ceri se on šeretski i vraća traku u malu žutu kasetu.

- Pošto su se povratili od prvog neprijatnog šoka, i roditelji su najpre protrljali oči i opet prevrtali traku. Ali, ono što im se činilo da gledaju uvek se ponavljalo, pa su zaključili da se ipak radi o njihovoj kćeri!

- Ali zaboga - nameće mi se prirodno pitanje - zar je u toku snimanja i ceremonijala baš niko nije primetio i prepoznao? Šta je bilo sa snimateljem ovih scena?

- Film je snimao njen rođeni brat!

- Kako je nije mogao prepoznati onako obučenu i tako blizu groba?

- Nije je uopšte video! - objašnjava Sefer. - Snimio ju je samo film, jer je ona "tako želela"!

Moram da sednem na obližnju metalnu stolicu. Piljim u Sefera koji se očigledno zabavlja mojim izrazom lica.

- Gospodine Benedikt, ta vi ste pisac naučne fantastike.

Imajte malo mašte, čoveče!

- Izvinite doktore, ali ovo prevazilazi svaku maštu! Da nisam svojim očima video, ne bih mogao da vam poverujem!

- Desetine ovakvih i sličnih traka postoje širom sveta - spušta se i Sefer u stolicu. Ja sam jedan od srećnika koji se dokopao trake pod jednim uslovom, da je "nikad" javno ne prikažem na TV mreži, već samo kao sada, pojedincima u nauč- ne i slične svrhe!

- Je l' i to... jonizacija? - zapinjem u govoru.

- Nije! - odbija Sefer. - Jonizaciji su pribegli duhovi sa "linije 401" koju ste pomenuli. Ovo je "mentalna projekcija" direktno na filmsku traku! Još nam nije jasno kako to uspevaju, mada Bil i njegova supruga misle da je devojka mogla da se vidi, ali da je "hipnotisala" prisutne! Očigledno nije želela da ih razjuri sa sopstvene sahrane!

- Ali... kako to rade?

- Postoji teorija, neproverena naravno, da se pokojnik u ovakvim slučajevima koristi izvesnom energijom "pozajmlje- nom" od prisutnih. Kao na spiritističkim seansama, kada sam video "formiranje" ljudskih lica ili drugih oblika iz oblačića bele pare. Na isti način "prikazivale" su se ljudima kroz vekove razne "madone i sveci". Ljudi, žene i deca su se kleli da su ih videli, često su bivali ismejani, a u mnogim slučajevima mesta gde su se prikaze pojavile, postala su čuvena svetska hodo- čašća. Naravno, prostim ljudima nikad nije palo na pamet da je "prekrasna devojka" koja im se prikazala možda želela da ih svojom pojavom uplaši i upozori.

Kratko ga gledam, pa se usuđujem da pitam: - Da li vi, naučnik, doktor psihologije i redovni predavač na univerzitetu, hoćete da kažete da verujete u tako nešto?

- A u šta biste vi želeli da verujem? Zar niste upravo sami videli

Da sam tog trenutka samo mogao naslutiti šta ću još sve videti, doživeti i svojom sopstvenom kamerom snimati! Ali još ćemo se vratiti "video-duhovima" i doktoru Seferu kasnije.

N E S T A N C I

NESTALO SELO

Pored već navedenih "prikaza", odnosno prikazanja, postoje i neobjašnjivi nestanci pojedinaca ili stvari, kao što ćete uskoro videti i čitavih sela i grupa Ijudi! Ono što se desilo 1930. jednom celom eskimskom selu na severu Kanade, ostalo je neobjašnjeno sve do današnjih dana, a bojim se, proći će još dosta vremena pre no što i naslutimo o čemu se radi!

Po hladnom i vetrovitom danu, penjao se traper Džo Labele u pravcu malog eskimskog sela, udaljenog nekih petstotina milja od vojne baze Cerčil. Teško je disao pod teretom skupocenog krzna stečenog u toku jednomesečnog lova. Već je bilo prošlo skoro pola godine kako se nije video sa svojim prijateljima eskimskim lovcima, grupom dobroćudnih Ijudi koji su živeli na krajnjem severu. Mada i sam robustan i navikao na vremenske neprilike u tim krajevima, Džo se Eskimima uvek divio u tome kako mirno i s osmehom podnose nedaće življenja pod tako surovim vremenskim i geografskim uslovima. Iscrpen od dugog potucanja po smrznutoj tundri, želeo je da se kod njih malo odmori pre no što krene nazad prema svom improvizovanom kampu.

Stigavši tako nasred malog prostora okruženog poznatim mu kožnim šatorima i kolibama, traper zbaci kožu sa umornih pleća i doviknu svoj uobičajeni pozdrav na eskimskom jeziku. Iznenadio se da mu niko ne izlazi u susret, čak se ne ču ni lavež pasa! Prišao je prvom šatoru, razgrnuo kožnu prostirku sa ulaza i zagledao se u ledena ognjišta i smrznute ostatke hrane u kazanu.

Zabrinut je izašao i potražio šator seoskog poglavara, koji je takođe bio prazan, sa smrznutim ostacima hrane na ognjištu, razbacanim dečjim stvarčicama po zemljanom podu i puškom naslonjenom pored ulaza! Ova činjenica još više zabrinu Džoa, jer je dobro znao da se Eskimi u tim krajevima nikad ne udaljavaju bez svojih dragocenih pušaka! Vratio se obali i zagledao u razbacane kajake, neke isprevrtane od povremenih velikih talasa jezera Anjikuni na čijoj se obali nalazilo i malo istoimeno selo.

Pošto je pregledao sve šatore i kolibe, Džo je obišao i bližu okolinu. Na svoje zaprepašćenje našao je smrznute ostatke njihovih pasa, velikih jakih životinja za vuču i odbranu od napada divljih zveri. Svi psi, njih oko stotinu, bili su vezani za obližnje drveće i očigledno su skapali od gladi! Džou više nije bilo hladno, uzrujana krv mu je silno navirala u lice i čelo. Šta li im se moglo desiti? Gde li su svi odjednom otišli, ostavivši svoje oružje i dragocene pse? Gde su deca? Zar su svi odjednom poludeli i krenuli bez oružja, odela i pasa na put ka Severnom polu?! Uznemireni traper se vratio u selo, na brzinu prezalogajio svoj skromni ručak, malo se ogrejao i odlučio da se smesta vrati u svoj kamp. Stigao je pre noći.

Rano idućeg dana, Džo je upregao svoje pse za vuču i da bi što brže putovao, sva krzna je ostavio u kampu. Pošao je da obavesti najbližu stanicu čuvene kanadske Konjičke policije koja se nalazila stotinak milja prema jugo-zapadu. Nedelju dana kasnije, ponovo se vratio sa članovima istražne komisije od četiri člana. Selo je bilo pusto i prazno, čamci i dalje razbacani a psi mrtvi. Ali mnogo veštiji policajci, primetili su i niz drugih pojedinosti, a među njima i kamenje kojim je bio zatrpan jedan svež eskimski grob. Inspektor je poznavao običaje tog kraja i naroda i zapazio je da su kamene ploče i kocke "neuobičajeno" naslagane! Razgrnuli su ih i otkrili da nedostaje telo pokojnika! Neko ga je pokupio a kamenice vratio u "drukčijem" redosledu od eskimskog. Lekar je ustanovio da su ostaci hrane stari naj-manje dva meseca, kao i leševi pasa, za koje je potvrđena Džoova sumnja da su uginuli od gladi. I policija se složila s traperovim primedbama o oružju. Bilo je krajnje neobično da su ga ostavili u kolibctma. Žene su ostavile hranu i ručni rad, a deca igračke. Muškarci su prekinuli svoje spoljne radove.

Nakon jednonedeljnog boravka u selu, komisija je došla do sledećeg zaključka: svi stanovnici sela, njih tridesetak na broju, iznenada su i iz nepoznatih razloga napustili svoje kolibe i šatore i - nestali bez traga! Policijski tragač se složio sa isku-snim Džoom da nisu otišli van sela, jer bi morali iza sebe ostaviti bilo kakve tragove! Šta im se desilo? Samo jedno "logično" objašnjenje postoji za njihov nestanak bez traga, a to je da se nad selom (eventulano) pojavio leteći tanjir! Privučeni njegovim oblikom i čudnim zvukom, stanovnici su pojurili napolje da vide o čemu se radi. Tu su ih ili "pokupili" i odveli sobom, zajedno sa telom iz groba, ili su ih sve "demate-rijalizovali"! Ovo drugo je manje verovatno, jer bi morali primetiti i pse u blizini, ali su se interesovali samo za Ijude - žive i mrtve. To je moderna teorija pristalica letećih tanjira, a verovatno, postoji i neko drugo objašnjenje, koje još ne znamo. Misterija je ostala nerazjašnjena do danas.

NESTALE VOJSKE

Početkom decembra 1939. u centralnim oblastima Kine vladalo je panično rasulo odstupajućih armija sa mnoštvom izbeglica. Japanci su osvojili Nanking pljačkajući i raznoseći sve što se moglo iz napuštenog grada. Trebalo, ih je tu, po svaku cenu, što duže zadržati, da bi se prikupile armije u rasulu i organizovao otpor daljem japanskom napredovanju. Iznad Nankinga bila su valovita brda prepuna izbeglica i rasutih vojnih jedinica. Pukovnik Li Fu Sien ih je na brzinu prikupio i organizovao jedinicu od tri hiljade i sto vojnika. Sa tom vojnom grupom, utvrdio se u brdima duž glavnog puta, stvarajući tako privremeni front u dužini od dve milje. Smatrao je da će žilavim otporom zaustaviti napredovanje Japanaca na sever. Poslednju inspekciju cele linije fronta izvršio je oko četiri sata pred zoru, dogovorio se sa komandantima o taktici ratovanja i otišao u vojni vagon koji mu je služio kao štab da se malo odmori. Opružio se i zaspao snom premorenog ratnika.

U sedam sati probudio ga je uznemireni ađutant, koji nikako nije uspevao da stupi u vezu sa linijom fronta, mada su telefonske veze funkcionisale sve do pre pola sata! Šta im se moglo desiti? Da ih nisu iznenada napali Japanci i sve pobili. U ovo je bilo teško poverovati, jer bi se čula pucnjava. Li Fu Sien se na brzinu umio hladnom vodom i pošao sa pratnjom prema svojim ukopanim vojnicima. Ali tamo nikog nisu našli! U celoj dužini od dve milje rovovi su bili prazni, oružje ostavljeno, vatre pogašene ili dogorele, skromne zalihe hrane ostavljene po zemljanim podovima bunkera i na brzinu iskopanih rovova. Pukovnik je u panici nastavio prema jedinom mostu preko reke, gde su on i njegovi pratioci konačno pronašli živu i zdravu jednu poveću četu.

Da li su oni išta primetili? Ni traga! Li Fu Sien je

posumnjao da se cela vojska predala Japancima preko noći. Ali, četa koja je budno motrila na jedini prelaz preko reke bi to svakako primetila. U planine nisu mogli neprimećeni pobeći iz više razloga, od kojih ćemo navesti samo dva: primetila bi ih pozadinska vojska, ili bi se tome usprotivili bar neki oficiri pa bi došlo do pucnjave koja bi se čula! Da nisu noću preplivali hladnu reku na nekom nižem mestu? I to je malo verovatno, jer u kasnijim, zaplenjenim japanskim vojnim spisima nije bilo ni reči o nekoj predaji, niti se ikada i jedan član ove nestale vojske igde pojavio! Gde je i kako nestalo dve hiljade devet stotina osamdeset osam kineskih vojnika? Za svega pola časa, jer je samo toliko telefonska linija bila prekinuta!

⌛

U toku španskog građanskog rata za presto 1701.-1714. cela jedna armija od četiri hiljade potpuno opremljenih vojnika u maršu je stigla pod samo podnožje Pirineja. Umorni su se ulogorili pored jednog potoka i tu prenoćili. Rano izjutra pokupili su svoje šatore i opremu i nastavili u brda. Tu im se uskoro izgubio svaki trag, i uprkos svim potragama nikad ih više niko nije video. Jesu li i oni možda odmarširali u nepoznate nam dimenzije i predele "paralelnog sveta"?!

⌛

Na sličan način nestala je i jedna kolona francuskih legionara u Indokini. Pošli su 1858. da zavedu red u pobunjenom Sajgonu. Koloni od pet stotina pedeset legionara, pridružila se i dobro obučena vojna jedinica domaćih boraca. Poslednji put su primećeni petnaestak milja od Sajgona, kada su u dugoj koloni prelazili preko pirinčanih polja! Zatim su, poput svojih španskih drugova u oružju, naprosto nekud nestali! Nikad se nisu pojavili u Sajgonu, niti su se ikad vratili u svoju bazu! Po jednoj interesantnoj teoriji, svi ti "nestali" vojnici, u stvari, još uvek maršíraju i postoji mogućnost da se opet "pojave"!

NESTALI BRODOVI

Pored čitavih vojski, bez traga su nestajali i mnogi brodovi sa posadom i putnicima. Juna 1872. zaplovio je snažni parobrod Ajron Mauntajn iz luke Viksburg za Nju Orleans. Na brodu se nalazilo pedeset pet putnika sa posadom. Za sobom je teglio dva manja šlepa natovarena pamukom i buradima sirupa melase. Dok su crni dim i varnice, kuljali iz njegova dva visoka dim-njaka, brod je ponosno tulio svojim gromkim sirenama ostalim brodićima i čamcima da se sklone pred njegovim impozantnim konvojem.

Kapetan parobroda Cif Irakuze, prvi je primetio da nešto nije u redu sa brodom, koji je plovio uzvodno i zamalo se sudario sa ona dva natovarena šlepa koje je besciljno nosila rečna struja. Pomislivši da se brod prevrnuo ili potonuo, kape-tan Irakuze je veštim manevrisanjem pokupio šlepove i sproveo ih do obale gde su ih čvrsto vezali. Tu se ustanovilo da su šlepovi još uvek bili vezani svojim debelim konopcima čiji je drugi kraj bio presečen sekirom! Tako se u to vreme radilo u slučaju opasnosti. Bilo im je jeftinije da izgube tovar i šlep nego skupoceni parobrod. Ali, šta se onda desilo sa brodom Ajron Mauntajn?

Ni vojska, ni policija, ni civilna milicija koje su danima pretraživale taj deo reke, nisu primetile ili otkrile ni najmanji trag potapanja broda! Ni najmanje daščice, ni kapi ulja, ni jedan leš ili bar deo nečije odeće, apsolutno ništa za sobom nije ostavio nesrećni parobrod. Ni do današnjih dana nije se saznalo gde je nestao sa svojih pedeset pet putnika. Ni kasnija istraživanja obavljena u tom delu reke 1967. specijalno modifikovanim Gajger-Milerovim brojačem, nisu otkrila ni olupinu, ni njen deo. Tek tada je i zvanično parobrod proglašen "nestalim"! Jedno od mnogo brojnih pitanja koja se nameću u ovom slučaju, svakako je najinteresantnije: šta je navelo posadu da hitno sekirom preseče veze sa svojim šlepovima?

Da bi se opisali svi slučajevi nestalih brodova sa posadom, mogla bi se napisati cela jedna knjiga. Mi ćemo se ovde upoznati sa još jednim "slavnim" nestankom, u kojem je brod ostao, ali se njegovim putnicima zauvek izgubio svaki trag. Radi se, naravno, o poznatom slučaju broda Meri Celeste.

Brod je uredno napustio njujoršku luku 5. novembra 1872. Natovaren sanducima punim alkohola, zaplovio je s namerom da pređe Atlantik i ponovo se usidri u italijansku luku Đenova. Tačno nedelju dana kasnije, Njujork je napustio i britanski brod De Gratia. Britanski kapetan se zvao Dejvid Rid Morhauz, inače dobar prijatelj kapetana Meri Celeste, Benjamina Brigsa. Pred sam polazak Meri Celeste imali su zajedničku večeru.

Petog decembra, De Gratia se približila obalama Portugala. Bilo je rano popodne, kada je momak sa osmatračnice doviknuo onima dole da vidi "lutajući brod". Još kroz dogled kapetan Morhauz je primetio da su jedra čudnog broda sva pocepana, a delimično i nestala. Brod se ljuljuškao na blagim talasima, bez ijednog člana posade na palubi. A onda je kapetan Morhauz sa užasom pročitao ime broda. Odmah je u sebi pomislio ono najgore, da su svi na brodu pomrli od kakve opake bolesti ili se otrovali hranom.

Međutim, kada su se usidrili i prešli na palubu pustog broda, primetili su da nedostaje veliki čamac za spasavanje, što je navelo kapetana Morhauza na pomisao da je brod prošao kroz strašnu oluju iz koje je posada pokušala da se spase ali se ili potopila, ili još uvek negde čeka na spasioce. Ubrzo se ta teorija pokazala jalovom, jer ma koliko da su opustošena i pocepana jedra ukazivala da ih je pogodila snažna oluja, red unutar brodskih prostorija svedočio je suprotno. Zalihe hrane bile su uredno naslagane, suđe oprano i pospremljeno u svoja ležišta, brodski tovar alkohola nedirnut, po kabinama su ostala mornarska odela, lične stvari, čak i lule. Otpala je i eventualna mogućnost pobune, jer, u tom slučaju bi svakako mornari pokupili oružje iz kapetanove kabine, pa i svoje lule i duvan, od kojih se gotovo nikad nisu rastavljali. Otpala je i mogućnost gusarskog napada, jer bi se, u tom slučaju, na brodu morao naći bar minimalni trag borbe ili otpora. Gusari svakako ne bi ostavili tovar i hranu, da ne pominjemo ostale dragocenosti koje je kapetan prenosio preko Atlantika u privatnom sefu.

Znajući da su na ovaj nesrećni put sa kapetanom Brigsom pošle i njegova mlada supruga i mala kćerka, Morhauz je obratio posebnu pažnju baš na tu privatnu, kapetanovu kabinu. Apsolutno nije bilo moguće otkriti bilo kakav trag koji bi ukazivao na to šta se desilo sa posadom Meri Celeste, niti su to uspele vlasti u Portugalu u čiju luku je brod odmah odvučen i slučaj prijavljen. I posle višegodišnje uporne istrage ovaj slučaj je ostao nerasvetljen.

Jedina mogućnost koja im u to vreme nije mogla pasti na pamet bila je sledeća: osmatrač je iznenada primetio čudan svetleći objekat ovalnog oblika kako se sjurio iz vedra neba i ostao da lebdi nad brodom! On u panici priziva ostale koji žure na palubu i zapanjeni pilje u nepoznato leteće telo. Kapetan, koji nema pojma o "letećim tanjirima", tumači ovo kao "đavolovo delo" i na brzinu naređuje svojoj posadi da se ukrcava u veliki čamac koji se nalazio vezan iza broda. Samo pod takvim paničnim uslovima mornari su se mogli ukrcati bez svojih lula i najdražih sitnica! U pitanju je bilo spasavanje golog života od čudne nebeske "nemani", koja je, možda, i "bljuvala vatru" iz svojih motora, ili ispuštala zastrašujuće zvuke! I, kao da je samo na to čekala, "neman" potom odiže čamac prepun užasnutih putnika i "guta" ga ogromnim metalnim čeljustima!

NESTALE OSOBE

Od nekoliko stotina nestanaka pojedinaca, odabrali smo samo tri karakteristična slučaja. Prvi se odnosi na dečaka po imenu Oliver Larč, a desio se na Badnje veče 1889. na jednoj farmi nedaleko od Saut Benda, Savezna država Indijana.

Predeo je bio prekriven debelim slojem snega, nebo olovno sivo, a iz okolnih raštrkanih farmi dizalo se nekoliko oblačića dima. Po kućama su počeli paliti prve petrolejke, pa je suton neodoljivo podsećao svojom romantikom na poznate Božićne čestitke sa zimskim večernjim pejzažima. U porodičnoj kući Larčovih takođe je vladalo praznično raspoloženje. Na svečanu večeru došli su im prijatelji iz Čikaga, inače, rodom iz obližnjeg gradića, kao i tamošnji sudija, penzionisani službenik.

Nakon večere su zamolili gospođu Larč da im odsvira nekoliko Božićnih melodija na orguljama, što je ova izvela sa uživanjem i bez greške jer je, i inače, svirala u lokalnoj crkvi. Tako su se zabavljali, pevali, pijuckali i grickali kokice koje im je Oliver, tada jedanaestogodišnjak, pekao na kuhinjskom šporetu. Nekoliko minuta pre jedanaest, Oliverov otac zamoli dečaka da trkne do dvorišnog bunara i donese još jednu kantu sveže vode, kako ne bi ostali bez nje u toku noći. Oliver odmah posluša i izađe u tamnu noć, a njegov otac se vrati gostima u salon. Ali samo desetak sekundi nakon što je dečak zatvorio vrata za sobom, začuše se njegovi krici i dozivi "u pomoć"!

Zapanjenim gostima i roditeljima trebalo je još nekoliko

sekundi da se priberu od prvog šoka. Pošto su izmenjali neko-
liko unezverenih pogleda, svi su istovremeno skočili iz svojih
fotelja, a gospodin Larč je sa zida u hodniku dograbio svoju
lovačku pušku, misleći da je Olivera napala kakva divlja zver...

"Upomoć! Upomoć! Pustite me! Upomoć!" vikao je pres-
trašeni dečak iz tame. Ali, tu, pred ulazom, prisutni se zaus-
taviše pogleda uprtih u pravcu tamnog neba iz kojeg je sipio
lagani sneg. Jer, sad su se dečakovi krici čuli "odozgo"!
Upaničeni otac podiže cev svoje puške u tom pravcu, ali mu je
stari sudija brzo zgrabi i rukom povi natrag prema zemlji.
Postojala je opasnost da pogodi dečaka kojega je "neko" ili
"nešto" odnosilo u pravcu neba. Užasnuti, slušali su njegove
sve slabije čujne pozive u pomoć, a onda se opet sve utiša.
Skrhani i šokirani roditelji su se držali u čvrstom zagrljaju
glasno jecajući a sudija i prijatelj iz Čikaga, inače penzionisani
bivši tužilac, pažljivo sa fenjerima pretražiše dvorište. Njiho-
vom veštom oku dugogodišnjih istražitelja ne izmakoše
dečakovi jasni tragovi koji su po svežem snegu vodili prema
bunaru, da bi na pola puta odjednom prestali.! Nije uspeo čak
ni da se okrene!

Zanemeli, vratiše se u kuću gde su pokušali da rasvetle šta
se moglo desiti nesrećnom Oliveru. Neko je pomenuo i mogu-
ćnost da ga je zgrabila neka džinovska pтičurina, ali je otac
dodao da je ta teorija prilično labava jer je dečak bio težak
preko trideset pet kilograma i zašto bi "ptici" vikao: pustite me!
Preostala im je još labava teorija o nekom zalutalom balonu, ali
je, uskoro, detaljna zvanična istraga to odbacila, jer se tog
vetrovitog dana nije podigao ni jedan registrovani balon u tom
kraju. Kako su avioni ili helikopteri bili u to vreme još daleka
budućnost, roditelji pripisaše nestanak svog sina "višim
silama", a istraga koja je još neko vreme tapkala u mestu,
takođe ne urodi plodom, pa je slučaj mudro klasificiran pod
"nerazjašnjene"! A šta im je drugo i preostalo?

Nešto čudniji, ali još tajanstveniji slučaj desio se 1873. u Engleskoj. Jedan robustni i još dobro držeći seoski plemić, po imenu Džejms Varson, opkladio se sa svoja dva prijatelja da je još uvek u stanju da pretrči bez odmora rastojanje od njihovog mesta do grada Koventrija, nekih šesnaest milja. Kako bi ga osujetili u eventualnim smicalicama, prijatelji su seli jednog jutra u kočiju i krenuli za pedesetogodišnjim trkačem.

Putem su se šalili, i dobacivali mu razne dosetke, istovremeno ga bodreći da ne posustane. Nakon sedam pretrčanih milja, Džejms Varson se spotakao nasred puta, glasno opsovao i - nestao! Ne shvatajući u prvi mah šta se zbiva i zašto su ga odjednom izgubili iz vida, prijatelji zaustaviše kočiju misleći da se otkotrljao u obližnji jarak pored prašnjavog puta. Ali, tamo ga nije bilo. Nigde ga više nije bilo, niti se više ikad igde pojavio! Utrčao je u "nešto" što ga je zauvek progutalo!

Vlasti su dugo vršile strpljivo isragu i ne verujući mnogo Varsonovim prijateljima, izvrnule su svaki kamen pored puta, pretražile svaki potočić i rečicu, prekopale svaku sumnjivu humku, ali od nesrećnog Varsona ni traga. Njima, kao ni nama danas, nije, naprosto, išlo u glavu "kako" je Varson jednostavno mogao nestati nasred puta, pred očima svojih prijatelja? Postoji, međutim, jedna teorija po kojoj Varson još uvek trči i nije isključeno da će se u budućnosti ponovo pojaviti, baš na tom istom putu! Neverovatno, zar ne?

Postoji na desetine dokumentovanih slučajeva sličnih nestanku Varsona, ali mi ćemo se vratiti u ovo današnje vreme.

Jednog zimskog dana 1975. Džekson Rajt se zaustavio u njujorškom Linkoln tunelu da ukloni naslage snega sa prednjeg stakla svog automobila. Izašla je i njegova supruga Marta da bi očistila zadnje staklo. Zaobišla je auto i zauvek nestala! Rajt je odmah alarmirao prva policijska kola, blokirana su oba ulaza u tunel, pretraženi svi automobili, ali Marti ni traga! Posumnjali su da ju je vešti Džekson prethodne noći ubio, raskomadao i razbacao po reci, ali na sreću, dobro ih se sećao prodavac benzina sa susedne stanice kod koje su se zaustavili, jer je Marti bio hitno potreban nužnik!

Dakle, Džekson je nije mogao ubiti, raskomadati i baciti u reku u toku tih desetak minuta na rastojanju od tri stotine metara! Moralo mu se poverovati, utoliko pre što je očajan pristao i na detektor laži, pa čak i na hipnozu, pod kojom se, ionako, ničeg važnog nije mogao setiti. Slučaj je ostao "nerešen" i kao jedan od bezbroj sličnih.

Na kraju, možda treba napomenuti, da prema zvaničnim izveštajima FBI u Sjedinjenim Državama svake godine nestane preko dvadeset hiljada osoba! Polovinu obično pronađu, to su mahom nezadovoljni muževi ili žene, koji u bekstvu traže utehe ili spas od greške koju su načinili, pa onda dolaze maloletna lica koja beže od kuća i roditelja željna avanture ili slave. Na žalost, trećina te dece postaju žrtve raznih manijaka, perverznih i bolesnih tipova ili ubica. Svake godine otkrivaju se na stotine posmrtnih ostataka raznih nesrećnih begunaca, ali i pored toga, još uvek ostaje impozantan broj "nestalih bez traga", od skoro četiri hiljade lica!

Koliko je osoba od tog broja "prešlo u drugu dimenziju", ostaje za sada nepoznato. Postoji, doduše, omiljena teorija da te osobe skupljaju leteći tanjiri u eksperimentalne svrhe!

PUTOVANJA KROZ VREME

Prema zvaničnim starim papirima toga vremena, 25. Oktobra 1593. prestonica Meksika je osvanula u sunčanom jutru. Pred impozantnom palatom vicekralja, upravo se smenjivala noćna straža. Dežurni oficir koji je ostavljao odmorne vojnike a skupljao one druge, zbunjen je zastao ispred stažara u nekoj njemu nepoznatoj uniformi i naoružanog potpuno drukčijim tipom "muskete"! U rumenilu jutarnjeg sunca, stranac je odudarao u svakom pogledu...

- Ko ste vi, dođavola?! - upita oficir odmerivši ga sumnjičavo.

- Zovem se Gil Perez - promuca nepoznati vojnik zbunjeno.

Oficir naredi vojnicima da odmah uhapse stranca i privedu ga u palatu. Vicekralj je izrazio želju da ga lično vidi i ispita.

- Odakle ste, gospodine Perez? - obilazio je vicekralj oko uhapšenika, ruku zabačenih iza leđa, pažljivo ga zagledajući.

- Već sam rekao vašem oficiru, zovem se Gil Perez, a na službi sam pri dvoru guvernera Manile, njegove ekselencije Don Gomeza Dasmarineza.

- Ali čoveče, ovo je Meksiko Siti! - zaustavi se vicekralj pred čudnim vojnikom.

- I sam vidim da nešto nije u redu - priznade zbunjeni vojnik kome je sa ispitivačima bio zajednički samo španski jezik!

- Kako onda objašnjavate vaše čudno prisustvo ovde? - nastavi vicekralj tonom radoznalog istražitelja.

- U ponoć su me probudili i ostavili na straži pred dvorom guvernera Dasmarineza - ponavljao je vojnik. - Na dvoru je vladalo veliko uzbuđenje, jer je iz grada Molukasa stigla vest da je guvernera neko noćas usmrtio udarcem sekire po glavi! Pred zoru sam, čini mi se, zadremao, a kad sam se probudio, eto, našao sam se pred vašom palatom.

- I vi, čoveče, tražite da vam poverujemo u tako naivnu priču? - upita vicekralj. - Pa, naravno, vrlo dobro znate da je ne možemo proveriti, jer je Manila udaljena od Meksika hiljadama milja. Vodite ga u zatvor, ovaj čovek je očigledno špijun!

Dva puna meseca je siroti Gil Perez čamio u podrumu palate. Još dva puta je bio saslušavan pred specijalnom komisijom uz prisustvo vicekralja, ispitivali su ga lekari, pa čak i crkvena Inkvizicija. Nisu znali šta da misle, jer je čovek tvrdio neverovatne stvari. Zaključili su da je najverovatnije lažov, malo ćaknut tip željan samoisticanja.

A onda se u luku usidrio prvi brod iz Manile. Putnici su odmah ispričali tužnu novost o ubistvu tamošnjeg guvernera Don Gomeza Dasmarineza. U palatu vicekralja došao je i specijalni kurir dvora iz Manile sa diplomatskom poštom i ostalim važnim spisima i pošiljkama. Čim ga je primio i čuo vest, vicekralj se setio zatvorenog vojnika. Zamolio je dvorskog kurira da pođe s njim do podruma...

- Da - odmah je potvrdio oficir iz Manile - to je zaista jedan od naših stražara. Mislim da se zove Gil Perez! Iznenada je nestao još pre dva meseca. Otkud on kod vas?! Vicekralj je mislio da sanja. Odmah su oslobodili sirotog Pereza koji se istim brodom vratio u svoju rodnu Manilu, ali je misterija o njegovom "prelasku" u Meksiko Siti ostala nerazjašnjena sve do današnjih dana. Ostali su sačuvani originalni spisi i zapisnici iz tog vremena koji nedvosmisleno svedoče o čudnom događaju. Ko, zašto i kako je prebacio stražara Pereza iz Manile u Mcksiko Siti tog ranog jutra, ostaće tajna!

⧗

Džozef Braun je napustio svoj skromni apartman u Bruklinu, oko devet časova pre podne. Po toplom i vedrom nedeljnom vremenu, uputio se laganim koracima do male prodavnice na ćošku da kupi nedeljno izdanje Njujork Tajmsa. Na tom kratkom putu od dve stotine metara, izgubio mu se svaki trag!

Kad se nije pojavio ni posle dvanaest, ljutita supruga je

pošla da ga potraži. Bila je uverena da se zapričao sa vlasnikom prodavnice, a na stolu se već hladio nedeljni ručak. Ali, tamo ju je čekalo neprijatno saznanje da se Džozef nije tog jutra ni pojavljivao! Ali, otišao je samo u papučama na nogama i neobrijan, objašnjavala je uzbuđena supruga komšiji trgovcu. Još je rekao da će morati da kupi nov paketić žileta!

Prodavac je odmahivao glavom, sve zabrinutiji za sudbinu svoje stare mušterije. Pitali su i decu koja su se igrala na ulici od ranog jutra, ali se nijedno dete nije sećalo da je Džozef Braun tog jutra prošao! Pozvana je policija. Ceo kvart je detaljno pregledan, izvrnuta i ispražnjena svaka kanta za đubre (jer u Bruklinu se nikad ne zna šta se sve čoveku može dogoditi) ali nije bilo nikakvog traga. Izdata je poternica sa slikom i razaslata ostalim policijskim stanicama, a umešao se i čuveni FBI. Mada ništa nije ukazivalo na moguću vezu Braunovu sa "podzemljem", u početku se na svašta sumnjalo.

- Ta nije mogao u zemlju propasti! - uzviknuo je šef lokalne policijske stanice posle tromesečnog bezuspešnog traganja.

Posle nešto više od godine dana, kako je iznenada nestao, Džozef Braun se isto tako iznenada i pojavio! Vreme je opet bilo vedro i sunčano a u maloj prodavnici na ćošku tiho su pričali prodavac Kelvin i mladi policajac Roj Tomson. Kada se u vratima pojavio Džozef Braun, obojica su naglo promenila boju lica i zagledali se u njega poluotvorenih usta...

- Dobro jutro! - pozdravio ih je Braun mirno i odmah prišao štandu sa žiletima. Pošto je izabrao jedno pakovanje, usput se sagnuo i podigao sa police "Njujork Tajms".

- Za ime Boga, Džozef! - konačno se pomerio policajac sa svog mesta i prišao mu laganim, gotovo bojažljivim koracima. - Ta gde ste bili sve ovo vreme, čoveče?!

Džozef Braun je za trenutak zastao vidno iznenađen mladićevim ponašanjem.

- Tražili smo te mesecima! - priđe mu sad i prodavac,

ovlaš ga dodirujući kao da proverava da li je zaista on. - FBI te još uvek ima na svojim poternicama, čoveče, cela država te traži već godinu dana!

Džozef Braun ih je kratko posmatrao s komičnom grimasom na neobrijanom licu, a onda se ljutnu:

- O čemu to vas dvojica trabunjate? Jeste li pošašavili? Ta pre pet minuta sam napustio stan i pošao ovamo po novine i žilete!

- Gospodine Braun! - vikao je sad mladi policajac. - Jeste li svesni šta govorite? Pogledajte zaboga datum na tim novinama! Braun se zagleda u NJujork Tajms u ruci...

- Šta je ovo? Neka glupa šala? - pogleda on ponovo u dvojicu pred sobom. Ali oni su sada ćutali, nemo ga obilazeći i čudno odmeravajući kao da ga prvi put vide. Pomislivši da su mu pripremili kakvu gadnu podvalu Braun se vrati polici s novinama. On podiže drugi primerak "NJujork Tajmsa", pa treći, zatim nervozno izvrnu sve primerke, prelista i proveri datume, pa dohvati druge novine i magazine, sve ih groznićavo prevrnu i tek tada poče da menja boju lica. Piljio je u svoja dva poznanika, a oni u njega. Nešto, očigledno, nije bilo u redu, dobro je znao da bi specijalno štampanje ovakvog broja "Njujork Tajmsa" koštalo čitavu imovinu! Ali, ako nije podvala, onda šta je? On oseti potrebu da sedne na obližnji sanduk Koka-kole.

- Šta se ovde dešava? - nemoćno je gledao u dvojicu ljudi.

- Iznenada ste nestali pre više od godinu dana! - ponavljao je mladi policajac. - Pošli ste da kupite novine i više se niste vratili! Vaša supruga je došla ovamo da vas traži, pa smo pozvali u pomoć gradsku policiju i na kraju FBI!

- Pre godinu dana?! - izgubljeno ga je gledao Braun. Kunem vam se, izašao sam iz svog stana pre pet minuta! Zar ne vidite i sami da još imam papuče na nogama?

Policajac se lagano spusti na pod pored njega.

- Gospodine Braun - obraćao mu se blagim tonom prija-
telja - zar se baš ničeg drugog ne sećate?

Braun se kao zamisli, pa odmahnu glavom. Mladi polica-
jac se uspravi, baci brz pogled na bledog prodavca, pa se uputi
tezgi i dohvati telefon...

- Šefe - reče on tiho u slušalicu - ovde službenik Tomson...
Rej Tomson... On se upravo vratio!

Potraja kratka pauza.

- Ko se, do đavola, vratio, Tomsone?! - ljutnu se nervozni
glas sa druge strane.

- Džozef Braun, ser! Onaj građanin što je pre godinu dana
bez traga nestao! Još uvek ima papuče na nogama!

Šef lokalne policije mora da je pomislio da mu se mladi
službenik iznenada teško razboleo, jer ga upita gde se nalazi i
obeća da će hitno doći.

Deset minuta kasnije, došao je ne samo šef policije, već na
desetine policijskih i televizijskih kola i novinskih reportera,
neko je pozvao i vatrogasce ne znajući zbog čega je nastala
tolika gužva. Otrčali su po gospođu Braun i doveli je s posla,
ispitivali i pregledali sirotog Brauna, postavljali mu unakrsna
pitanja, podvrgli ga hipnozi i priključili na tri detektora za
otkrivanje laži, ali sve bez uspeha. Džozef Braun je tvrdoglavo
tvrdio da je "pre pet minuta" pošao od kuće po novine! Utvr-
đeno je da govori istinu, ali se verovatno nikad neće saznati
"gde" je bio čitavu godinu dana i kako je moguće da mu je
sećanje iz tog vremena potpuno izbrisano.

Preostaje nam jedino, nepotvrđeno, i zaista neverovatno
objašnjenje - Džozef Braun je tog nedeljnog jutra na
neobjašnjiv način "ušetao" u onaj drugi svet, paralelni, u kojem
nema ni prostora ni vremena, pa ga je baš iz tog razloga i izdala
memorija kada je godinu dana kasnije "išetao" iz te neshva-
tljive zone nama nepoznatih svojstava i dimenzija!

XI

Ovde svakako moramo pomenuti i čuveni "Brodvejski slučaj" koji se pedesetih godina prošlog veka desio u Njujorku.

U masi raspoloženih građana koji su upravo napuštali poslednju predstavu jednog od mnogobrojnih brodvejskih pozorišta, odnekud se iznenada "stvorio" i jedan čudan čovek! Odeven u neko staromodno odelo, i vidno preplašen, blenuo je u jarku svetlost neonskih reklama svud oko sebe. Okrećući se tako, naokolo posetioci su ga jasno čuli kako mumla:

- Bože moj, šta je ovo? Gde sam? Šta se sa mnom dešava?

Ulicom se kreatala reka bučnih automobila, vozači su sirenama upozoravali pešake, sa okolnih pozorišta treštala je muzika, a sve to izmešano sa grajom hiljada prolaznika. Kao da je želeo pobeći iz tog "modernog pakla", mladi čovek se naglo bacio u pravcu ulice, probio kordon posmatrača i pokušao da pretrči na drugu stranu. Na žalost završio je pod točkovima jednog automobila i od udarca glavom o asfaltni put, na mestu ostao mrtav. Tu se tek počela odvijati jedna od najčudnijih priča, koja ne samo da se graničila s naučnom fantastikom, već i sa našim shvatanjem zdravog razuma!

Na scenu je stupila policijska patrola. Dežurni inspektor je ispitao posmatrače i vozača automobila, pa utovario leš nepoznatog čoveka u policijsku ambulantu i odvezao ga u mrtvačnicu. Ne obraćajući naročito pažnju na staro čovekovo odelo, jer mogao je biti jedan od stotine statista Brodvejskih pozorišta inspektor mu je pretresao džepove. Tamo je, pored maramice, našao staromodni džepni sat na dugom lancu, mali nož i jednu vizitkartu na ime nekog Brodvejskog trgovačkog putnika. Tek pošto se zagledao u tu kartu i jednu malu priznanicu datiranu osamdesetak godina unazad, detektiv se spustio na metalnu stolicu pored leša i duboko zamislio. Zašto bi jedan obični statista imao pored autentičnog odela i staru vizit kartu i priznanicu prodavnice nameštaja koja više ne postoji?!

Naredio je da se leš do daljnjeg skloni u jedan od kriogenih frižidera i još iste noći se vredno bacio na posao. Iz telefonskih imenika se uverio da ime tog čoveka kao ni naziv ulice više ne postoje pa je otišao u telefonsku kompaniju i pregledao stare imenike datirane unazad šezdeset godina. Ni tamo nije našao ime tog čoveka, ali je zapazio staru ulicu. U opštini su mu rekli da je ulica ukinuta još pre trideset godina, a nalazila se iza pozorišne zgrade pred kojom je čovek stradao!

Policijska laboratorija je, u međuvremenu, potvrdila autentičnost odela žrtve kao i njegovih stvarčica. Sve je bilo staro oko osamdeset godina. Ni ta činjenica nije zbunila njujorškog policajca, jer je dobro znao da mnogi imaju stare stvari po kućama, muzejima i starinarnicama. Čovek je možda patio od nostalgije pa se uveče prerušavao u staru odeću i izlazio u šetnju!

Detektiv je u opštini pregledao stare knjige i pronašao staru ulicu a zatim bez teškoće i čoveka pod istim imenom na tom i tom broju!

- Ovo ipak nije moguće! - promrljao je više za sebe, zahvalio se i vratio u svoj ured. Znajući sada tačan identitet čoveka u mrtvačnici, počeo je nazivati sve porodice sa istim prezimenom, nekih stotinak na broju. Živeli su u Njujorku, ali i razbacani po celoj Arizoni. Ne, niko od njih nije imao u prošlosti rođaka pod tim imenom, sem jedne dame iz Kalifornije. Ona je imala oca koji se tako zvao. Šta se s njim desilo? Još dok je bila mala, izgubio mu se svaki trag!

Policajac je zamolio staru ženu da ga primi i poleteo prvim avionom za Santa Barbaru gde je ova živela. Mada začuđena,

Ijubazno ga je primila i ponovila čudnu priču. Još dok je bila vrlo mala, oko godinu dana, njen otac je pošao do ulice Brodvej da malo prošeta. Tu mu se izgubio svaki trag. Nikad se više nije vratio kući! Njena majka se obratila policiji, ali bez rezultata. Ne mogavši sama sa detetom da opstane u skupom Njujorku, morala se vratiti svojim roditeljima rančerima u Kaliforniju. Nikad se više nije udavala, umrla je uverena da ju je muž naprosto ostavio zbog neke druge!

- Imate li bar neku fotografiju vašeg nestalog oca? – raspitivao se policijski detektiv.

- Imam samo jednu - starica je prinela album s požutelim fotografijama. - Evo, to je moj nestali otac, a ova beba na njegovim rukama sam ja!

Policajac je pomislio da sanja. Bio je to onaj isti čovek tridesetih godina, kojeg je ostavio u mrtvačnici policijske stanice. Rukom koja mu se tresla izvukao je iz džepa fotografiju leša tog čoveka i uporedio ih. Bile su istovetne!

Osećajući se obaveznim, ispričao je starici zbog čega je u stvari došao. Ljubazno ga je saslušala, ali mu očigledno nije verovala. Zaplakala se tek pošto joj je pokazao sliku čoveka koji je poginuo pre desetak dana. Obećao je da će joj odmah poslati posmrtne ostatke njenog "osamdeset godina mlađeg" oca, a ona je njemu pozajmila staru požutelu fotografiju čiji se faksimil i danas nalazi u muzeju njujorške policije.

Ostalo je, međutim, neshvatljivo pitanje: gde se nalazio taj čovek osamdeset godina? U kakvim to uslovima je mogao biti, a da ne ostari ni za jedan dan? Očigledno je i on, poput mnogih drugih, "ušetao" u taj neverovatni, tajanstveni, ali uvek prisutni paralelni svet, čijeg smo postojanja sve više svesni i u koji ćemo, najverovatnije, prema želji moći ulaziti već u doglednoj budućnosti!

Poslednji iz niza najčudesnijih slučajeva koje želim da vam ispričam, desio se u Engleskoj 1914. godine.

U kupeu prve klase čuvenog ekspresa iz Londona za Glazgov, sedela su samo dva putnika, elegantni gospodin četrdesetih godina i mlada tridesetogodišnja lekarska pomoćnica. Dok je muškarac dremao, devojka se zabavljala nekom knjigom. U kupeu su već gorela plinska svetla jer se napolju spustio prvi sumrak. Odjednom, iz dremeža, odnosno čitanja, trže ih usplahireni krik čoveka koji se kao grom iz vedra neba stvorio tu sedeći pored prozora! Mada im nije bilo jasno kako je i kada ušao u njihov kupe, zbunjeni putnici dodoše k sebi pokušavajući da mu nekako pomognu. Siroti čovek je očigledno preživljavao užasan duševni šok. Lice mu se bilo izobličilo od silnog straha, a plave oči samo što mu nisu iskočile koliko ih je izbuljio u pravcu prozora vagona ispod kojeg je munjevito prolazilo drveće, kuće, njive i putevi...

- Smirite se! - blago ga je dodirivala mlada bolničarka verujući da se radi o kakvom duševnom bolesniku.

Ovoj njenoj tezi išla je u prilog i više nego čudna čovekova odeća. Na dugokosoj glavi je imao jedan od onih starih šešira sa velikim kopčama, kakve su nosili još u doba Kromvela! Na nogama slične cipele sa kopčom. Ali ono što je bilo najčudesnije, čovek je u levoj ruci držao zagrižen sendvič od crnog hleba, a u desnoj bič!

- Smirite se! - priđe mu sad u pomoć i onaj gospodin.

- Nema razloga da se bojite! Odakle ste? Kako se zovete? - pokušavao je da mu skrene pažnju pitanjima.

Čovek se zapanjeno zagleda u njih, još uvek se nogama bespomoćno odupirući o dno susednog sedišta, kao da je time želeo da zaustavi ovu užasnu i tako brzu mašinu!

Pimp Drejk! - vikao im je kako bi nadjačao lupnjavu gvoz-denih točkova zahuktalog ekspresa.

Odakle ste, gospodine Drejk? - nastavi putnik ljubazno da ga ispituje.

- Iz Čatama! Za ime Hrista, šta je ovo? Gde se nalazim?

Lokomotiva snažno zapišta, a već prestrašeni putnik se još više ukoči u svojoj neprirodnoj pozi. Sa užasom u očima je zurio u staklo mračnog prozora.

- Prijatelju - smirivao ga je onaj gospodin - nemate se čega bojati. Zar se nikad ranije niste vozili vozom?

On zatim priđe prozoru i spusti ga...

- Ta, pogledajte, čoveče, nemate se čega bojati!

Ali nesrećni putnik nije tako mislio. Sav se tresući uspravi se i naže kroz prozor da bolje vidi i tu kao da zažali što se ikada rodio! Voz se lako nagnuo na velikoj krivini, a iz zahuktale lokomotive kuljao je gust crni dim izmešan vatrenim pepelom! Od zaglušujuće buke kloparajućih točkova učinilo mu se da će poludeti! On opet kriknu i polete prema vratima kupea, koja, na sreću, nije umeo da otvori. Onaj gospodin polete za njim i povuče ga natrag na sedište, savladavši ga jednim veštim zahvatom.

Zatim ostavi nesrećnog čoveka da se trese u svom uglu, pa izvadi iz džepa svoju službenu legitimaciju koju ovlaš pokaza mladoj saputnici:

- Skotland Jard! - reče joj brzo u prolazu. - Pripazite na ovog nesrećnika dok ne pozovem pomoć!

Kada se ubrzo vratio u pratnji dvojice konduktera, u kupeu se nalazila samo ona devojka, zaprepašćenog izraza lica, pa je shvatio da se desilo nešto strašno...

- Onaj čovek... Onaj putnik... - pokazivala je drhtavom rukom u prazan ugao kupea - odjednom je nestao!

Kako to mislite *nestao*? - unese se inspektor u njeno bledo lice. - Iskočio kroz prozor?

Ne! - odmahivala je devojka glavom. - Nestao! Naprosto nestao, razumete? Kao da nikad nije ni postajao!

Inspektor se kratko zagleda u dvojicu konduktera, pa se skljoka na susedno sedište.

Pući će mi glava - reče tiho. - Ta malopre smo oboje sa tim nesrećnikom razgovarali!

Verujem vam, gospodine - tešio ga je onaj stariji kondukter. - Eno na podu su još uvek njegov šešir i bič!

Inspektor poskoči sa svog sedišta poput zveri i baci se na masni pod vagona. Kao opčinjen je piljio u stari šešir i dugački bič presavijen na podu. Dakle, nije lud, čovek se ipak nalazio u kupeu!

Ostatak vožnje do Glazgova dvoje putnika provedoše bez sna i odmora. Po ko zna koji put pretresali su tok događaja i uvek dolazili do podudarnih zaključaka - u vagonu se odnekud "stvorio" taj čudni putnik, da bi svega pet minuta kasnije na isto tako neobjašnjiv način "nestao"!

Pred Glazgovom se inspektor dogovorio sa mladom bolničarkom da ostanu u pismenoj vezi, pa ako ustreba da se u Londonu povremeno sretnu dok ne reše ovu misteriju. U Glazgovu je obavio svoj policijski posao, ali je na povratku sišao u Sefildu gde se u policiji raspitivao o mestu zvanom Čatam. Objasnili su mu da ono više ne postoji. Naselje je, još 1890. kao zemljište rasprodato budućoj fabrici vagona. Ostala je jedino stara crkva, kojom se još i danas služe tamošnji radnici.

Inspektor je idućih meseci privatno radio na istrazi slučaja "čoveka iz voza", pa je od raznih muzejskih kustosa doznao da su šešir i bič onog putnika stari najmanje sto dvadeset godina! Jednog vikenda pozvao je svoju ljupku poznanicu iz voza i sa njom otputovao u parohiju bivšeg mesta. Tamo ih je Ijubazno primio stari anglikanski sveštenik i ponudio im svoje skromne usluge. Zahvaliujući britanskoj tradiciji čuvanja svega i svačega, crkva je još uvek imala stare knjige tog mesta, čak tri stotine godina unazad, od datuma osnivanja...

- Interesuje nas građanin po imenu Pimp Drejk. Rodio se, otprilike, pre sto pedeset godina!

Stari sveštenik ih je pogledao nekako ispod oka. Zašto bi se odjednom Skotland Jard interesovao za nekakvog stogodišnjeg građanina iz bivšeg sela Čatama? Doneo je reigistre rođenih iz tih godina i na svoje iznenađenje zaista našao ime tog čovcka. Na zahtev svojih neobičnih gostiju, pop je doneo i knjigu umrlih iz tog veka. Tamo je, pored datuma Drejkove smrti, bio i kraći zapis lokalnog sveštenika, očigledno zainteresovanog za Pimp-ovu istoriju i ponašanje.

- Ovde još stoji - prevodio im je sveštenik nečitku zabe-lešku - da je siroti čovek umro u snu, nakon trogodišnje duševne bolesti. Navodno, dok se jedne večeri vraćao svojim teretnim kolima kući, odjednom su putem naletela "đavolska kola"! Na neobjašnjiv način se našao u njima i vozio se nekoliko minuta. Kola su bila od gvožđa, dugačka poput zmije, a iz prednjeg dela su bljuvala dim i vatru iz svojih usijanih čeljusti.

Inspektor i devojka se zaprepašćeno pogledaše.

- Pronašli su ga idućeg jutra, svog izgrebanog, i modrog kako se trese u jednom jarku pored puta. Njegov konj i kola bili su sedam kilometara dalje. Do kraja svog mučeničkog života, hodao je sulud naokolo prepričavajući onima koji bi hteli da ga slušaju o svojoj ponoćnoj vožnji u "đavolskim kočijama"! Čini se da je sveštenik iz tog vremena ovom pričom bio veoma impresioniran, kad ju je ovde ukratko prepričao za buduća poko-lenja. Znate, crkva se oduvek živo intersovala za neprirodne

73

pojave i mistične fenomene! - završi sveštenik svoj prevod i tumačenje požutelog papira.

Nije nam poznato koliko su još inspektor i mlada bolni-čarka proveli na ovom "slučaju", ali se zna da su se nešto kasnije venčali i svoju priču izneli na videlo tek desetak godina kasnije. Novinari su je proverili i zaključili da se u svemu slaže. Oni su te noći zaista putovali sa čovekom iz daleke prošlosti, mada nam verovatno još dugo neće biti jasno i kako se Pimp Drejk našao u vozu u tako dalekoj budućnosti! Novinari su otkrili još nešto što inspektor i njegova supruga nisu - deo pruge za Glazgov prolazi delimično baš posred starog zemljanog puta iz tog vremena! Da li je moguće da je te noći "ekspres budu-ćnosti" prosto naleteo na Drejkova zaprežna kola i "poneo ga sobom" sto dvadeset godina unapred, da bi ga pet minuta kas-nije opet "ispustio" pored puta!

Ovde komentar nije potreban. Potrebno je veoma mnogo mašte i naučnog predznanja, kako bismo uopšte mogli i zami-sliti šta se dogodilo.

BERMUDSKI TROUGAO

Verovatno da više nema čitalaca koji na neki način nisu čuli ili čitali o misterijama takozvanog Bermudskog trougla. Ova neprijatna vodena površina prostire se delom od Karibskog mora prema severnom Atlantiku, a u starija vremena oblast je bila poznata i pod nadimkom "Mare Diabolo", ili Đavolovo more. I kad se pregledaju svi ti stari i novi spisi o neobjašnjivim nestancima Ijudi, brodova i aviona, čitaocu se zaista nametne pomisao da ih je sam đavo tamo dočekao i nekud sobom poneo. Valjda su o nečem sličnom razmišljali i naši preci kad su taj deo

74

mora nazvali tako zlokobnim imcnom.

Od sto neobjašnjivih slučajeva nestanka, 73 su se desila u ovoj morskoj oblasti Centralne Amerike. Kako je ova misteriozna oblast veoma važna za dalje razumevanje ove knjige, navešćemo samo nekoliko važnijih slučajeva. Mada su Ijudi i brodovi ovde nestajali bez traga unazad nekoliko stotina godina, mi ćemo se zadržati samo na onim svežijim slučajevima.

Marta 1918. teretni brod američke ratne mornarice "Kiklop" isplovio je iz luke Barbados sa posadom od osamdeset osam Ijudi i tovarom uglja. Pošao je prema vojnoj bazi Hampton u Virdžiniji, ali mu se uskoro izgubio svaki trag. Svega nekoliko nautičkih milja severno od Barbadosa, od velikog broda i njegove ne male posade, ostao je na horizontu samo dugačak trag dima! Ni najmanji komad olupine, ni jedna jedina fleka od ulja, ni jedan leš ili čak odeća nekog člana posade nisu nikad pronađeni. A nestali su, tako reći, naočigled mnogobrojnih brodova u luci i nekoliko prilazećih. "Kiklop" je imao, pošto je bio vojni brod, najmoderniju radio opremu onog vremena, ali njegov susret sa sudbinom bio je tako brz i kratak, da nije ispustio u etar ni glasa.

Avgusta 1948. Jamajci je prilazio veliki francuski avion "Latecoere 631", zvani "leteći brod" jer je bio tako građen da se u slučaju nužde mogao bez problema spustiti na morsku površinu i tamo sačekati pomoć. Na Jamajku nikad nije sleteo, a svi pokušaji da se sazna nešto više o njegovom neshvatljivom nestanku, ostali su bez rezultata. Sa velikim avionom otišle su u zaborav i pedeset dve osobe!

Beskrajna je lista privatnih aviona i jahti koji su bez traga nestajali u ovim tajanstvenim vodama. U "ništavilo" su odleteli i otplovili i mnogi vojni avioni i brodovi, ali svakako je najču- veniji slučaj kolektivnog nestanka svih pet "Avendžer" bomba- rdera, koji su 5. decemra 1 945. zauvek napustili svoju bazu u Fort Loderdalu na Floridi. Avioni su poleteli u rutinskoj formaciji izviđanja, kakva su vršili gotovo svakodnevno u cilju treninga mladih pilota i navigatora. Komandnim avionom upra- vljala su samo dvojica pilota, a u ostalima nalazilo se po troje. Vođa grupe, iskusan pilot i navigator, obleteo je ovaj predeo bezbroj puta i nije imao ni najmanjeg razloga da brine. Svi letači su nosili na sebi specijalne prslučiće na samonaduvanje, kako su propisi i nalagali. U slučaju prinudnog sletanja na vodu, trebalo je što pre isplivati i sačekati pomoć.

Da nešto nije u redu sa ovom grupom, naslutilo se oko sat i četrdeset minuta kasnije, u vreme kada je već trebalo da se vrate i zatraže dozvolu za sletanje. Umesto ovog, u bazi su primili poruku više nego čudne sadržine: "Nisam siguran gde smo tačno!" zbunjeno je mumlao u mikrofon vođa grupe. "Ne vidim zemlju! Kao da smo odjednom izgubili orijentaciju! Možete li nam pomoći da utvrdimo našu poziciju?"

U bazi su se zagledali u čudu i poluotvorenih usta. Pitali su se verovatno, kao i vi sada, kako je svih pet navigatora odjednom moglo da izgubi pojam o svojoj poziciji? Ako se već zbunio iskusni vođa grupe, zar ostali piloti nisu znali ništa o navigaciji? Šta ih je sve omelo?

"Mislimo da smo oko dve stotine dvadeset pet milja severo- istočno od baze", javio je nešto kasnije glavni pilot. "Čini se kao da letimo u ..."

To su mu bile zadnje reči. Nikad nije rasvetljeno "u šta" mu se, tog kobnog trenutka, učinilo da uleću! Da li je moguće, upitaćete se, da svih pet aviona istovremeno "ušetalo" u neki paralelni i nedokučiv svet ili dimenziju? Čini se da ih je progutala baš neka slična misterija, jer nakon dugog traženja u kojem je učestvovalo dve stotine četrdeset vojnih i privatnih aviona i na desetine brodova, od nestalih bombardera i njihovih posada, nikad nije pronađen ni najmanji trag!

Vojna komisija koja je slučaj dugo posle toga pretresala, nije mogla doći ni do jednog logičnog zaključka. Svi su avioni leteli u istoj grupi; da se jednom nešto desilo, drugi bi o tome odmah javili i alarmirali Obalnu stražu čiji su brodovi stalno u tim vodama. Ali o nekom kvaru, nestanku goriva ili bilo kakvom sličnom problemu, ovde nije bilo ni govora. Naprosto su nakon sat i po leta po mirnom i vedrom vremenu - nestali bez traga! I baš u ovom klasičnom slučaju nestanka objekata i ljudi, nameće nam se zaključak da su se zaista "transformisali" u nešto nama još nepoznato. Zvuči fantastično, ali postoji zaista teoretska mogućnost da ovih pet aviona još uvek lete po toj paralelnoj dimenziji i da će uskoro ponovo iz nje izleteti i nakon četrdeset godina odsustva, konačno zatražiti od svoje bivše baze dozvolu za sletanje!

Uostalom, nije li se i Džozef Braun iz Bruklina vratio nakon godinu dana iz svog "ništavila"?

MISTERIJA ISUSA IZ NAZARETA

Jedan od najspektakularnijih nestanaka je svakako nestanak tela Isusa iz Nazareta, posle skidanja s krsta i polaganja u grob. Ali da bi se malo bolje shvatio fenomen Isusove pojave i njegovih učenja i čuda, svakako se najpre moramo osvrnuti na neke nedavno objavljene spise i teorije o njegovom ranom razdoblju života, odnosno o misteriji njegovih osamnaest "izgubljenih" godina, čiji opis, greškom ili namerno, nedostaje u inače iscrpnom Novom Zavetu.

Kada se ruski naučnik i istraživač, Nikolaj Nojovič, nalazio 1887. na putu po Indiji, načuo je od tamošnjih budističkih sveštenika o nekakvoj staroj legendi u kojoj se pominje boravak Isusa u Indiji. Veoma zainteresovan ovom mogućnošću Nojovič se iz Svenegala u Kašmirskoj dolini uputio sa malom pratnjom daleko na sever, gde se u brdima nalazio jedan od najstarijih indijskih hramova. Tamošnji glavni sveštenik ga je ljubazno i prijateljski primio, ali, kada ga je Rus zamolio da mu kaže nešto više o navodnom Isusovom boravku u Indiji, ovaj je postao neodlučan. Spisi su bili autentični, pisani svetim poli, jezikom, koji su znali jedino visoki sveštenici, a u tim se spisima nalazilo previše mnogo tajni, da bi se one mogle tek tako otkriti nekom pustolovu iz daleke Rusije. Sveštenik se zato ljubazno izvinio Nojoviču, rekavši, kako bi mu možda mogao pokazati te spise, kada se ponovno sretnu. Rus, koji je verovatno i sam primetio osetljivost teme koju je načeo, morao se pomiriti sa ovom odlukom.

Sledećeg dana, zahvalio se svojim ljubaznim domaćinima i krenuo natrag u pravcu Kašmirske doline. Dobro je znao da nikad više neće sresti glavnog sveštenika, jer je put do hrama bio gotovo neprohodan, a njegovi planovi za budućnost već jasno određeni.

Ali, kao da je samom proviđenju bilo stalo da ruski naučnik zaviri u te svete spise, dogodilo se čudo. Posle svega sat jahanja, magarac na kojemu je Nojovič jahao, spotaknuo se na padini i pao, slomivši pritom svojom težinom naučnikovu nogu. Brzo je odlučeno da se grupa vrati u hram, jer je najbliže selo bilo udaljeno nekoliko desetina kilometara. Kada su se tako naučnik i glavni sveštenik ponovno sreli, ovom drugom je postalo jasno da "neko" želi da se Rusu pokažu i prevedu ti tajni spisi. U toku Nojovičevog lečenja, koje je potrajalo par nedelja, naučniku je stavljen na raspolaganje jedan prevodilac i zahvaljujući tom slučaju danas vam možemo prepričati legendu o "Svetom Isi", kako su ga prastari Indijci prozvali.

Prema pričanju starih trgovaca koji su ga sobom doveli, Isa se rodio u Palestini u siromašnoj porodici tamošnjeg tesara. Dečak se od rane mladosti isticao bistrinom uma i smislom za logiku. U kuću njegovih roditelja, dolazili su razni mudraci, sveštenici i bogati plemići, kako bi čuli i videli to čudo od dvanaestogodišnjeg dečaka. Pritisnuti Rimskom čizmom, Jevreji su prirodno pomislili da se u dečaku možda krije od davnina im obećani "Spasitelj" a poklapali su se i vreme i ostali nebeski znaci njegove prorečene pojave među njima.

U Palestini se tada zadesila i grupa od tri sveštenika-trgovca iz daleke Indije, pričajući narodu o njihovim običajima i verskim uverenjima. Legenda kaže, da ih je čuo i mali Isa, kojeg je istočnjačka mudrost toliko privukla, da je krišom ostavio roditelje i sa tom grupom trgovaca krenuo na dalek put. U Indiju je stigao kao četrnaestogodišnji dečak, koji je u toku puta već savladao osnove indijskog jezika i odmah osvojio srca tamošnjih sveštenika i mislilaca svojom neobičnom inteligencijom i produhovljenošću.

U spisima iz kojih je Nikolaj Nojovič uspeo prevesti ukupno dve stotine dvadeset strofa o Isinom životu u Indiji, nije zabeleženo koliko je bio star kada je napustio tu zemlju, ali se jasno navodi da je tamo boravio više godina. U toku tog perioda, Sveti Isa, kako su ga sveštenici nazivali zbog njegove duhovne čistote, naučio je perfektno ne samo sveti jezik polija, već i proučio sve svete spise pisane tim jezikom. Uz učenja

Bude, Isa je odlično savladao i tajne joge, odnosno kontrole uma nad reakcijama tela. Indijski su sveštenici još u ono vreme poznavali lečenja sugestijom i dodirom ruku, a u Novom Zavetu je ta metoda jasno opisana i pripisana i Isusovim izvanrednim osobinama. U Indiji i danas neki sveštenici leče obolele sličnom metodom, a slavni Sai Baba, kojeg smatraju živim svecem, čini to pred očima hiljada gledalaca i TV kamera.

Na povratku je mladi Isa, kaže se dalje, odlučio da poseti još i Perziju, Grčku i Egipat, gde je otkrio niz, do tada nepoznatih mu mudrosti, kao i "tajne piramida". Ukoliko je to zaista bio Isus iz Nazareta, u dvadeset devetoj godini se vratio u rodnu Palestinu, gde je nastavio sa svojim čuvenim govorima, učenjima i čudima, poput lečenja dodirom i pogledom. Indijska škola mu je očigledno dobro poslužila u propagiranju Božje sile i pravde za sve.

Ovde se treba odmah ograditi i napomenuti da je u ono vreme ime "Isa" bilo jedno od najčešćih među Jevrejima, pa se možda radi o bilo kojem radoznalom Isi iz ondašnje Palestine!

Ali bez obzira na Isusovu nepoznatu prošlost, jevrejskom sveštenstvu se, kao što iz Biblije znamo, ovaj bistri propovednik uopšte nije sviđao. Njegove propovedi razjasnili su rimskom guverneru kao šifrirane poruke, koje su pozivale narod na pobunu protiv okupacionih vlasti.

Sveštenstvu je naročito smetalo što je Isus u nekoliko navrata nazvao Boga "ocem"! A tako mu se i danas svi obraćamo u našim molitvama, jer ga smatramo praocem naše svesti, odnosno duše. Oni nisu mogli ni da zamisle da je Bog ustvari poslao među njih svog "sina", jer je tako ispadalo. Oni nisu očekivali "spasitelja" svojih grešnih duša, nego su se nadali da će im Bog poslati toliko očekivanog "osvetnika" koji će ih ognjenim mačem izbaviti od rimske napasti. Umesto da ih bodri na oružanu pobunu i neposlušnost, ovaj "spasitelj" je govorio narodu: "Podajte caru ono što pripada njemu, a Bogu podajte Njegovo!"

Kako bi umirio uporno sveštenstvo i želeći da izbegne javne nerede, Pilat je najpre naredio da se Isus samo istuče bičem za "lažno predstavljanje". Nadao se da će tom kaznom dovoljno upozoriti mladog propovednika i istovremeno zadovoljiti krvoločne sveštenike. Ali se prevario. I mada je onako teatralno oprao ruke od svoje odluke, na kraju je morao poslušati zahtev bučne rulje koja se okupila ispred njegovog dvora. Još uvek potpuno uveren da je optuženi jedan nedužan propovednik, guverner Palestine je upitao okupljene demonstrante, kojeg od dvojice okrivljenih žele da poštedi smrti? Da li da pusti na slobodu Barabu, koji je ubio rimskog vojnika, ili Isusa iz Nazareta? Rulja koju su za tu priliku odabrali i okupili nezadovoljni sveštenici, bez problema je odabrala Barabu. Pilatu nije ništa drugo preostalo nego da naredi da se buntovni mladi prorok, propovednik i "sin Božji" razapne na krst sa još dvojicom drugih razbojnika. Sveštenici su ovim želeli dokazati Isusovim pristalicama, da će "sin Božji" takođe morati umreti na krstu, kao što umiru i obični ljudi!

I današnji čitalac će se verovatno upitati, da li je Isus zaista bio sin Božji, poslat da svojom nedužnom žrtvom iskupi naše grehe i omogući nam povratak u raj? Ako pažljio proučimo dogme raznih svetskih religija, vrlo brzo ćemo otkriti da su ih pisali ljudi iz tih nacija i da se u svakoj nalaze uglavnom "ljudski" zakoni i pravila ponašanja tih regiona. Da ne pominjem žestoke kazne onima koji ih se ne budu pridržavali, a koje su razni autori pripisali Božjoj volji! Samo u porukama i uputstvima Isusa Hrista oseća se da nam se kroz Njega obraćao Bog lično! Samo u Isusovim učenjima nema ni trunke lične ili nacionalne političke dogme ili poruke.

Isusove posljednje godine su nam poznate iz nekoliko jevanđelja i pažljivom čitataocu Novog Zaveta verovatno nije jasno, zašto bi Isus, ako je zaista bio Božjeg roda, dopustio da ga pre svega uhvate, a potom onako divljački prebiju i na kraju živog zakucaju na krst na kojem je u mukama umirao. Teolozi tvrde da je Isus namerno sve to dopustio, kako bi onima iza sebe dokazao, da će ako budu sledili Njegova uputstva nakon smrti ponovo oživeti i nikad više neće umreti. A to je mogao dokazati samo na jedan način, morao je nakon smrti "vaskrsnuti"!

Da li je Isus u tome uspeo? Izgleda da jeste, i ma koliko nam se to činilo nestvarnim i nemogućim, dokaz koji nam je iza sebe ostavio prilično je uvjerljiv. Pored svedočenja nekoliko Njegovih apostola kojima se nakon pogubljenja prikazao i čak verbalno obratio, ostavio nam je, bar tako izgleda, i jedan "materijalni" dokaz.

O čemu se radi? Za one naše čitataoce, koji nisu posebno upućeni u biblijske legende, vratićemo se trenutku Isusove smrti. Kada se grupa rimskih vojnika vratila da proveri, da li su sva trojica na krstovima mrtvi, još jednom su im, za svaki slučaj, proboli kopljima grudni koš. Očevici koji su ostavili zapise o tom događaju, kažu da je vrh koplja prošao između četvtog i petog Isusovog rebra i očigledno mu probio srce. Ukoliko do toga trenutka još nije bio mrtav, tada je svakako izdahnuo.

Telo je zatražio jedan čovek iz Arimateje, po imenu Josip. Pošto su ga brižljivo skinuli sa krsta, Josip je sa svojim pomoćnicima preneo Isusovo telo do unapred pripremljene kamene grobnice. Tu su ga položili na donju polovinu platna širine jednog metra a dužine oko četiri, a sa gornjom ga polovinom prekrili. Tako je ostavljen tri dana, nakon čega je trebao da bude sahranjen po verskim običajima onog vremena.

Ali, kada su se Marija Magdalena i žene kasnije vratile sa pripremljenim mirisima i uljima, naišle su na ulazni kamen odvaljen a grob prazan. Uprkos dvojice rimskih stražara, Isusovo telo je preko noći nestalo, a na podu je ležao samo njegov posmrtni čaršav. Sada više nije važno, da li su telo ukrali Isusovi prijatelji koji su prethodno opili stražare, ili su ga sklonili sami Rimljani, bojeći se da ne postane relikvija budućim hrišćanima. Važno je da su oni koji su došli po Isusovo telo našli samo pogrebno platno i odneli ga sobom. Verovatno njihovom šoku nije bilo kraja, kada su ga kasnije na svetlu raširili i na njemu ugledali, danas u svetu poznati foto-otisak onog, koji je njime bio prekriven. Da li nam je Isus u stvari ostavio fotografski dokaz svog uskrsnuća? Tome ćemo se još vratiti kasnije.

Razmotrimo najpre istoriju Svetog čaršava, kako ga nazivaju. Upozoreni nestankom Isusovog tela, apostoli su prema legendi u najvećoj tajnosti čuvali i konzervirali ovu posmrtnu svetinju, kojoj se uskoro gubi svaki trag. Sveti čaršav se prvi put službeno pominje tek u zapisima iz 325. godine nove ere. Te godine je car Konstantin okupio u svojoj prestonici dve stotine hršćanskih biskupa iz celog rimskog carstva, na Prvi ekumenski sabor. Tada je prvi put skrojen današnji izgled Biblije. Sve ono što je bilo nezgodno ili nejasno tadašnjim crkvenim ocima, izbačeno je iz budućeg teksta najčitanije knjige na svetu, a ostavljeno je sve ono što je podržavalo hrišćansku teoriju o Isusovom Božanskom poreklu.

Mnoga od tih "nezgodnih" jevanđelja su spaljena, a neka se još uvek nalaze u trezorima Vatikana. Jedan naučnik je u šali izjavio, da bi za te spise dao ruku i nogu, samo da u njih zaviri. Ali nema potrebe da se sakati, jer je kasnije još pronađeno nekoliko izgubljenih evanđelja koje Crkva nije uspela na vreme da skloni ili uništi. Jedno od tih je Filipovo evanđelje, a za jedno nepotpisano se tvrdi da pripada Mariji Magdaleni. Kasnije su pronađeni i Svici s Mrtvog mora. Svi ti "drukčiji" spisi uneli su veliku naučnu sumnju u Crkvenu verziju Novog zaveta.

Međutim, obimnim sakaćenjem biblijskih zapisa, deo rimske Crkve još nije bio zadovoljan. Prilikom Drugog ekumenskog sabora ovo nezadovoljstvo je došlo do još većeg izražaja. Umesto da i sam bude prisutan tako važnom skupu, tadašnji rimski papa, Virdžinije, poslao je u znak protesta samo dvojicu *posmatrača* nižeg ranga. Zbog ovakvih i sličnih crkveno-političkih pritisaka, konačno je izbačeno iz biblijskih tekstova sve ono što se nikako nije uklapalo u ondašnju interpretaciju Isusa kao sina Božjeg. Jer moramo priznati, ako je Isus zaista bio Sin Božji, onda je hrišćanska religija automatski jedina prava i istinita!

Da li se u tom izbačenom tekstu možda radilo o Isusovom pričanju svog boravka u svetim hramovima daleke Indije? Još je Sveti Augustin u svojim zapisima pominjao da je od Hristovih apostola naučio o ciklusima života i smrti, odnosno karmi i reinkarnaciji ljudske duše. Sveti Toma, poznat pod nadimkom "neverni Toma", takođe je nakon Isusove smrti napustio Palestinu i uputio se u Persiju i Indiju. I o njegovom boravku i učenjima postoje zapisi, a nedaleko od Madrasa, u jednom hramu, nalazi mu se grob, koji i danas posećuju hrišćanski misionari. Da li je i on od Isusa čuo priče o Indiji i njenim duhovnim tajnama i mudrostima?

Postoje stari spisi iz kojih se jasno vidi, da su još prvi hrišćani verovali u ciklus reinkarnacije duše, a u to veruju i danas ortodoksni Jevreji. Sve više modernih hrišćana počinju da veruju, kako u današnjoj verziji Biblije nedostaje mnogo toga, da ponovo spomenemo prazninu od osamnaest godina Isusovog života. Zašto je crkvenim ocima onog doba smetalo istočno verovanje u besmrtnost duše, odnosno u njezino selenje iz tela u telo, iz života u život?

Kao i svakom mračnom umu ograničenih intelektualnih sposobnosti, tako je i našim neukim precima smetala svetlost istine, koju nisu imali snage da gledaju. U taj su duševni mrak, povukli sa sobom čitave generacije naivnih nesrećnika, a to pokušavaju i danas, gotovo dve hiljade godina kasnije. Ipak, kao da im sam Bog, u kojeg su verovali nije dozvolio da sakriju svu istinu, ostavili su Biblijska proročanstva o Isusovom skorom povratku na zemlju, o kojima će još biti reči u sledećem poglavnju ove knjige. Nije li dakle, Isusov "povratak" i najjasnija indikacija njegove reinkarnacije? Nije li nam svojom čuvenom foto-kopijom napuštanja svog tela ostavio o tome i neoborivi materijalni dokaz? Dokaz da je ljudsko telo samo biološki robot, ljuštura koja služi duši kao stan za vreme njenog boravka u trodimenzionalnom svetu? I da je to isto telo posle izlaska duše obična olupina koja se raspada poput starog traktora, ostavljenog posred polja, čijim venama više ne teče životvorni benzin i čiji je električni sistem pokidan i neupotrebljiv.

Danas, nakon gotovo dve hiljade godina, mnogi naučnici svetskog glasa, uvereni su da je Sveti čaršav autentičan i da je u njega zaista utisnut Isusov lik, kakav je izgledao u trenutku svoje smrti, odnosno napuštanja tela. Profesor doktor Ralf Greber, istaknuti američki naučnik i otac takozvanih svemirskih kompjutera kojima se služi NASA, lično je izvršio analizu ovog prastarog komada platna. On je ustvrdio da je do foto-otiska došlo prilikom radijacije Isusove bio-energije, ili, kako je drugi nazivaju "energije svesti". Takvo svoje mišljenje Greber podupire činjenicom, da je na gornjem delu platna ostao otisak

Isusovog lika, rane od trnovog venča, mrlje na grudima gde ga je probolo koplje, kao i rane od eksera na jednoj ruci i nogama, dok je na donjoj polovini čaršava ostao otisak njegovih leđa, bedara i gležnjeva. Dakle, energija je isijavala u svim pravcima, pa je na mestima koja su bila bliža platnu ostavila tamnije mrlje, a na mestima dalje od površine platna slabije ili bleđe mrlje. Šta god ta energija bila, ona je svojim prodorom kroz tkaninu izvršila vidnu promenu njene molekularne građe. Tolika je bila njezina snaga!

U prilog verodostojnosti ovog platna ide i činjenica, da se pominje još 325. godine, a njegovo javno prikazivanje 436. godine u Konstantinopolju, gde je prokrijumčareno iz Jerusalima. Carica Pučarija je tada naručila gradnju bazilike Svete Marije, u kojoj je Sveto platno pohranjeno i prikazivano vernicima svakog petka. Za Isusovu *fotografiju* su svakako bili zainteresovani i ondašnji slikari, jer je sličnost Isusovih likova na vizantijskim slikama i ikonama zapanjujuće slična fotootisku na čaršavu. Pošto je tako dokazano, da je platno postojalo još 325. godine, nameće se prirodno pitanje; a što ako je platno vešto naslikao neki od ondašnjih majstora? Greber odbija ovu mogućnost iz dva razloga: Na platnu nema ni najmanjeg traga od boje ili bilo kakvih drugih veštačkih pigmenata. Isusov otisak je u "negativu", za koji se u ono vreme nije moglo znati, jer je proces fotografije otkriven tek mnogo vekova kasnije!

Sveti čaršav se još pominje u zapisima iz 1150. i 1201. a onda su Konstantinopolj osvojili Krstaši i odneli platno s ostalim ratnim plenom. Veruje se, da je najpre donešeno u Beč 1204. godine odakle je preneseno u Francusku 1355. Tamo je prvi put javno prikazano 1389. kada se pojavljuju i prve glasne sumnje oko njegove autentičnosti. Već su tadašnji skeptici smatrali da je platno verovatno naslikano. Sveti čaršav je 1452.

poklonjen ondašnjem vojvodi od Savoje, članu moćne plemićke porodice, koja će uskoro zavladati Italijom. Držano je u porodičnom dvorcu Šamborijeu, u posebno napravljenom sanduku od srebra. Decembra 1532. deo dvorca se zapalio, a sanduk s platnom je spašen u posljednjem trenutku. Nagoreli su bili samo rubovi platna, dok je lik s telom ostao sačuvan kakav se može videti i danas.

Kada su Savoje zavladali Italijom 1578. preneli su tamo i Sveto platno, smestivši ga u novu katedralu u Torinu, u kojoj se sve do nedavno nalazilo. Tek tamo je prvi put snimljeno 1898. godine na fotoploču na kojoj se po prvi put ukazao Isusovo lik u "pozitivu"!

Ovo otkriće je izazvalo pravu naučnu senzaciju u ondašnjim akademskim krugovima Europe, pa se za Sveti čaršav lično zainteresovao i doktor Delaž iz Frančuske Akademije nauka. On je sa odabranom grupom saradnika lično ispitao platno i prvi na svetu zaključio da je do foto-otiska došlo najverovatnije radijacijom neke, do tada nepoznate energije. Ni ta prva grupa naučnika nije pronašla nikakve strane pigmente na vlaknima prastare tkanine, pa je ovakav njihov zaključak prihvaćen i u drugim naučnim krugovima i nikad kasnije nije više doveden u pitanje.

Trideset godina kasnije, Papa Pio XI koji je i sam bio priznati naučnik, takođe je lično pregledao platno i izvršio neka ispitivanja. Došao je do sličnog zaključka kao i francuska Akademija, iako ni njemu nije bilo jasno, kakva je vrsta energije mogla ostaviti tako jasan foto-otisak. I on je izvršio poređenje tkanine Svetog čaršava sa raspoloživim tkaninama sačuvanim iz 100. i 450. godine nove ere. Bilo je tkano na isti ili sličan način, odnosno na tipičan način kojim se tkalo u ondašnjoj Palestini.

Francuski biolog, doktor Paul Vinjon, veruje, da je do

fotomrlja došlo prilikom radijacije nekakve nepoznate bio-energije koja je zračila iz Isusovog tela pre no što se zauvek ohladilo. On je ovu svoju teoriju potkrepio jednom starom knjigom u kojoj je slučajno pronađen osušeni otisak jedne biljke, ostavljene tamo pre sto četiri godine. I na listovima te stare knjige, bio-energija je ostavila sličan negativ foto-otiska listova i stabljike. Kada je Vinjon ponovo fotografisao te otiske, dobio je "pozitiv" te biljke kakva je izgledala u vreme dok se još nije raspala u finu prašinu. Ali, zaključio je on, dok je biljci bilo potrebno sto četiri godine da svojom slabom bio-energijom probije listove knjige, Isusu je za ovaj proces trebalo svega nekoliko sati.

Toj teoriji ide u prilog i otkrivanje takozvane Kirlijanove fotografije. Kao što je poznato, prilikom snimanja ovom metodom na fotografijama se dobivaju vidljive "aure" snimljenih biljaka ili organizama. Još uvek se obavljaju intenzivna istraživanja na tom polju, iako je sve jasnije da se tu radi o takozvanim "astralnim" telima, koja imaju svi živi organizmi, uključujući biljke. Kako bi ovu svoju tvrdnju dokazali, neki su naučnici snimili na pola odsečene listove biljaka, kao i sitne životinje odstranjenih udova. Posle snimanja su, svejedno dobili jasne obrise tih nepostojećih delova. Ovo otkriće je unelo pravu revoluciju u biološke naučne krugove, jer se protivilo logici zdravog rasuđivanja. Ukoliko je naše rasuđivanje uopšte "zdravo"! Ako se, dakle, uskoro i naučno dokaže da živi organizmi imaju i astralna tela, onda nije isključeno da i viši oblici razumnih vrsta imaju energiju svesti odnosno "dušu"!

- Apsolutno je moguće! - slaže se doktor Sefer, pošto je pžljivo saslušao moje uprošćeno teoretisanje na temu života i smrti. - Lično sam ovde u laboratorijskim uslovima ispitao nekoliko desetina vidovitih ljudi, takozvanih "sajkika" koji poseduju izvanrednu sposobnost da vide "duhovna zračenja" koja izbijaju iz drugih ljudi. Naišao sam na zapanjujuće rezultate. Kada sam ih suočio sa jednim mladim ubicom, dakle čovekom vrlo niske svesti, primetili su da iz njega zrači aura jedva duža od nekoliko centimetara. Kod normalnih ljudi to je zračenje nešto duže, kod ljudi sklonih misaonom i duhovnom životu ta se zračenja produžuju čak do pola metra, a dvojica od njih koji su imali priliku da se približe Majci Terezi u toku njenog boravka Sjedinjenim Državama, tvrde da je zračenje iz te plemenite žene dostizalo skoro ceo metar!

Pošto mi je ostavio malo vremena da shvatim, Sefer dodaje:

- Zamislite onda jačinu duhovnog zračenja jednog Isusa! Teorija da je bilo toliko snažno da je čak ostavilo njegov foto-otisak, apsolutno je na mestu i najverovatnija.

- Šta mislite o čudesnom lečenju koje je Isus onako spektakularno vršio posljednjih godina svoga života?

Umesto trenutnog odgovora, mladi naučnik ustaje sa zagonetnim smeškom na usnama i donosi mi jedan debeli dosije sa krupno utisnutim naslovom:

PARAPSIHOLOŠKA ISTRAŽIVANJA U SSSR.

- Pogledajte ovo! - pruža mi teški omot. - Unutra se nalaze "biseri" sovjetskih istraživanja na tom polju. Oni su toliko odmakli u istraživanju ljudske duše i njezinih neverovatnih sposobnosti, da ih mi još dugo nećemo dostići.

Čeka me dok površno prelistavam papire i fotografije.

- Pogledajte tu ženu! Zove se Fedora Danilovna i svojom je psiho-energijom zapanjila ne samo ruske, već i naučnike širom sveta. Samo u poslednjoj godini ponovo je postavila na noge trojicu praktično neizlečivih bolesnika od multipleks skleroze, potpuno zalečila svojom voljom i dodirom srca nekolicine žrtava teških srčanih udara, a kamenje koje je povadila iz bubrega desetinama pacijenata, popunilo bi, verovatno, ovu staklenu vazu. Rusi su bili toliko opčinjeni njenim psiho-sposobnostima, da su joj čak izgradili specijalnu malu bolnicu sa dvadeset kreveta. Tamo radi pod nadzorom zbunjenih naučnika koji, verovatno, kao ni mi ne znaju šta da misle i kako da objasne te njene neshvatljive sposobnosti. A sve šta ona radi, je da na dvadesetak minuta pritisne rukama određene delove bolesnog tkiva. Posle toga, potpuno nesposobnim žrtvama skleroze jednostavno naredi da ustanu na noge i krenu. Njezina bio-energija ima tako silnu sugestiju na mišiće i tkivo, da je u jednom eksperimentu sa životinjama zamalo postavila na noge obezglavljenu kravu! Svojom voljom je "naredila" mišićima mrtve životinje da se usprave na noge! A Fedora je samo jedna od desetak u svetu poznatih vidovitih osoba sličnih duhovnih sposobnosti. U Čehoslovačkoj, na primer, eksperimentišu sa toliko moćnim bio-talasima, koji su u stanju da usmrte muvu na zidu. Nije čudo što se naša vlada upaničila i brzo nam ubacila nove milione za ubrzani nastavak istraživanja na tom polju. Zamislite takvog jednog Čeha ili Rusa budućnosti, koji može pogledom u potiljak usmrtiti čoveka kojeg prati!

Od pomisli na takvu budućnost zavrtelo mi se u glavi.

- Da ne pominjemo našeg u svetu poznatog Edgara Kejsija koji je dijagnosticirao i lečio pacijente telefonom na daljinama od preko sto milja, a koje nikad u životu nije čak ni sreo! Šta još onda želite da dodam u pogledu Isusovih sposobnosti lečanja? Ako jedna Ruskinja može kravu bez glave naterati da se pokuša uspraviti na noge, zašto jedan Isus ne bi mogao "probuditi" klinički zamrlog čoveka ili dete u komi? Kažem "u komi", jer kada naša duša napusti svoje telo, onda mu više nema spasa. Ukoliko smrt kao takva i postoji! - završava doktor Sefer ovom misterioznom primedbom.

- Ako je sve ovo gore navedeno tačno, - pitam ga na kraju, - kako onda objašnjavate uporno odbijanje ruskih i drugih komunista da je čovek "bezdušno" biće, nuzprodukt mrtve prirode i kao takav zauvek gubi svest kada umre?

- Tačno to sam upitao jednog ruskog kolegu! - živnu Sefer. – Znate šta mi je odgovorio? Svi ti fenomeni na kojima rade, potpuno su "prirodnog" porekla i nemaju nikakve veze sa Bogom. Podsetio me je da je kosmos prepun tajni od kojih mi još nismo uspeli da razjasnimo ni mali deo. Oni potpuno odbijaju mogućnost postojanja bilo kakvog superiornog bića, bilo čega umno moćnijeg od čoceka.

- Znači po njihovom mišljenju, čovek je Bog, a ovaj je čista fikcija?

- Pa zar nam iz istorije nije poznato da su Rusijom oduvek vladali "ljudi bogovi"? Tako i komunisti veruju samo u sebe i svoju silom nametnutu moć!

⧖

Ovde želim da upozorim čitaoce, da su od prvog izdanja Paralenog sveta izvršeni novi eksperimenti utvrđivanje starosti Svetog čaršava. Analizu je, po odobrenju Vatikana izvršila poznata laboratorija, koja je pomoću metode "ugljika C14" došla do zaključka, da je Sveti čaršav proizveden negde u toku dvanaestog veka. Iako se neki drugi naučni krugovi ne slažu s ovom tvrdnjom, Vatikan ju je službeno prihvatio. Ostaje, međutim, i dalje velika misterija, zašto se čaršav pominje još u trećem veku i kako je prastari "slikar" čaršava znao za posto- janje NEGATIVA!

Na kraju želim da upozorim čitataoce, da su pored prave

male invazije filmova i knjiga sumnjivih namera, počeli izlaziti i drugi "naučni dokazi", koji na sve načine nastoje umanjiti verodostojnost Isusovog božanskog prekla. Budite krajnje obazrivi kada naiđete na slične tvrdnje. Nikad ne zaboravite, da đavo, Isusov najveći neprijatelj, lično stoji iza tih mnogobrojnih pokušaja negiranja Isusa kao Božjeg sina i Spasitelja. Verovano ste već primetili da se "autori" tih knjiga i filmova obasipaju novcem i gotovo preko noći postaju slavni milti-milioneri. Jer đavo je oduvek plaćao ljudske duše u suvom zlatu!

Teorije tih modernih "analitičara" biblije, od kojih neki pre toga nisu objavili ni jedan novinski članak, sastoje se u tome da je Isus bio običan čovek, kao i svi mi. Fizički jeste, jer zato se i rodio kroz majku Mariju kao dete. Međutim đavolu smeta čovekova "nada" da ga je Isus svojom pojavom spasao od večne smrti. On dobro zna da oni koji čekaju Isosov povratak neće olako zgrešiti ili prodati mu svoje duše. A đavolov najveći čilj je prikupljanje što više naših duša, od čije enegrije ovisi njegova egzistencija i njegovih mnogobrojnih demona. Đavolova najjača oružja su čovekova beznadežnost i strah za egzistenciju. Jer kada izgubimo nadu, đavo nas najlakše napada i pridobija naše duše.

Isusu se čak pripisuje i "navodna" ženidba sa Marijom Magdalenom, koju je šovinistička Crkva u početku nazvala prostitutkom, a kasnije to porekla, jer se iz kasnije pronađenih evanđelja jasno vidi da je u pitanju žena visokog roda, najverovatnije plemkinja i Isusova odana sledbenica. Protivnici Hrista kao božanskog bića, koriste se kasnije pronađenim Filipovim evenđeljem, u kojem se između ostalog tvrdi da se Isus rado družio i bio vrlo "blizak" sa tom plemenitom ženom, pa smelo zaključuju da je Magdalena pre Isusove smrti s njim zatrudnila i kasnije rodila devojčicu. Navodno je sa tim detetom tajno napustila Palestinu i preko mora stigla u maloj barci na obalu današnje Francuske. Tamo je "navodno" nastavila Isusovu lozu udajom svoje ćerke za jednog plemića iz čije loze se izrodio i jedan od budućih kraljeva Francuske!

Šta ta poplava anti-Hristovih knjiga i filmova želi da kaže prosečnom čoveku? Ništa drugo nego da je u zabludi kada se "nada spasu". Jer đavolu je oduvek bilo najlakše da prikupi "beznadežne duše". Zato i danas, pred skori Isusov povratak, đavo plaća u suvom zlatu sve one koji pristaju da mu pomognu u daljem širenju laži, pomoću koje nas je već jednom zaveo, doveo u ovaj žalosni svet i u njemu nam uspešno isprao mozgove hiljadama godina.

Ova đavolova panika i njegovih ljudi, neodoljivo me podseća na pacove koje su pomorci nekad držali na brodu, a koji bi predosećali smrt i podivljali pred samo potapanje broda. Na sličan način će Bog uskoro potopiti đavolovu poslednju nadu.

<u>PREDVIĐANJA</u>

PREDVIĐANJA U SNOVIMA

Dejvid But, dvadesetšestogodišnji poslovođa male agencije za iznajmljivanje automobila u Sinsinatiju, država Ohajo, vodio je miran i skroman život sve do 15. maja 1979. Te noći Dejvid je usnuo čudan i košmaran san. Sanjao je da stoji pred izlogom omanje zgrade. Primetio je da se pored nje nalazi šljunčani parking za automobile. Pažnju mu je odjednom privukao snažan zvuk mlaznih motora iznad glave. Pogledao je u nebo i sasvim jasno, u niskom letu, ugledao avion sa tri motora, koji je imao dva velika slova "A" na repu. Samo kompanija "Ameriken Erlajns" ima takav znak. Iz jednog od motora kuljao je crn dim i avion se počeo naginjati udesno. Nestao je iza krova zgrade i pao, jer je Dejvida probudila snažna eksplozija!

Do jutra više nije zaspao. Razmišljao je, uz cigaretu, o svom neprijatnom snu. Sve je video tako jasno, kao ni u jednom snu do tada. Zaključio je da ga je najverovatnije probudio neki od preniskih aviona koji su baš u zoru počeli preletati njegovu kuću. Dejvid je bio navikao na avionske motore, jer kad god bi se promenio smer vetrova, kontrola letenja bi odmah počela usmeravati nadolazeće avione iznad bloka u kojem je stanovao. Ali na veliko Dejvidovo iznenađenje, san se ponovio i sledeće noći i još šest noći uzastopno!

Ne govoreći nikom od svojih poznanika o čudnim snovima, mladić je odlučio da pozove lokalnu Agenciju federalne avijacije. Primila su ga dvojica funkcionera, Al Pinkerton i Pol Vilijams, ne prekinuvši ga ni jednom u njegovom uzbuđenom prepričavanju zloslutnih snova. Onda su počeli da ga ispituju o detaljima: kako je tačno izgledala ta jednospratna zgrada, šta se nalazilo u njenim izlozima, koliki je taj parking pored nje, šta se nalazi preko puta zgrade, da li je možda primetio neku visoku građevinu poput fabričkog dimnjaka, tornja za vodu ili TV? Mada zabrinuti, nisu na kraju znali šta da mu kažu. "Ameriken" je koristila više od tri stotine pedeset aerodroma i pokušati identifikovati jedan od njih na osnovu te zgrade i parkinga, bilo bi nemoguće. Okolina svih aerodroma je uglavnom pretrpana manjim ili većim parking-prostorima. Ipak, obećali su da će o njegovim čudnim snovima obavestiti i neke druge Ijude u glavnoj centrali u Vašingtonu.

Osećajući da ovom posetom nije ništa postigao, Dejvid je otišao u lokalnu kancelariju "Amerikena" u Sinsinatiju. I tamo su ga pažljivo saslušali i odmah uputili u obližnju psihijatrijsku kliniku, na kojoj je doktor Kirbi vršio specijalne pokuse sa dobro-voljcima spavačima. Pošto je već bilo kasno popodne, mladić odluči da poseti kliniku idućeg jutra. Vratio se kući, spremio sebi hladnu večeru i seo ispred televizora kako bi uzgred posmatrao večernje vesti u 6,30. Već na početku, sav se ohladio kada je saz-nao za tešku avio nesreću koja se tog popodneva desila iznad aerodroma u Čikagu. Veliki "džambo" DC-10 kompanije Ameriken Erlajns srušio se odmah nakon uzletanja zbog kvara na motoru koji se čak odvojio od krila, a avion nagnuo udesno i srušio nedaleko od aerodroma. U strahovitom požaru i eksploziji život je izgubilo svih dve stotine sedamdeset tri putnika i članova posade! Bilo je to 25. maja 1979. nakon deset uzastopnih snova koje je Dejvid usnuo. Osećao se gotovo krivim.

Iz stanja privremene obamrlosti, trgnuo ga je rezak zvuk telefona. Bio je to onaj čovek iz "Amerikena" sa kojim je pre dva sata razgovarao. Odmah zatim ga je pozvao i Al Pinkerton iz Federalne Agencije za avijaciju. Predložili su mu da o njihovom trošku otputuje u Čikago i pokuša tamo da u blizini aerodroma identifikuje onu zgradu i parking iz svojih snova. Ne treba ni napominjati da je Dejvid već prvi dan prepoznao zgradu i naznačenu robu u njenom izlogu. Pored nje se zaista nalazio onaj parking. Bez mnogo problema su ustanovili da se nesrećni avion zaista nagnuo nad tom zgradom i srušio devet stotine metara dalje!

Zašto je Dejvid sanjao tu nesreću? Ko ili šta mu je "projiciralo" taj tužni događaj? Zašto je do svega toga došlo, kad se tragedija svejedno nije mogla tačno predvideti i sprečiti? Kome ili čemu je bilo stalo da se o toj nesreći sazna deset dana ranije? To su samo neka od stotinu pitanja koja nam se nameću u ovom i drugim bezbrojnim slučajevima predviđanja u snovima.

Predosećaj Monike Roj iz Montreala, bio je nešto precizniji. Čim se probudila tog kobnog jutra 1963. odmah je upozorila svog muža da bi trebalo svakako odložiti njihov popodnevni let za Toronto, jer će se avion srušiti! Naravno, poput svih skeptika sveta, i gospodin Roj se samo čudno osmehnuo i odbio da diskutuje o sličnim glupostima. Ne želeći da se od njega odvaja, Monika je pozvala prijateljicu advokata i izdiktirala joj telefonom instrukcije u pogledu budućnosti i nasledstva njihove dvoje dece. I prijateljica ju je pokušavala umiriti, ali bez mnogo uspeha. Pred sam polazak od kuće, Monika se oprostila od svoje dece i rekla mužu: "Dobro ih pogledaj, jer ih nećeš videti još za dugo."

Četiri minuta pošto su poleteli za Toronto, avion se srušio zbog kvara, u kukuruzovinu nedaleko od sela Sveta Tereza i tom prilikom eksplodirao. Svih sto osamdeset putnika i članova posade, našlo se odjednom u paralelnom svetu!

U periodu od nekoliko dana do nekoliko nedelja pre 21. oktobra 1966.god., desetine ljudi i dece imali su isti košmaran san: veliko brdo se survava na seosku školu prepunu dece, čiji su ih krici i plač obično budili iz snova! Spavači su bili stari od devet do sedamdeset tri godine. Poslednja koja je svojim roditeljima ispričala o strašnom snu, bila je desetogodišnja učenica iz Aberfana u Velsu. Snivala je kako je pošla u školu, ali zgrade tamo više nije bilo. Umesto nje nalazila se masa crne zemlje! Otišla je u školu i više se nije vratila svojim roditeljima. Istog jutra, usled obilnih kiša koje su podrovale prazne rudničke tunele, survalo se na selo obližnje veliko brdo i potpuno zatrpalo školu i nekoliko kuća. U nesreći je poginulo sto dvadeset sedam učenika i šesnaest odraslih.

Nedelju dana kasnije, u londonskom listu "Irving Standard" pojavio se čudan oglas. Doktor Džon Barker, londonski psihijatar, molio je sve one koji su imali snove ili predosećanja u vezi tragedije u Aberfanu da mu se jave. Stiglo je šezdesetak pisama, a njihov sadržaj je bio frapantno sličan. Kao da su se svi ti dopisnici širom Engleske dogovorili da pišu o jednom istom snu i kao da je svim tim Ijudima i deci bila odnekud poslata ista mentalna "slika" tragedije, kao da im je neka vrsta "mentalnog odašiljača" smeštenog negde u svemiru emitovala te trenutke tragedije. Ovu čudnu emisiju mentalnih talasa primili su samo oni pojedinci koji su imali prirodne sposobnosti "prihvatanja" tih ruku. Ostali milioni spavača nisu o ovome imali pojma!

Od koga ili od čega bi ovakve poruke mogle doći do tih spavača "prijemnika", doktor Barker nije komentarisao. Kao ni hiljade drugih naučnika širom sveta, ni on nema pojma odakle bi i zašto ovi "talasi budućnosti" mogli doći. Hoće li to ostati jedna od mnogih misterija života? Ni govora, tvrde naučnici. Kao što su grom i vatra "razjašnjeni", tako će i ovi fenomeni biti jasni kada dođe vreme.

⧗

Bilo je toplo letnje popodne, kada se gospođi Vilkinson odjednom prispavalo. Mada to nije bio njen običaj, iznenadan umor ju je toliko savladao da se opružila po improvizovanom ležaju na terasi svoje kuće. Ubrzo je usnula čudan i uznemiravajući san. Čula je u snu snažno kucanje na vratima svoje kuće, pred kojima je stajala jedna nepoznata žena. Ispričala joj je, uzbuđenim glasom, da je njen suprug, gospodin Vilkinson, upravo pao sa skele na kojoj je radio i da teško povređen želi da je odmah vidi!

Gospođa Vilkinson se od straha i uzbuđenja probudila i ustanovila da je tačno 3 časa i 12 minuta. Mada su živeli razdvojeno i planirali skori razvod, Vini Vilkinson je odmah pozvala građevinsku kompaniju kod koje je njen suprug radio. Tamo su je umirili da je sve u potpunom redu i da se ništa nije desilo. Dogodilo se, na žalost, idućeg dana. Tačno u 3:12 velika skela na kojoj je njen muž radio, iznenada se srušila i on je izdahnuo na putu za bolnicu! Vini Vilkinson je ponovila svoju čudnu priču i u policiji, a potvrdila ju je i kompanija koju je prethodnog dana zvala i raspitivala se o nesreći.

⌛

Mada u većini slučajeva o sličnim katastrofama izveštavaju uglavnom bliski rođaci unesrećenih, ovaj put je nesreću primetila neka potpuno "slučajna prolaznica" iz paralelnog sveta! Tako kažu zagovornici ove teorije, a i neki ozbiljni parapsiholozi. Mi ćemo o ovim fenomenima još kasnije govoriti, a dotle pogledajmo još nekoliko slučajeva predviđanja budućnosti kroz snove.

⌛

U proleće 1915. poznati britanski predavač profesor Halburn, vraćao se kući iz Sjedinjenih Država nakon uspešne turneje po tamošnjim univerzitetima. Svojoj supruzi u Engleskoj javio je da je rezervisao kartu na luksuznom Kunardovom brodu "Luzitanija". Pred samu zoru 7. maja 1915. gospođa Halburn je usnula jedan "proročki" san. Našla se na palubi nekog velikog prekookeanskog broda opasno nagnutog na jednu stranu. Jasno je čula panične krike putnika i snažno dovikivanje brodskih oficira i posade koji su pokušavali da ih u redu spuste u čamce. U snu je prišla jednom mladom poručniku broda i upitala ga šta se desilo sa njenim suprugom koji bi trebalo da se nalazi na brodu? Poručnik joj je objasnio da se profesor upravo spustio čamcem za spasavanje!

Za doručkom je zabrinuta žena ispričala ostalim ukućanima o svom čudnom snu, ali su joj se oni kroz šalu i zadirkivanje nasmejali. Međutim, još za doručkom stigle su prve vesti o potapanju broda "Luzitanija" od nemačke podmornice, u blizini Irske obale. Bilo je mnogo mrtvih i izgubljenih, ali profesor Halburn je preživeo. Kada mu je supruga kasnije opisala mladog bradatog poručnika broda, gospodin Halburn je bio frapiran. Njen opis mladog oficira neverovatno se slagao sa izgledom mladog poručnika koji ga je na silu ugurao u čamac za spasavanje, jer je profesor dugo pomagao ostalima pri spašavanju.

U ovom karakterističnom slučaju je "neko" ili "nešto" prenclo usnulu gospođu Halburn na nesrećni brod, a do njega je putovala kroz petu dimenziju, odnosno nepoznatim predelima paralelnog sveta! I ovo je tvrdnja onih koji se u ovom slučaju smatraju autoritetima. Nećemo im za sada protivurečiti.

X

Italijanski seljak Paolo Grilo, proveo je gotovo sve svoje šezdeset tri godine na malom komadu zemlje gde se rodio. 27. novembra 1952. nije se pojavio na svojoj skromnoj njivi, bio je preuzbuđen za tako nešto. Svojim ukućanima i susedima pričao je o neobičnom snu koji je sanjao prošle noći: "U san mi je došao jedan stari ratni drug iz prvog svetskog rata, pored kojeg sam bio u rovu kada ga je neprijateljski snajper smrtno pogodio. Umro mi je na rukama. Noćas se odjednom stvorio pored mog kreveta i mirno mi je poručio da se pripremim, jer ću danas otići s njim!"

Priznaćete, i najveći skeptik bi se zabrinuo zbog ovakvog sna, a kamoli pobožni italijanski seljak. Satima su ga razuveravali da je to samo jedan od "onih" neprijatnih snova kakve svi povremeno sanjamo, a čije značenje je više unutrašnjeg psihološkog porekla. Mada je dan bio sunčan a njegovoj maloj njivi više nego potreban rad, Paolo odluči da ne izaziva "providenje". Verovatno je pomislio da će mu se na njivi nešto desiti, ako ode. Umesto toga, ostao je tog dana sedeći ispred svoje trošne kamene kuće. Tu su ga u predvečerje našli mrtvog! Umro je u popodnevnom snu od srčanog udara. Smrt kakvu bi svako poželeo.

Ono što nas interesuje, opet ostaje nerazjašnjeno da li ga je njegov ratni drug zaista "čekao" i ako jeste, "gde" su otišli?

Džozef Amar je u Ameriku došao iz rodne Sirije još kao dečak. Tu je izučio zanat i kasnije otvorio malu radionicu za popravku cipela u predgrađu Indianapolisa. Tog kobnog 7. avgusta 1962. sin i žena su ga očekivali kod kuće za ručak, ali se nije pojavio. Gospođa Amar se zabrinula, jer je prethodne noći u snu videla njegovu malu radnju širom otvorenu, a iz nje je isrčao dugokosi mladić sa čekićem u ruci! Kako se u Americi svakih petnaest sekundi odigra neka pljačka, zabrinuta žena je strpala u korpu dva sendviča i pošla da ga potraži. Pomislila je da je ostao da popravi neku hitnu narudžbu, što mu ne bi bilo prvi put.

Tri bloka niže, našla se pred njihovom radnjom širom otvorenom! Zastala je gotovo okamenjena, jer je dan bio veoma vruć, a radnja je imala mali klimatski uređaj. Unutra je na podu ugledala svog nesrećnog supruga sa rukama vezanim na leđa, glave sve okrvavljene od udaraca čekićem! Došlo je nekoliko policijskih kola, ispitivali su je o detaljima, kada je našla telo, da li je primetila nešto sumnjivo? Nije ništa primetila, ali im je dala detaljan opis mladića iz svog sna! Policajci su je saslušali sa učtivim izrazima na licu, a onda su se značajno zagledali. Očigledno joj nisu poverovali, a i zašto bi? Ipak, upisali su u svoje notese šta im je govorila kako je ne bi uvredili.

Već iste večeri u policiju je svratio jedan posetilac obližnjeg bara, koji je u toaletu primetio sumnjivog mladića kako pere krvave ruke! Imao je dugu plavu kosu, stare farmerice, bio portorikanskog porekla, a na nogama imao bele patike. Policajci su ga saslušali zaprepašćeni. Bio je to tačan opis onoga što im je već rekla gospođa Amar. Momak je još iste noći uhapšen, a maja 1963. mu je suđeno. Zbog tričavih četrnaest dolara koje je opljačkao ubijenom obućaru, ostao je na robiju do kraja svog života!

Da li se ova tragedija možda mogla izbeći? Da je gospođa Amar tog jutra opisala svom mužu mladića iz sna, da li bi ga on na vreme prepoznao i ostao živ? Na žalost to su pretpostavke koje niko ne može potvrditi.

XI

Ipak, da je moguće preduhitriti neprijatne poruke iz snova, najbolje će posvedočiti sledeći slučaj.

Aprila 1956. gospodin Ditman iz Klivlenda (Ohajo), usnuo je neprijatan san. Sasvim jasno je video kako se obližnja šestospratna garaža u izgradnji ruši na njegovu modnu robnu kuću i sravnjuje je sa zemljom! Ditman je teškim dugogodišnjim trudom došao do svoje skromne imovine pa nije smeo ni pomisliti šta bi bez te radnje, a dragoceni posao bi izgubio i njegovih desetak odanih službenika i krojača. Zato je još istog jutra stupio u kontakt sa agentom osiguravajućeg društva i uplatio polisu na sto dvadeset hiljada u slučaju "prisilne obustave poslovanja"!

Polisu je primio tog 6. aprila a sutradan ujutro u 7 časova, nova struktura parking garaže počela se opasno naginjati nad njegovu radnju. Bespomoćni inženjeri su prekasno shvatili da je došlo do pomeranja tla zbog podzemnih voda. U devet časova, svih šest betonskih platformi srušilo se jedna na drugu poput karata i do temelja zdrobio Ditmanovu zgradu i salone! O Ditmanovom proračanskom snu načula je i osiguravajuća kompanija, ali im je na sudu objašnjeno da se snovi ne mogu podnositi kao fakta! Od novca koji je dobio za uništenu zgradu i novca od osiguranja za "gubitak biznisa" Ditman je sagradio modernu trospratnicu, povećao posao i najverovatnije ostao jedini koji je trljao ruke. Na žalost, ovo je i jedan od veoma retkih slučajeva u kojima su spavači "preduhitrili" ružnu budućnost, na vreme shvatili misteriozne poruke i okrenuli ceo tok događaja u svoju korist, umesto suprotno!

XI

Trećeg maja 1812. engleski zemljoradnik Džon Viliams usnuo je na svom imanju pored Kornvala stravičan san: našao se u hodniku britanskog Parlamenta, kojim je prolazio premijer Spenser Pirsval. Odjednom, odnekud se tu stvorio omanji čovek u dugom tamno zelenom kaputu sa žutim dugmetima i pištoljem u ruci. Uperio ga je u grudi britanskog premijera i opalio. Državnik se srušio na mestu mrtav!

Mada je bio iznenađen ovakvim snom. Viliams odluči da o tome nikom ne govori. Ali, san se ponovio i iduće tri noći! Šta da radi? Da li da se poveri ostalima? Ispričao je o čudnim snovima i pitao za savet kako svoje najbliže, tako i nekoliko prijatelja. Da li da odmah ode do Londona i upozori premijera na opasnost, ili da mu pošalje hitno pismo? Odgovorili su ga od obe ideje, uveravajući ga da bi ispao smešan. Snovi su snovi, a život je život, između njih nema direktne veze! Na nesreću, poslušao ih je.

Osam dana kasnije isti san je usnuo i pomenuti britanski premijer. Video je sebe kako korača hodnikom Parlamenta, a onda je zastao s užasom u očima. Pred njim se odnekud stvorio čovek niska rasta sa uperenim pištoljem. Opalio je u njega i spavača je progutala duboka tama! Od straha se probudio i više nije mogao da zaspi. Kad je tog jutra gospodin Pirsval prepričavao svoj košmarni san ukućanima svi su ga odgovarali od odlaženja u Parlament toga dana. Ali, premijer je smatrao da se toga dana mora po svaku cenu pojaviti u Parlamentu, zbog donošenja jednog važnog zakona!

Samo što je ušetao u dugi hodnik Parlamenta, iza jednog od mermernih stubova iskočio je omanji čovek u tamno zelenom kauptu i na mestu ga usmrtio iz svog pištolja! Istraga je ustanovila da je atentator bio usamljeni čudak, koji je utuvio u glavu da je Vlada osnova britanske korupcije i ovim aktom nasilja je želeo da na tu činjenicu "skrene pažnju javnosti"!

Jasno je da se u ovom slučaju tragedija mogla izbeći. Da je prvi spavač, gospodin Viliams odmah otputovao u London i alarmirao Premijera, ovaj bi mu svakako poverovao deset dana kasnije, kada je i sam imao isti san i verovatno bi toga dana izostao sa sednice Parlamenta, a upozorena straža bi sa lakoćom otkrila i pretresla čudnog uljeza u tamno zelenom kaputu sa pozlaćenim dugmetima u kojem se zaista i pojavio! Ma ko ili ma šta slalo ove upozoravajuće poruke u snovima, šalje ih samo iz jednog razloga, da upozori ugroženu osobu. Na nama je da ovo shvatimo ozbiljno, ili sa uobičajenom skepsom.

Godine 1865. državom Viskonsin vladala je kratka ali opaka epidemija kolere. Bolest je zahvatila i petogodišnjeg Maksa Hofmana koji je posle svega tri dana izdahnuo. Uz veliku žalost bolom skrhanih roditelja dečak je sahranjen na obližnjem seoskom groblju. Te iste noći, pošto je konačno uspela da malo zadrema pred zoru, gospođa Hofman je usnula neprijatan san. Videla je svoje tek sahranjeno dete kako se u malom drvenom sanduku izvrnulo na stomak i pokušava ručicama da se oslobodi i izađe napolje! Njen vrisak je probudio sve ukućane. Sa pažnjom su je saslušali, tešili i objašnjavali joj da je san verovatno posledica njene duševne krize i prevelike žalosti za dragim detetom. Na sva njena navaljivanja da odmah odu do groblja i otkopaju dečaka, samo su joj se tužno osmehivali i pozvali doktora da joj da nešto za umirenje. Ali, sirotu majku je bilo teško umiriti ili utešiti, naročito kada se iduće večeri san ponovio!

Misleći da će mu žena od boli poludeti, gospodin Hofman je poslao najstariju kćerku po suseda sa kojim se uputio prema seoskom groblju. Pri svetlosti punog meseca i jednog starog fenjera, brzo su otkopali dečakov grob. Uskoro su ga našli tačno u onom položaju iz snova njegove majke. Bio je izvrnut na stomak, ruku skupljenih pod bradu. Svima je bilo jasno da se dečak u grobu povratio i pokušao da se spase ali bez uspeha. Upozoreni ovim čudnim otkrićem, roditelji su svejedno pokupili dečakovo telo i u galopu ga odvezli do obližnjeg grada u kojem ga je odmah pregledao lekar. I sam zpanjen ženinim pričanjem o snu i otkopavanjem tela, lekar je odlučio da pokuša svim raspoloživim sredstvima da vrati dečaka u život. Upotrebio je neke slane kupke, trljanje grudiju, masažu temena i svega što je smatrao potrebnim.

Tek, sat po sat, dečak je otvorio oči koje su mu zasijale, a nedelju dana kasnije, potpuno je došao sebi i mogao se prirodno kretati.

Nekako tužno ih je pogledao, i kao da mu je bilo krivo što su ga "probudili" kako je rekao. Ispričao im je da je usnuo divan san. Našao se odjednom na prekrasnoj livadi prepunoj najlepšeg cveća, gde mu je u susret došla njegova sestra Miriam, divna plavokosa šesnaestogodišnja devojka. Njegovi roditelji su ga zabezeknuto slušali. Samo njih dvoje su znali o smrti svog prvog deteta, plavokose Miriam, koja im je pre petnaest godina umrla još kao beba! Pokopali su je u Vajo-mingu i preselili ovamo, odlučivši da svojoj drugoj deci nikad ne pričaju o ovom tužnom događaju. kako ih ne bi ometali u psihičkom razvoju.

Kako je mali Maks "znao" da je devojka iz njegovog "sna" bila nekad njegova sestra? Da li mu se ona tako predstavila u toku njegovog kratkog ali "nesuđenog" boravka u paralelnom svetu?

O ovom i drugim sličnim iskustvima kliničkih umrlih još ćemo govoriti u jednom od sledećih poglavlja ove knjige. Sada je najvažnije da se shvati važnost "poruke" koju je gospođa Hofman primila u toku svog sna. Da li je sama Miriam alarmirala svoju majku "s one strane" ili neko drugi, takođe nije važno. Važno je da je Maksova majka "znala" stvari koje ni po kakvom zakonu zdrave logike nije mogla znati!

Maks Hofman je preživeo sedamdeset osam godina i umro u Klintonu, država Ajova, nakon kratke bolesti. Oni koji su pratili sudbinu ovog čudnog slučaja, zabeležili su da je Maks do smrti čuvao svoj mali drveni kovčeg sa dve metalne drške, u kojem je već jednom bio pokopan. A oni koji su se našli pored njegovog bolničkog kreveta, tvrdili su da se na kraju samo nasmešio zatvorenih očiju, pružio ruku u pravcu vrata i smire-nim glasom izgovorio: "Miriam!"

Edvard Samson radio je za Bostonski list "Glob" kao pomoćnik urednika. Avgusta 1883. mladi samac se malo više zaboravio sa društvom iz redakcije, pa su se svi kasno razišli iz bara koji se nalazio u prizemlju zgrade. Osećajući se nesposobnim da sam ode u svoj skromni stan, Edvard Samson se popeo natrag u svoju kancelariju i opružio na starom kožnom kauču. Zaspao je, ali se oko tri, pred zoru, naglo probudio, sav oznojen uplašen i trezan do kostiju! Šta mu se desilo?

Mladi urednik je usnio kako se nalazio na nekom egzotičnom ostrvu pored Jave, koje je odjednom eksplodiralo u užasnoj vulkanskoj erupciji. Silina eksplozije raznela je ostrvo i ubrzo ga potpuno potopila i sravnila sa morskom površinom. Samsonu su još dugo u ušima odzvanjali krici izbezumljenih Ijudi, dece i žena koji su bežali prema moru kako bi se spasli usijanih gromada lave koja se bespoštedno valjala prema obalama ostrva. Ali tamo ih je čekala, od silne temperature, uzavrela morska voda! Scene koje je tako jasno i upečatljivo video, bile su grozne. Narod se ili živ pekao u usijanoj lavi, ili skakao u vrelu, kipuću vodu!

Pošto se malo pribrao i došao sebi, Samson je skinuo sa sebe od znoja mokru majicu i košulju i oprao sa hladnom vodom. Tek tada je seo za svoj radni sto i na čistom listu papira napisao velikim slovima:

OSTRVO PRALAPE POTOPLJENO!

Zatim je u detalje opisao reporterskim rečnikom sve što je te noći u snu video. Preko tih nekoliko listova stavio je jedan na kojem je crvenom olovkom napisao: VAŽNO! Zatim je, premoren od sinoćnjeg bančenja i kasnijeg košmarnog sna, otišao u svoj stan da se ispava.

Glavni urednik, koji je došao oko osam časova, odmah je primetio Samsonovu poruku na stolu, zapanjen pročitao celu sadržinu i smesta pripremio naslovnu stranu za popodnevno izdanje. Katastrofu je naznačio krupnim slovima na svih osam stubaca. Kao i ostali saradnici, i on je prirodno pomislio da je Samson u toku svog noćašnjeg boravka u kancelariji verovatno primio prekomorsko telegrafsko saopštenje o nesreći. Vest o kataklizmi preneli su i sve druge važnije američke redakcije, pa se još iste večeri o događaju na sve strane prepričavalo.

Kada je to popodne Samson ugledao krupni naslov u svom listu, od užasa mu se kosa podigla na glavi! Gotovo bez daha je otrčao u svoju redakciju i zapanjenim službenicima objasnio na koji način je došao do "informacije". Poruku "važno" ostavio je zbog jutarnje čistačice, kako mu ne bi bacila zabeleške u koš s ostalim papirima!

Glavni urednik je seo i uhvatio sa za glavu. Šta sad da se radi? Skoro sve važnije redakcije preštampale su "Globov" izveštaj, o nesreći su se interesovali čak ljudi iz Vlade! Konačno je uveče pozvala i čuvena telegrafska agencija "Asošijeted Pres", raspitujući se o "izvoru" njihovih informacija, jer oni o kataklizmi nemaju pojma! Sazvan je hitno upravni odbor "Globa", na kojem je doneta odluka da se neodgovorni mladi urednik smesta i bez isplate otpusti s posla!

Tri dana je Bostonski "Glob" ćutao i smišljao na koji način da se izvini svojim lojalnim čitaocima i kako drugima da objasni o čemu se zapravo radi. Ako kažu svetu pravu istinu, svi će im se javno smejati i rugati, a to će ujedno značiti i gubitak hiljada dragocenih čitalaca. I kada su četvrtog dana konačno sastavili "izvinjenje" za naslovnu stranu, ponovo ih je pozvao urednik "Asošijeted Presa". Kukao je da mu otkriju svoje "izvore", jer se tamo negde na Pacifiku zaista izgleda desila neka užasna katastrofa! Agencije iz Kalifornije javljaju da su tri ogromna sunami talasa, očigledna posledica neke kataklizme, prosto zbrisala priobalne kuće i izvrnula na stotine čamaca i manjih brodova! O sličnim talasima javile su i agencije iz Australije i Japana! Takođe su svi seizmografi oko sveta zabeležili jaka pomeranja tla, sa epicentrom u blizini ostrva Jave! O čemu se dakle radi?

Zbunjeni urednik je obećao da će ih zvati kasnije. Spustio je slušalicu i duboko se zamislio. Da li je sve to ipak moguće? Sazvan je opet upravni odbor "Globa", na čijoj sednici je mudro zaključeno da se već pripremljeno "izvinjenje" za sada baci u koš i sačeka razvoj događaja. Konačno su pristigli prvi brodovi iz te zone, koji su potvrdili da je ostrvo Krakatau nestalo u užasnoj vulkanskoj erupciji, sa svim stanovništvom i naseljima! Od bivšeg ostrva se mogla videti još samo vulkanska vatra, a ubrzo se i ona izgubila ispod uzavrele površine Pacifika.

Edvard Sason je pozvan da se odmah vrati u redakciju, gde su mu se s nelagodnošću izvinili i ponudili da nastavi da piše o tom strašnom događaju, ali sada i na osnovu već prispelih izveštaja uzbuđenih moreplovaca. Redakcija je konačno odlučila i da objasni čitaocima "kako" je došla do informacije.

Verovatno su im svi poverovali sem "Asošijeted Presa" koji je nastavio da se na njih ljuti! Ni njima, a ni mnogim drugima, naprosto nije išlo u glavu "kako" je Samson mogao u snu videti takve stvari, pa još tačno u sat kada su se odigravale? Dokazano je da je do erupcije došlo tačno u vreme njegovog sna, 29. avgusta 1883. Takođe je ostalo neobjašnjeno zašto je u snu mislio da se radi o nekakvom ostrvu Pralape, kad ni u starim Bostonskim kartama nema ni pomena o takvom ostrvu igde u svetu!

I ova neobičnost biće objašnjena, ali mnogo godina kasnije. Edvard Samson je već bio veoma star i poluslep od godina, kada mu je iznenada od holandskog Kraljevskog društva stigla interesantna pošiljka. Unutra se nalazila jedna sto pedeset godina stara pomorska karta, u kojoj je nestalo ostrvo Krakatau bilo označeno svojim pravim, starim imenom - Pralape!

Ovo je, u stvari i najvažniji detalj Samsonovog sna! I parapsiholozi, a i vrlo ozbiljni naučnici i psiholozi koji proučavaju fenomene proricanja kroz snove, mišljenja su da je mladom uredniku strašnu vest "projektovao" neki pokojni žitelj tog ostrva, koje se još za njegovog života tamo zvalo - Pralape, dakle, neko ko nije znao da je ostrvo prekršteno u Krakatau! Zvuči fantastično, zar ne? Na žalost, ni najodgovorniji naučnici nemaju za sada "pametnije" objašnjenje ovakvih fenomena.

PREKOGNICIJE

Prekognicije, odnosno proročanska predosećanja budućih događaja, nazivaju se takođe i naučnim imenom ESP (Extra Sensory Perceptions). Dele se na nekoliko polja, od kojih najvažnija: Vidovitost, Telepatija, Telemetrija i Snovi, koje smo već obradili. Razna gatanja, gledanja u dlan ili talog kafe, čitanje budućnosti iz raznih tipova karata, nemaju sa ovim naučno priznatim fenomenom apsolutno nikakve veze. Ilustracije radi, navešćemo nekoliko tipičnih slučajeva:

Slavna Džejn Dikson, najpoznatija vidovnjakinja Amerike, ručala je početkom novembra 1963. sa grupom bliskih prijatelja u jednom bostonskom restoranu. Odjednom, zaustavila se usred rečenice, zagledala nekud pred sebe i izjavila: "Njega će ubiti!" Kada su je zapanjeni prisutni upitali ko će to biti ubijen, istim mirnim glasom je dodala: "Predsednik!" Kao što znamo, predsednik Džon F. Kenedi ubijen je 22. novembra iste godine. Ovo je karakterističan primer "prekognicije" kod vidovite osobe. Mada se svakodnevno vrše bezbrojna naučna ispitivanja na ovim osobama, još niko ne ume da objasni "tehniku" njihovog gledanja u događaje koji se još nisu desili. Oni sami kažu da vide budućnost "duhovnim očima", koje u nas običnih smrtnika nisu dovoljno razvijene. Ne zato što ih nemamo, već zato što ih ne priznajemo! Moguće!

⏳

Kada se nekoliko godina unazad holandska policija našla pred jednim zamršenim slučajem ubistva, odlučila je da pozove u pomoć svog starog znanca vidovnjaka Pitera Harkosa. Čovek se rado odazvao, zamolivši samo da mu dodaju sako žrtve. Pošto ga je zadržao u rukama par minuta, pipajući sukno i prevrćući ga po rukama, Piter je bez dvoumljenja izjavio da je ubica čovek niska rasta, nosi naočare i kratko šišane brkove, kao i da ima jednu nogu - drvenu! Nekoliko minuta kasnije bio je u stanju da im opiše i tačno mesto na kojem će pronaći fatalno oružje! Nedelju dana nakon toga, policija mu se po ko zna koji put zahvalila na saradnji. Sve što im je rekao, poklapalo se u detalje sa činjenicama. U pitanju je vidovitost pomoću "telemetrije", odnosno urođena sposobnost da se dodirom izvesne stvari i okolnosti "vide" kako iz prošlosti te stvari, tako i u budućnosti.

⏳

Kako bih ovo "naživo" proverio, otišao sam kod čuvenog torontskog vidovnjaka Tomija Robertsa. Seo je za mali sto preko puta mene i zamolio da mu dodam moj ručni časovnik i prsten. Držao ih je u ruci nekoliko minuta, očiju zaklopljenih i ćutao. Zatim mi je bez mnogo problema glatko ispričao gde sam se i pod kakvim okolnostima rodio, kakvo detinjstvo sam imao, gde i kako su mi pomrli roditelji, znao je da sam se nedavno oženio i rekao da će beba "na putu" biti devojčica! Onda me konačno pogledao pravo u oči, ali videvši kako piljim u njega bez reči, nastavio je da me šokira pričom o nekakvoj naučno-fantastičnoj knjizi koju pišem i po kojoj će čak biti snimljen i film! Opisao mi je korice te knjige, precizirajući da će joj naslov biti štampan u "jednoj reči, utisnut zlatnim slovima"! Na kraju me upozorio da pazim kako vozim, jer me vidi u "belom automobilu kod manjeg saobraćajnog udesa"!

Mada me je zaprepastio tačnim poznavanjem moje prošlosti i sazanjem da radim na opisanoj knjizi, što je sem mene, još samo znaia moja supruga, i mada mi je jasno stavio do znanja da imam beli automobil, otišao sam od njega još uvek skeptički raspoložen. Nije mi, naprosto, išlo u glavu otkud bi taj čovek mogao znati šta će se desiti u mojoj neposrednoj budućnosti? Priznajte, ni vi mu ne bi verovali. I tako je prošlo nedelju dana. A onda, jednog popodneva, napustio sam kompaniju u kojoj sam radio kao scenograf i seo za volan svog "belog automobila". Mada, još uvek nisam verovao u "proricanje" Tomija Robertsa, ipak sam tih dana pažljivo vozio, jer "nikad se ne zna", pa sam i tog dana dobro pogledao u oba pravca pre nego što sam se izvezao sa parkinga. Odjednom sam, osetio sa desne strane snažan udarac i prskanje stakla! Stao sam kao ukopan. Jedna mlada dama, sekretarica iz istog studija koji sam upravo napustio, izašla je iz svog automobila obuhvativši bledo lice obema rukama. Počela je da plače. Ja sam ostao da sedim za volanom, kao paralisan. Umesto da se okrene u sedištu i provcri da li je prolaz slobodan, devojka je jednostavno naglo pošla unazad, a pogledala je tek pošto je i sama čula lomljavu!

Ovo me je, ne samo upozorilo, već i prilično uplašilo. Da li zaista postoje stvari koje su van naše kontrole! Da li je moguće da smo vezani za "sudbine" koje ne možemo izbeći? Odlučio sam da čekam i vidim šta će se desiti sa tekstom knjige čiju mi je naslovnu stranicu onako živopisno opisao. Prošlo je od tada godinu i po dana. Rodila nam se, zaista, kćer! U proleće je izdavač javio da će štampati knjigu. Kako bih "napakostio" Tomiju Robertsu, pokušao sam da poremetim njegovo proročanstvo poslavši potpuno suprotan dizajn za knjigu od onog opisanog.

Nestrpljivo sam čekao razvoj događaja. U jesen mi je poštar doneo prvih pet primeraka odštampane džepne knjige. Izdavač je u poslednjem trenutku izmenio moj dizajn i sa tamnih korica presijavao se "pozlaćen naslov od jedne reči"! Bio sam poražen.

Gospodin Roberts i ja postali smo od tada dobri prijatelji. Dao mi je mnogo korisnih saveta i informacija, uključujući i podatke za ovu knjigu. A ja sam njemu preporučio nekoliko zabrinutih prijatelja, od kojih se ni jedan nije potužio na Tomi-jev instinkt.

Do koje mere su neki od ovih vidovnjaka precizni u svojim proročanstvima, najbolje će ilustrovati ovaj slučaj. Mlada i atraktivna Virna Lu, Loreanka poreklom, bila je stjuardesa na prekomorskoj avio-liniji. Kako je u poslednje vreme imala vrlo neprijatne snove u kojima se "davila u vodi" jedna prijateljica ju je poslala čuvenoj vidovnjakinji iz Los Anđelesa. Za pedeset dolara, žena joj je pričala pola sata o bog-zna-kakvoj sjajnoj budućnosti, rekavši joj da se ne brine zbog snova, jer svi imamo povremeno košmarne snove koji su, u stvari, psihološka posledica naših duševnih kriza i tako to.

Devojka joj se zahvalila i uzbuđena lepim predviđanjem budućnosti, napustila ženin stan. Dole u holu zgrade, kada je videla da kiša još uvek pada, setila se da je zaboravila svoj mali kišobran. Brzo se vratila liftom na deseti sprat i kad je već podigla ruku da pokuca, zastala je u toj pozi kao okamenjena. Sa druge strane se čuo jasan telefonski razgovor proročice sa prijateljicom koji je isprekidano, otprilike, glasio ovako:

"Ah, nikako se ne osećam... Ponekad mi se smuči život. Upravo sam otpustila jednu dragu mladu stjuardesu, koja po svim znacima treba kroz dan ili dva da pogine u saobraćajnoj nesreći. Naravno da joj nisam to rekla! Rekla sam joj sve najbolje, a ona je otišla uverena da će se uskoro zaista udati za tog mladog pilota u kojeg je zaljubljena..."

Ovo je usplahirena stjuardesa ispričala svojoj prijateljici, kada se kao sumanuta vratila trčeći nekoliko blokova po kiši. Bila je toliko uplašena, da je odlučila da se ne vraća u San Francisko avionom te večeri, već da iznajmi automobil. Takođe je obećala da neće leteti bar nedelju dana, kako bi "zavarala" svoju zlu sudbinu .

Ali te noći na putu po opasno vlažnom drumu, uzbuđena i premorena nije na vreme primetila da je bujica odronila deo nasipa sa mostom i suvrala se kolima u nabujalu reku. Našli su je idućeg jutra udavljenu u kolima, iz kojih nije uspela da se izvuče. Pitamo se, međutim, kakva je to bila vidovnjakinja, koja nije uspela na vreme da "oseti" devojku pred vratima!

Gospodin Tomi Roberts, kao i drugi vidovnjaci, objašnjavaju ovaj fenomen potpuno prirodno. Nakon svakog "čitanja" budućnosti ili prošlosti, vidovita osoba se psihički veoma iscrpi, pa joj i njena specijalna čula otupe poput premorenog neispavanog vozača koji mora zaista da se odmori, jer više ne vidi jasno put pred sobom. Dakle, iscrpena nakon otkrića da će nesrećna devojka uskoro umreti, primorana da je laže iz razumljivih razloga, pa još uznemirena telefonskim pozivom prijatelja koji je upravo pozvao, žena je izgubila "nit" koja je povezivala sa mladom stjuardesom, pa je nije ni mogla "osetiti" pred vratima svog stana.

Ostaje drugo pitanje: kad je već čula o svojoj smrti, i mada je odmah izmenila rutu svog putovanja, kako to da devojka nije mogla da izbegne svoju zlu sudbinu? Vrlo jednostavno, kaže Roberts. Vidovnjak nije ni znao da će se devojka vratiti i čuti o udesu, nego je naprosto video kako se davi u automobilu! Stjuardesi je unapred bilo "suđeno" da tih dana umre i ništa na svetu nas ne može poštedeti tog unapred određenog "programa", na koji smo pristali još pre no što smo se i rodili! Neka vas ovo ne zbunjuje, o tome ćemo govoriti u sledećoj glavi o reinkarnacijama.

Moj savet vam je, ne idite nikakvim vračarama, lažnim prorocima i kojekakvim gatarama, jer bi vam mogle, kakvom pogrešnom informacijom, zagorčati i upropastiti ostatak života. U Kanadi i USA vidoviti ljudi su registrovani jer moraju prethodno dokazati svoje ESP sposobnosti. Sve ostalo se smatra prevarom i goni sudskim putevima.

PRORICANJA SVETACA

Pred sam kraj drugog svetskog rata prolazile su kolone američkih tenkova i oklopnih jedinica malim nemačkim mestom nedaleko od grada Strasburga. Mesto se zove Odelianburg, po imenu lokalne svetice Odelije. Rođena 660. u bogatoj plemićkoj porodici, devojka se od rane mladosti povukla u sebe i posvetila meditiranju i duhovnom životu. Ali, iako slepa, devojka je povremeno imala čudne halucinacije u kojima bi jasno "videla" buduće događaje. Najpre lokalne, a kasnije i svetskih razmera.

Prolazeći, dakle, pored male crkvice sa grobljem uz grmljavinu snažnih motora, američki vojnici nisu ni slutili da svega nekoliko metara od puta leži telo žene koja je njihov dolazak i izgled prorekla i opisala još pre više od dvadeset vekova! I ne samo njihovo prisustvo u Nemačkoj, već mnogo više neprijatnih događaja i likova iz buduće istorije koje ćemo uskoro pretresti po redu. Ova njena proročanstva ostala su do dana današnjeg zapisana u dva pisma na latinskom jeziku koja je svojevremeno poslala svom bratu, tada princu od Frankonije. Nije jasno da li ih je pisala u vreme svog slepila, ili kasnije kad je progledala, a pouzdani crkveni spisi tvrde na nekoliko mesta da je iznenada progledala 719. za vreme svog pokrštavanja u hrišćansku veru. Neki današnji poznavaoci ESP-a tvrde da je devojka došla na svet "namerno slepa", kako bi mogla kroz te svoje čudne halucinacije "gledati u budućnost", a tek u drugoj polovini života joj je "vraćen vid"! Od koga, kako i zašto, videćemo u sledećem poglavlju o reinkarnaciji.

Evo sada prevoda i prepisa njenih pisama bratu:

"O, poslušaj dragi brate, jer sam videla silan teror i nesreću koja zadesi naša polja, šume i planine.Doći će vreme kada će Nemačka biti psovana i nazivana najomrženijom nacijom sveta. Nailazi period u kojem će iz njenih nedara izrasti strašni ratnik čije će se zlo i oružje raširiti po čitavom svetu. Ljudi će ga mnogi nazivati Antihristom. Biće proklinjen od hiljada majki, sestara i žena, od kojih će mnoge biti uništene zajedno sa celim svojim porodicama i domaćinstvima."

Zaustavimo se ovde za trenutak, kako bismo proanalizirali ove crne reči svete Odelije... Da su nemačka polja, šume i planine prošle kroz užasne dane ratnog pakla, ne treba ni ponavljati. Da je Nemačka bila zaista proklinjana i jedna od najomraženijih nacija na svetu, takođe znamo. Iz njenih je nedara izraslo mnogo mrskih ratnika i silnika, ali svakako ni jedan od njih nije bio ni približno destruktivna duha kao Adolf Hitler! Što su ga mnogi poredili Antihristom, takođe nije čudno. Hitler je bez milosti uništavao sveštenstvo i druge napredne struje koje su dizale glas protiv "ubijanja i uništenja" Za deset zapovesti je govorio da su ih izmislili "idioti", i da se njima služe "slabići"! Postupao je, dakle, slično Antihristu, kojeg je Biblija onako jasno prorekla u svojim spisima. Jedino se Odelija malo prevarila u broju ojađenih majki, sestara i žena, jer one ga nisu proklinjale u hiljadama, već ih je bilo "na milione"! Ali da je svetica mislila upravo na Hitlera, svedoće i njene sledeće reči iz tog pisma:

"Taj osvajač će se roditi na obali Dunava i vrlo će se razlikovati i svojim poreklom i izgledom od ostalih vođa. Rat koji će on započeti, biće najstrašniji od svih ratova do tada!"

Kao što znamo, Adolf Hitler, se rodio na svega pedeset metara od Dunava. Bio je dete nevenčanih roditelja, od oca niskog porekla, čije je pretke bilo teško identifikovati. A do koje mere se Hitler i fizički razlikovao od ostalih nemačkih vođa, treba samo pogledati u njegovu fotografiju iz tih dana. Čak ni danas gotovo da nema odraslog čoveka ili žene koji ga ne bi odmah prepoznali. I to baš zbog "najstrašnijeg rata u istoriji čovečanstva", kako ga je Odelija i predvidela.

"Oružje njegovih ratnika biće ubojito. U rukama će nositi baklje iz kojih će bljuvati silna vatra, a na glavama će imati gvozdene šlemove. Zverstva i surovosti koje će ova vojska počiniti, biće nebrojeni. Za njima će ostajati silne vatre".

I ovo je tačno. Zverstva Hitlerove vojske su ostala nebrojena, njihovi šlemovi nisu toliko ni važni, ali su zaista napredovali sa "bacačima plamenova" u rukama i palili sve pred sobom! Za njima su ostajali gradovi i sela u plamenovima!

"Biće pobedonosan i na zemlji i na moru i u vazduhu, jer će imati i mnoge ratnike sa gvozdenim krilima. Ovi će se ratnici penjati visoko do samog neba odakle će se bacati na sela i gradove paleći ih i razarajući svojom ubitačnom vatrom iz paklenih usta".

Fantastično i gotovo neverovatno zvuče ove njene reči, stare preko hiljadu godina? Treba li se uopšte podsećati na "štuke" koje su se sa visina zaletala na gradove poput Koventrija i Beograda, paleći ih i razarajući svojim paklenim mitraljezima i bombama!

"Zemlja će se tresti, reke pocrveneti od krvi, a iz morskih će dubina izroniti strašna gvozdena čudovišta bljujući vatru iz svojih čeljusti i potapajući silno brodovlje".

Šta bi drugo ovo moglo da znači sem ubojite nemačke podmornice!

"Njegove armije će u početku biti nepobedive, a njegovi mnogobrojni neprijatelji nemoćni pred najezdama njegove vojske. Biće to dug, krvav i iscrpljujući rat!"

Sveta Odelija na kraju kaže:

"Mnoge će vojske tada pregaziti Nemačku u svojim vatrenim kolima, a zlikovac će u očaju podići sam ruku na sebe! Posle ovog najvećeg rata u istoriji, još dugo na zemlji neće biti mira. Usledeće mnogi manji ali krvavi ratovi, a zatim će nastupiti kraj!"

Ovom poslednjem ne treba komentar. Saveznici su zaista pregazili Nemačku u svojim "vatrenim kolima", Hitler se zaista sam ubio, usledili su ratovi u Koreji, Vijetnamu, na Srednjem Istoku i još na desetinama raznih mesta svud po svetu, a traju i ovog trenutka dok čitate ove redove! Brine, međutim, njena poslednja rečenica "a zatim će nastupiti kraj"! Kraj čega? Ratova ili celog čovečanstva?

BIBLIJSKA PROROČANSTVA

Svedoci smo velikih i svakodnevnih promena u svetu i sve više ljudi razočaranih u nesposobnost čoveka da vlada sobom i svojom prirodnom okolinom očekuju neki spas "iz neba". Nešto ili nekog ko će nas zaustaviti u ovom globalnom ludilu lakomog samouništenja. Kao i svakoj civilizaciji pre naše, i ovoj našoj se približava kraj. Ali ne kraj fizičkog postojanja, nego kraj našeg duhovnog lutanja i preporod naše civilizacije u jednu drugu, novu, nama još nezamislivu. O tom skorom događaju, najvažnijem u istoriji ove planete, kao i njegovim prošlim i sadašnjim predznacima, jasno nam govore biblijski proroci koji su videli našu neslavnu budućnost. Po mom skromnom proračunu i nedavnim predznacima, ja mislim da smo stigli pred sam kraj ove naše mučne i sve komplikovanije tehno-civilizacije. Pošto su svi u Bibliji opisani predznaci drugog dolaska Spasitelja uglavnom prošli, prirodno je da oni koji u ta proročanstva veruju očekuju da će se uskoro desiti nešto "svemirskih razmera". Govorim o Apokalipsi, koja na grčkom znači "otkrivanje" nečeg dugo sakrivenog, a čije je događaje prork Jovan u svojim vizijama video i onako jezivo opisao u svom čuvenom Otkrovenju.

Apokalipsa ima za čovečanstvo dva važna značaja, jer će se odigrati u dve faze. U prvoj će svi pravedni ljudi biti prebačeni "u trenu oka" u drugu, paralelnu dimenziju, u kojoj žive duše bivših pravednika. Oni će biti transformirani iz ovih "kvarljivih", odnosno smrtnih tela, u ona druga, "nekvarljiva" i samim tim večna. Tek posle tog čudesnog preobražaja nastupiće druga faza Apokalipse, odnosno dolazak Spasitelja i sud i kažnjavanje onih rđavih koji su radili za Njegovog smrtnog neprijatelja, Lucifera. Otkrovenje je pisano u čisto religioznom smislu, što se mora pravilno razumeti imajući u vidu prastara vremena u kojima su se svi neobjašnjivi događaji automatski pripisivali višoj sili, odnsno Božjem gnevu. Većina hrišćanskih crkvi i danas prihvata ova proročanstva u bukvalnom smislu, ali mi smo odrasli i sposobni da sami dođemo do važnih zaključaka o našem poreklu i budućnosti.

Šta se tačno desilo u davnoj prošlosti između nas i našeg

Tvorca nije najjasnije, ali ako se sve stare legende raznih religija pažljivo protumače, iz njihovog simbolizma može se doći do zaključka da je u pitanju bila neka pobuna svemirskih, odnosno "nebeskih" razmera. Navodno, čovek nije bio zadovoljan svojim rajskim, savršenim duhovnim stanjem i pod nagovorom prevejanog Lucifera, napustio je svog Oca i sa Njegovom dozvolom se raselio po materijalnom svemiru. Sa nama je u materijalni svet bio proteran i davo. Tom prilikom naš Otac, prepun ljubavi i razumevanja za svoju naivnu decu, ostavio nam je poslednju šansu da mu se ponovo vratimo. Svi mi koji u ovom životu shvatimo prevaru i pokajemo se, vratićemo se svom Ocu. Svi oni koji se opredele za đavolov svet, pripašće njemu i njegovom odvratnom društvu.

Kada je video da će đavo zavesti dobar deo čovečanstva, Bog nam je povremeno slao svoje duhovno nadarene ljude i vidovite proroke da nas upozoravaju na smrtnu opasnost. Na kraju nam je poslao i svog Sina, da plati naše grehe i da nas upozori i objasni nam da ćemo samo preko Njega i Njegovih mudrih saveta ponovo proći kroz "zlatna vrata" u grad večnog života. U Novom zavetu su opisani detalji Isusovog skorog povratka, kao i uslovi našeg spasenja od davola.

Razmotrimo sada taj obećani povratak našeg Spasitelja. Pažljivom čitaocu Biblije odmah će zapasti za oko nekoliko tih glavnih znakova koji će prethoditi Isusovom povratku na zemlju. To su: RATOVI i GLASOVI O NOVIM RATOVIMA, OBNOVA IZRAELSKE DRŽAVE, BITKA KOD ARMAGEDONA, ZEMLJOTRESI I VELIKE POPLAVE, EPIDEMIJE NOVIH ZARAZA, POJAVA MASOVNIH UBICA, DOBA ANTIHRISTA, PAD VELIKOG VAVILONA i posle toga VELIKE NEBESKE POJAVE.

Počnimo od RATOVA koji još uvek traju. Samo u građanskim ratovima Sudana, Ruande i Konga pobijeno je preko tri miliona nedužnog stanovništva. Reke su tekle "crvene od krvi",

119

doslovno kako ih je prorok video. U ratu između Iraka i Irana, poginulo je tri miliona ljudi. U građanskim ratovima na Balkanu, Avganistanu, Pakistanu, Iraku, Siriji i drugim regionima zatrovanim nacionalnom ili verskom mržnjom, već je poginulo preko milion ljudi.

Što se GLASOVA O RATOVIMA tiče, ni njima nikad kraja. Indija stalno i otvoreno preti Pakistanu sa novim ratom. Ako ikad dođe do tog sukoba, samo ga zamislite, jer obe zemlje imaju poveći arsenal nuklearnog oružja. Verski vladari Irana se svakodnevno zakljinju da će uskoro "zbrisati" Izrael sa mape sveta nuklearnim oružjem na kojem se tajno i vredno radi. Treba li ovde uopšte pominjati da i Izrael ima nuklearni arsenal i da bi uzvratio istom merom? I kad smo već kod Izraela, podsetimo se uspostavljanja NOVE IZRAELSKE DRŽAVE.

Pre nekih tri i po hiljade godina, Mojsije je prorekao neposlušnom narodu Izraelskom da će biti uništen kao država i rasturen po celom svetu gde će vekovima biti proganjan, zlostavljan i u stalnom strahu i materijalnoj nesigurnosti. Istorija nam je već potvrdila ovo proročanstvo. A proroci Jezekija, Zaharije i Danilo, obećavaju Jevrejima da će im "pred kraj sveta" Bog pružiti drugu šansu i pomoći im da se još jednom organizuju u moćnu naciju. Kao što znamo, maja 1848. ponovo je uspostavljena država Izraelska, čime se ispunilo i ovo važno proročanstvo.

Tako dolazimo do BITKE KOD ARMAGEDONA, za koju se tvrdi da će se destiti na samom kraju našeg vremena, ali postoji i mogućnost da se već jednom desila i da je baš tu bitku prorok video i opisao je. O čemu se radi?

Prema zapisima proroka Jezekije, Bog upozorava Jevrejski narod da će obnovljena Izraelska država navući na sebe mržnju svojih ogorčenih suseda koji će krenuti da je pregaze i unište. Ova pretnja se mora pravilno razumeti kad se ima u vidu da je mlada Izraelska država prilikom svog stvaranja na silu zaposela palestinsku zemlju i naselja. Veliki broj Palestinaca je tom prilikom ili pobegao ili bio proteran. Buduća odmazda se dakle nametnula sama od sebe.

"I doći će iz svog mjesta, sa kraja sjevernoga i podignuće se na moj narod Izrailja kao oblak da pokrije zemlju. I car će sjeverni udariti na nj kao vihor, s kolima i konjima, i s mnogim lađama i ušavši u zemlje Izrailjeve preplaviće ih i proći. I broj vojnika na konjima bijaše dvjesta hiljada hiljada i čuh broj njihov. I tako vidjeh u utvari konje i one što sledahu na njima, koji imahu oklope ognjene i plavetne i sumporne, i glave konja njihovijeh bijahu kao glave lavova, a iz usta njihovijeh izlažaše oganj i dim i sumpor."

Imajući u vidu da je u prastaro vreme proroka Jovana hiljadu naoružanih ratnika pretstavljalo pravu armiju ljudi, nije čudo da je on u svojoj viziji "prebrojao" stvaran broj budućih Arapskih snaga u grdne milione. A da se ovde radi o tenkovima i oklopnim vozilima, svedoče "oklopi" i čeljusti koje "bljuju dim i oganj i sumpor". Jovan nastavlja još preciznijim opisom:

"I od ova tri zla, pogibe trećina ljudi, od ognja i od dima i od sumpora što izlažaše iz usta njihovijeh... Jer sila konja bijaše u ustima njihovijem, i u repovima njihovijem, jer repovi njihovi bivahu kao zmije i njima iđahu."

Ove Jovanove vizije se moraju pravilno shvatiti. Zamislite sebe pre dve hiljade godina kako ste usnuli san u kojem vam neko providenje prikazuje napad tenkovskih jedinica. Kako biste ih vi opisali, kad vam je jedino konjica poznata kao naj-moćnija udarna sila vašeg vremena? Kako biste vi opisali "oganj, dim i sumpor" iz tenkovskih cevi? Kako biste vi opisali tenkovske "gusenice" kojima su "poput zmije" puzali? Nema sumnje da su i Jovan i drugi proroci videli istu viziju budućeg rata protiv mlade Izraelske države, odnosno njene sukobe sa ljutim susedima, odnosno Bitku kod Armagedona. Kao što rekoh, ona se već jednom desila.

Na osnovu čega se može zaključili da je bitka kod Armagedona već prošlost? Na osnovu imena i položaj mesta na kojem će se ta odlučujuća bitka održati prema tvrdnji proroka Jovana:

"I sabra ih na mjestu koje se na Jevrejskom zove Armagedon. I posta rat na nebu. Mihailo i anđeli njegovi udariše na aždahu, i boraše se aždaha i anđeli njezini. I ne nadvladaše, i više im se ne nađe mjesta na nebu."

Da li je ovom opisu uopšte potrebno dodatno objašnjenje? Zar vam se ovaj dogadaj ne čini od nekud poznatim? Ta već ste ga videli svojim očima na malom ekranu vašeg televizora. Ovde se očigledno govori o budućim ratovima i napadima Izraelskih suseda na novu jevrejsku državu. U vreme proroka Jovana, čak je i takvo mesto postojalu u Izraelu. Zvalo se Har-Magedon, a na toj čistini sada se nalazi velika baza Izraelskih vazdušnih snaga. I baš oko tog mesta i iznad njega vodila se glavna vazdušna bitka izmedu "zlih andela", odnosno napadača, i "dobrih andela", odnosno branitelja obnovljene izraelske države. Rezultati tih regionalnih sukoba dobro su nam poznati. Uprkos prevlasti u ljudstvu, tenkovima i avijačiji, arapske armije nisu uspele pokoriti malu izraelsku državu. Povukle su se paražene i "više im se ne nađe mjesta na nebu"!

Ovde se očigledno radi o sukobu velikih vojnih jediniča čije je dobre, odnosno odbranbene snage, lično štitio i predvodio arhandel Mihailo, a napadače "zla aždaja". U toku poslednjeg, Arapsko-Izraelskog sukoba, poznatijeg kao "Jom Kipur rat", glavne vazdušne bitke vodile su se uglavnom oko i iznad vojne baze kod ruševina Har-Magedona. Iznenadni napad je zamalo doveo do teškog poraza izraelskih snaga. Već u toku prva tri sata sukoba u vazduhu, uništena je novim ruskim SAM raketama trećina svih Izraelskih aviona. Ni samim Izraelcima još nije jasno kako su se oporavili i okrenuli bitku u suprotnom smeru. Apostol Luka nam ovako opisuje dogadaje tih ratnih dana:

"A kad vidite da Jerusalem opkoli vojska onda znajte da se približilo vreme da opusti".

I ova vizija se pokazala ispravnom. U toku Jom Kipur rata, Sirija je bila nadmoćmija u tenkovima tri prema dva, a arapske snage u ljudstvu deset prema jedan. Sirijske tenkovske jedinice su "poput oblaka preplavile" severne delove Izraela i došle gotovo pod same zidove Jerusalema. Iz nepoznatih razloga neko je naredio sirijskim jedinicama da se zaustave i vrate prema Golanskoj visoravni gde su uskoro uništene, a Izrael okupirao tu stratešku oblast. Šta ovim želim da vam kažem? Hoću da kažem da postoji velika mogučnost da se bitka kod Armagedona ustvari već desila.

Ali, nemojmo se ni zavaravati. Jer ako neko u Iranu ikad poludi i zaista napadne Izrael nuklearnim oružjem, ova gore opisana bitka kod Armagedona izgledaće nam kao obična vojna vežba!

ZEMLJOTRESI I VELIKE POPLAVE se upravo dešavaju i postale su skoro svakodnevnim pojavama. Razarajuči zemljotresi u Pakistanu, Kini i Jugo-istočnoj Aziji i Japanu uništili su na stotine hiljada ljudskih života. Morski "sunami" talasi od pet metara visine, koje je prouzrokovao podmorski zemljotres od devet stepeni, potpuno su razorili stotine priobalnih sela i gradova Sri Lanke, Indije, Tajlanda i Indonezije. Samo u toj katastrofi poginulo je preko 200.000 ljudi, a sunami u Japanu uništio je 35.000 života. Dakle zemljotresi i poplave su sve češči i žešči. Samo se podsetimo poplave koja je gotovo uništila američki grad Nju Orleans!

Što se tiće EPIDEMIJA NOVIH ZARAZA, počnimo od SIDE koja im je prethodila, a do sada je već sahranila preko deset miliona osoba, od kojih su mnogi bili zaraženi transfuzijom zagađene krvi. U Afričkim zemljama SIDA prosto "kosi" mase neobrazovanog stanovništva, baš poput jednog od ona ćetiri jahača Apokalipse, najavljenih u Jovanovom Otkrovenju. Sigurno ste primetili da se zaraze poput Kravljeg ludila, Ptičje i svinjske groznice, Majmunskih ospica ili SARS-a, pojavljuju sve češće i bez logičnog objašnjenja. Da ne pominjem najnoviji "zika virus" koji defomriše bebe pre nego se rode!

Tako dolazimo do veka MASOVNIH UBICA kojih nikad inije bilo više. Poznate serijske ubice poput Damera, Bandija, Samovog Sina, snajpera iz Vašingtona ili Ruskog monstruma Čukatila koji je pobio preko 80 mladih dečaka i devojaka, pravi su amateri kad se uporede sa Islamskim "svetim ratnicima" koji su pobili ili razneli u komade sebe i desetine hiljada Rusa, Španaca, Indonežana, Izraelaca, Indijaca. Pakistanaca i Iračkih građana. Da samo pomenemo masakr turista pobijenih na ostrvu Bali, stotine nedužnih putnika na španskoj i engleskoj železnici, hiljade Iračkih vernika raznesenih ispred džamija i po Bagdadskim ulicama, pa sve do stotina pobijenih ruskih đaka i njihovih roditelja od strane Čečenskih terorista, rušenja američkih ambasada u afričkim zemaljama, ili nedavnog napada na velike hotele u Indiji. Gotovo svakog dana, teroristi raznesu na desetine, a sve češće i na stotine nedužnih građana. Da li sam spomenuo suludog Norveškom manijaka koji je pobio preko 70 mladih ljudi jer se *nije slagao* sa politikom svoje vlade!

Što se tiče DOBA ANTIHRISTA, mi već živimo u "vremenu brojeva", odnosno veku u kojem vlada Antihrist, pomoću brojeva čija tajna šifra se nalazi u kodu 666. Antihrist možda i nije "osoba", nego da je u pitanju "sistem" izmišljen od strane nekoliko lakomih milijardera. Živimo u vremenu monetarnog sistema globalnih razmera. Taj sistem je, kao što je poznato, izrastao iz "deset kraljevstva", odnosno Ujedinjene Evrope koja se već služi sopstvenom jakom valutom evro-novca. U bibliji je čak tačno opisana jedna strana današnjeg evra. Medjutim nije samo taj novac znak vladavine Antihrista, nego opisani "pečat" koji ćemo svi dobiti, odnosno "broj" bez kojeg nećemo moći ništa kupiti ili nabaviti. A šta su drugo plastične kreditne kartice pomoću kojih nas lakome korporacije navode na trošenje "bez novca" kojeg nemamo, pa onda tu uslugu otplaćujemo s ogromnim interesom? Svi mi smo već "obeleženi brojevima", od socijalnog osiguranja, vozačkih dozvola, kreditnih karata, telefonskih brojeva, do bankovnih računa. Samo pokušajte da živite bez tih brojeva, pa će vam biti jasnija "vladavina Antihrista".

Taj monetarni sistem vladavine nad svetom, izmislili su uglavnom lakomi bankari i bogati trgovci. Tvrdi se da svega 12,000 osoba poseduje trećinu svog novca na svetu! Zamislite tu moć, zamislite tu pljačku običnog, malog čoveka. Zamislite koliko su milijardi radnih časova utrošili siromašni kako bi tih 12,000 ljudi živelo u apsolutnoj raskoši i neshvatljivoj moći.

Bez digitalnog, odnosno "brojčanog" sistema, ne možemo više da gledamo ni televiziju, video filmove, ili slušamo muziku. Da ne pominjem kompjutere za kojima mladi provode poveći deo svog dragocenog vremena. Pored mnogo korisnih informacija koji nam stižu u naše domove, većina ostalih su komercijalnog karaktera. Nudi nam se svašta. Od potrebnih sitnica, do prljavština poput dečje pornografije. A u poslednje vreme mogu oni bolesnog uma uživati na internetu terorista i u otsecanju ljudskih glava! Pornografska industrija Zapada obrće godišnje preko 22 milijarde dolara! Droge su odmah iza nje. Moral građanske porodice spao je na svoje dno. Trećina svih Amerikanaca i Kanađana bila je bar jednom razvedena. Od svakih sto roditelja, sedmoro zlostavljaju verbalno, fizički ili seksualno svoju sopstvenu decu! Jedan od groznih primera je svakako austrijski "monstrum" Fric, koji je držao svoju ćerku decenijama u tajnom zatvoru, redovno je silovao i oplodio sa sedmoro dece. A samo Bog zna koliko još ima sličnih slučajeva po svetu. Dečja pornografija na internetu je u procesu neviđene ekspanzije koju ni Interpol ni FBI nisu u stanju čak ni da prate, a kamoli spreče. Nedavno je samo u Kanadi pohapšeno 500 rasturača dečje pornografije. Koliki je dakle broj svetskih "potrošača"?

Da li da pomenem najstariji zanat - prostituciju? Po statistici UNICEF-a preko 14 miliona siromašne dece oba pola ispod šesnaest godina, bavi se svakodnevno prodajom svojih jadnih, izgladnelih tela, kako bi preživeli. Ovo seksualno belo roblje uglavnom cveta u zaostalim i siromašnim krajevima Indije, Pakistana, Tajlanda i Filipina. U Rusiji i bivšim komunističkim zemljama Istočne Evrope, osam i po miliona devojaka i mladih žena ispod 30 godina bave se prostitucijom kao "sporednim prihodom". Većina tih žena imaju stečene diplome univerziteta.

Svedoci smo svakodnevnih pronevera bilionske vrednosti od strane velikih kompanija, banaka ili finansijskih institucija. Samo je američki bankar Madof proneverio 65 milijardi dolara! Opsesija kockanjem, nezapamćen talas krađa i industrijskih provala i ostali kriminal u neviđenom su porastu..

Vek Antihrista naziva se po nemoralu u kojem živimo, jer sve više živimo "protiv" Hristovog učenja. Zato se taj sistem i naziva "anti-Hristov". A đavolu se žuri da prikupi što veći broj grešnih duša, jer dobro zna da kad se približi kraj čoveku, gotovo je i sa njim!

Tako dolazimo do poslednjeg znaka pre Otkrovenja, odnosno PADA VELIKOG VAVILONA.

Kada sam 11. septembra 2001. ujutro ugledao na CNN-u spektakularni napad Islamskih terorista na nebodere Svetskog

126

Trgovačkog Centra u Njujorku i njihovo rušenje, sav sam se ohladio od iznenadne jeze. Ovo je moj poslednji pokušaj da upozorim one koji i dalje tvrdoglavo odbijaju da poveruju u Boga i Njegova biblijska upozorenja i obećanja. Da ih podsetim na frapantnu sličnost između tog tragičnog događaja i pada drugog, Velikog Vavilona, poslednjeg predznaka Isusovog povratka na ovu našu napaćenu planetu, onako precizno opisanog u Jovanovom Otkrovenju. Da li je ta vizija puka slučajnost ili je prorok Jovan zaista video rušenje baš tih nebodera? Kako bih pomogao skepticima da pravilno shvate šta se desilo tog kobnog dana, odlučio sam da detaljno proanaliziram tu čuvenu 18. glavu Jovanovog Otkrovenja. Počnimo sa strofama 2 i 3:

"I povika anđeo jakijem glasom govoreći: pade, pade Vavilon veliki, koji posta stan đavolima, i tamnica svakome duhu nečistome... jer otrovnijem vinom kurvarstva svojega napoji sve narode... I carevi zemaljski s njom se kurvaše, i trgovci zemaljski obogatiše se od bogatstva slasti njezine."

Šta ove strofe znače? Prvo dozvolite da vas podsetim da se reči ženskog roda "s njom" i "njezin", odnose na kulu Vavilonsku. Stari proroci su uvek pod nazivom "kurve" opisivali žene ili objekte ženskog roda. I za tu čast žene imaju zahvaliti prastarim muškim šovinistima koji su ženi pripisali greh našeg isterivanja iz raja. Iz biblije takođe znamo da su još prvu kulu Vavilonsku gradili bogati trgovci iz okolnih zemalja današnjeg Iraka, ali im je Bog, navodno, pokvario planove i srušio tu kulu. Ovo je očigledno običan mit, jer zašto bi svemogući Bog srušio kulu od blata, a dozvolio neodgovornom čoveku da sagradi atomsku bombu?! Zvuči nerazumno, zar ne?

Prva Vavilonska kula se najverovatnije srušila sama od sopstvene težine, jer je bila zidana od suve zemljane cigle, a iznutra neojačana drvenim ili gvozdenim kosturom jake konstrukcije. Stari proroci su bili skloni da svaku tragediju ili prirodnu katastrofu odmah pripišu Božjoj ljutnji ili osveti, pa nije ni čudo da je prorok Jovan viziju uništenja drugog, Velikog Vavilona, takodje pripisao Božjoj ljutnji. On je očigledno video u svojim vizijama baš rušenje STC-a, jer ga opisuje precizno i gotovo s novinarskom pedantnošću. Kada tvrdi da je Veliki Vavilon bio "stan davolima i tamniča svakome duhu nečisto- me", on tu očigledno govori o globalnoj trgovini, o mnoštvu medjunarodnih trgovaca koji su se grdno obogatili na bedi i mizeriji drugih.

Primer: Afrički radnik koji je iskopao dijamant od 10 karata, prima svega 500 dolara nagrade. Dijamant sad menja nekoliko trgovačkih ruku, od brusača u Kopenhagenu pa sve do trgovaca u Njujorku. Zadnja cena, oko 100,000 dolara! Ako to nije eksploatacija siromašnog čoveka, onda šta jeste? Na sličan način trgovci i gazde bogatili su se vekovima po celom svetu, pa prorok, prirodno, zaključuje da su prodali svoje "nečiste duše" đavolu iz čiste lakomosti.

Ovde moram da dodam da se i ja slažem da su svetske korporacije vrlo grešne organizacije koje eksploatišu ne samo siromašnog čoveka, već i opasno zagađuju njegovu okolinu. Upravo je objavljena studija UN o teškoj situaciji naroda Istočne Afrike. Za poslednje četiri godine, samo u Kongu i okolnim zemljama, poginulo je u lokalnim sukobima oko dva i po miliona stanovništva. Razlog? Borba za kontrolu rudnika zlata, dijamanata i drugih dragocenih minerala, a koju finan- siraju velike svetske kompanije za razmenu zlata i dragog kamenja. Pogledajmo sad sledeće strofe:

"I carevi zemaljski s njom (kulom Vavilonskom) se kurva- še, i trgovci zemaljski obogatiše se od bogatstva slasti njezine."

Ovde više i ne treba objašnjenje kad se dobro zna da su gotovo svi kraljevi, šeici, predsednici, diktatori i mnogi drugi svetski vladari imali milijarde dolara investiranih u poslovima i trezorima STC-a u vidu berzanskih akčija, čistog zlata, dijamanata, ili drugih vrednosnih papira. U strofi 4 prorok Jovan nas upozorava:

"I čuh glas drugi s neba koji govori: izađite iz nje narode moj, da se ne pomiješate u grijehe njezine, i da vam ne naude zla njezina."

Prosto jezivo, zar ne? Bog s neba prekljinje nedužne službenike STC-a da beže na vreme napolje, jer će ih zadesiti posledice "grijeha njezinih", odnosno zlo koje nailazi na kulu Vavilonsku kao posledica njenih prljavih trgovačkih i političkih transakcija. Islamski teroristi tvrde da je rušenje STČ-a odma zda za nebrojene prljavštine koje su američke vlade u saradnji sa Izraelom nanele arapskom i muslimanskom svetu. I pored toga što je preko 20,000 ljudi odmah ispraznilo donje neoštećene spratove, u oba nebodera poginulo je mnoštvo nedužnih službenika, vatrogasača i policajaca, a u delu srušenog Pentagona i četiri putnička aviona još nekoliko stotina nedužnih službenika i putnika. Ukupno 3,000 žrtava!

U strofi 5 prorok Jovan opet tumači da je u pitanju Božji gnev pa kaže:

"Jer grijesi njezini doprideše čak do neba, i Bog se opomenu nepravde njezine."

Ovo mi je opet teško da prihvatim, jer zašto bi Bog kažnjavao, ili odobravao kažnjavanje, lakomih svetskih trgovaca, a poštedeo od kazne mnogo veće svetske ratne zločince i pojedince koji su svojeručno pobili na stotine ljudi? U strofama 6 i 7 sledi nova pretnja:

"Platite joj kao što i ona plati vama, i podajte joj duplo po djelima njezinima: kojom čašom zahvati vama, zahvatite joj po

dva puta onoliko. Koliko se proslavi i nasladi, toliko joj podajte muka i žalosti."

Ovo se čak može greškom razumeti i kao Božji "poziv" na osvetu prema korumpiranim, prebogatim svetskim trgovcima koji osiromašuju mase običnih ljudi. Sve više se stiče utisak da je ove strofe po nekoliko puta pročitao i pogrešno protumačio i gospodin Bin Ladin, pre nego je poslao svoje "svete ratnike" da sruše kule Vavilonske u ime Alaha, odnosno Boga. Iz nepoznatih razloga zaboravio je da je Bog rekao čoveku: "Osveta je moja"! A to znači da se čovek mora uzdržati od nagona ličnog osvećivanja. Jer čovekova duhovna snaga da se odupre đavolovim nagovaranjima, Bogu je najveći dokaz njegovog iskrenog pokajanja i sigurna ulaznica čovekovog povratka u raj.

U strofi 8 sledi direktno proročanstvo:

"Zato će u jedan dan doći zla njezina: smrt i plač i glad i sažeći će se ognjem, jer je jak Gospod Bog koji joj sudi."

Tačno tako se i desilo. U jednom danu srušena su i vatrom uništena oba nebodera STC-a, sa kojima je porušeno ili oštećeno i osam okolnih poslovnih zgrada. Ova strofa zvuči prirodno, jer pre te strašne vizije prorok Jovan nije nikad video avione pune zapaljivog kerozina, pa prirodno zaključuje da ih je Bog poslao s neba na kulu Vavilonsku. Ovaj napad "vatrom iz neba" takođe pominje i prorok Isaija u glavi 13, strofi 19:

"I Vavilon, ures carstvima i dika slavi Heldejskoj, biće kao Sodom i Gomor kada ih Bog zatre."

Poznato je da su ta oba grešna grada zatrta "vatrenom loptom iz neba"! Po mom mišljenju, najverovatnije slučajnim padom manjeg asteroida. Prorok je i ovaj prirodni nebeski fenomen vešto pripisao Božjoj kazni i tim ličnim zaključkom zaplašio svoje savremenike i upozorio ih da paze šta rade, jer ih očekuje slična sudbina iz neba. U svom Otkrovenju, glava 18, strofa 9, prorok Jovan dalje tvrdi:

"I zaplakaće i zajaukati za njom (kulom Vavilonskom), carevi zemaljski koji se s njom kurvaše i bjesniše kad vide dim gorenja njezina."

Ni ovde ne treba komentar, hiljade prebogatih ulagača iz celog sveta zaista su izgubili u toj tragediji grdne milijarde dolara i zlata. Što se tiče dima "gorenja njezina" , ceo svet je gledao tog dana kako se od dima i prašine Manhatan jedva video. Strofa 10 je gotovo identična TV izveštajima:

"Iz daleka stojeći od straha muka njezinijeh i govoreći: jao, jao, grade veliki Vavilone, grade tvrdi, jer u jedan čas dode sud tvoj!"

Na ekranu ste videli kako se ruši prvi neboder, a ulicama trče upaničeni posmatrači. Iza njih se valjao ogroman preteći oblak prašine izmešan sa otpatcima i hiljadama rastrganih papira. A zatim se srušio i drugi neboder. Tačno u toku jednog sata vremena srušila su se oba tornja STC-a! Kao što ste videli na svom ekranu, hiljade građana Njujorka iz daljine su sa užasom u vlažnim očima posmatrajli posledice tog velikog zla. U strofi 11 prorok Jovan dalje kaže:

"I trgovci zemaljski zaplakaće i zajaukati za njom što njihovijeh tovara niko više ne kupuje."

Dogadjaj je zamalo doveo do svetske recesije. Tvrdi se da su posledice pada STC-a koštale američki i svetski privredni kapital preko 500 milijardi dolara! U strofi 12 dalje se nabraja šta je sve izgubljeno:

"Tovari zlata i srebra i kamenja dragoga i bisera i uzvoda

i porfire i svile i skerleta, i svakoga mirisnog drveta, i svako-
jakih sudova od fildiša, i svakojakih sudova od najskupljeg
drveta, mjedi i gvožđa i mermera."

Glave 13 i 14 nastavljaju nabrajanjem ostalih mirodjija, voća i drugih produkata. U stvari STC je bio centar razmene desetina hiljada svetskih produkata. Od zlata i dijamanata do tekstilne, poljoprivredne, drvne i gradevinske industrije. Radilo se o trgovačkoj razmeni globalnih razmera, o kakvoj prorok Jovan nije mogao ni sanjati. I strofe 15, 16, 17 i 18 opet podsećaju na TV izveštaje koje smo svi videli:

"Trgovci koji se ovijem tovarima obogatiše od nje, staće iz
daleka od straha mučenja njezina, plačući i jaučući i govoreći:
jao, jao, grade veliki, jer u jedan čas pogibe toliko bogatstvo! I
svi gospodari od lađa, i sav narod u lađama, i lađari, i koji god
rade na moru, stadoše iz daleka i vikahu vidjevši dim gorenja
njezina: ko je bio kao ovaj grad veliki?"

I ovde ne treba mnogo komentara, zar ne? Sve se jasno videlo na CNN-u čije snimke ste gledali. Na desetine trgovačkih i putničkih brodova stajalo je privremeno ukotvljeno na moru dok je Manhatan goreo. Nikom nije bilo dozvoljenu u luku dok se dim i prašina nisu potpuno slegli. Sledeča strofa 19 kao da je vidjena na CNN-u:

"I baciše prah na glave svoje, i povikaše plačući i ridajući,
govoreći: jao, jao, grade veliki u kome se obogatiše svi koji
imaju lađe na moru od bogatstva njezina, jer u jedan čas
opustje!"

Sećate li se snimaka stotina Njujorških gradjana posutih pepelom i prašinom koji užasnuti od straha i šoka tumaraju pa mraku Manhatna u sred sunčanog dana? U strofi 20 dalje se tvrdi:

132

"Veseli se nad njim, Vavilonom, nebo i sveti apostoli i proroči, jer Bog pokaja sud vaš na njemu."

Ovde opet treba biti vrlo oprezan. Svi oni koji još uvek smatraju da je Bog poslao teroriste na STC, neka se radije sete snimka u svetu već poznate "zamrznute" fotografije na kojoj se u sred crnog dima odjednom pojavila glava neke rugobe slične đavolu, a koja se pakosno ceri. Naravno, do formiranja ove glave moglo je doći i slučajno, kao što se često u oblacima mogu razaznati glave ili oblici ljudi i životinja. Da se Bog zaista slaže sa ubistvom tih nesrećnih službenika, onda bi se u tom dimu pojavio oblik nekog velikog anđela sa vatrenim mačem u ruci. Međutim razaznaju se samo dve glave nekih nakaznih utvara.

Čuveni američki pisac strave i užasa, Edgar Alan Po, ovako je formulisao zlo i zločince: "Ubice i zločinci imaju u sebi nezadrživ nagon da nekom priznaju svoje nedelo ili se pohvale svojim odvratnim činom."

Ove piščeve reči tako se jasno ogledaju u figuri đavola čija se odvratna glava kezi iz dima STC-a. Ove izdvojene snimke možete ponovo pažljivije prostudirati na vašem kompjuteru ako potražite: >www.nycstories.com/places/911/folklore/125. htm<

U strofi 23 prorok Jovan zloslutno zaključuje:

"I vidjelo žiška neće se više svijetliti u tebi", (kuli Vavilonskoj), "jer trgovci tvoji bijahu boljari zemaljski, jer tvojijem čaranjem prevareni biše svi narodi."

Strašna vizija budućnosti! Taj deo Manhatna zaista više ne svetli noću milionima sijalica. Tamo je sada mrak a na mestu na kojem je stajalo desetak velikih zgrada, nalazi se 16 prekopanih i opustošenih akri. Nedavno je odlučeno da se ti neboderi tamo više ne obnove u svom prvobitnom obliku. Zidaće se nešto drugo, neka vrsta memorijalnog obeliska.

Poznato je da su se pored miliona svetskih Muslimana, i mnogi drugi ljudi otvoreno veselili, pa čak i slavili, kada je srušen STC. Ja mogu da zamislim gorčinu i ljutnju nekih od tih građana na vlade Sjedinjenih Država. Nije tajna da su američke administračije počinile puno političkih grešaka, nepravdi, pa i ratnih zločina prema nekima od tih država. Ali dolazi vreme kada će svako odgovarati za svoja rđava dela. Ja samo želim da vas podsetim da ni jedan od onih pobijenih 3,000 američkih građana nije kriv za američka bombardovanja raznih zemalja, ili za žestoke, često kriminalne odmazde Izraelskih vlada na Palestinske gradove i naselja. U pitanju su pravilne ili pogrešne odluke svetskih ili oblasnih vlada. Zašto onda kažnjavati nedužne službenike banaka i trgovačkih kompanija, ili još gore, radovati se njihovoj smrti?

Ja nisam prorok, ali mogu sa sigurnošću da vam tvrdim da ni jedan od onih koji se raduju tragediji drugih, neće videti ni Boga ni Isusa ukoliko na vreme ne ispravi svoje pogrešno mišljenje. Ti ljudi još uvek imaju vremena da se pokaju, sami sebe postide i zamole Ga za oproštenje. Bez obzira šta nam drugi uradili, stalno imajmo na umu da je Bog obećao: "Osveta je moja!" Zbog toga je Isus sišao sa neba da nas upozori da se odreknemo osvete, jer On je najbolje znao u kakvu strahotu odlaze duše onih koji umiru sa smrtnim grehom, pakošću, ili mržnjom u srcu! Na žalost, oni koji ne veruju u Boga, ne veruju ni u Njegovo obećanje da će On osvetiti nepravdu. U našem narodu je čak poznata jedna stara uzrečica, koja očigledno vuče svoj koren iz turskog doba, a kaže: Koj se ne osveti, taj se ne posveti! Strašno!

Na kraju se moramo upitati: Ako je sve gore pomenuto tačno, onda šta je sledeće? To samo Bog tačno zna, ali nam je svejedno ostavio pomenute predznake opisane u bibliji. Sudeći po redosledu Otkrovenja, poslednjeg biblijskog proročanstva, posle pada Velikog Vavilona, još samo dolaze "velike nebeske pojave". Šta bi to moglo da znači, sem da će se uskoro "otvoriti nebesa", odnosno prolaz između naše dve paralelne dimenzije. Svi oni koji su se do tog trenutka opredelili za Boga, biće odvojeni i nastaviće da žive u hiljadugodišnjem carstvu Isusovom. Oni drugi, koji su svoje duše prodali đavolu, pripašće onom za čije zle interese su celog života radili. A đavolu se veoma žuri da prikupi što više tih prodanih duša, jer mu od njihove duhovne energije ovisi dalja egzistencija. Te mase izgubljenih duša su đavolu i njegovim demonima jedini izvor životne energije. A kada konsumira sve te duše i na kraju sve svoje preostale demone, đavo će i sam ispariti u konačno ništavilo. U svemiru će opet vladati red i mir, a uživaće ga oni koji su u Boga verovali i poštovali Njegove zakone.

Ovako prorok Mateja opisuje te velike nebeske pojave:

"Jer će biti nevolje velike, kakve nije bilo od postanka sveta do sada, niti će je biti. Tada koji bude u Judeji, neka bježi u gore, a koji bude na krovu da ne silazi uzeti što mu je u kući. I koji bude u polju da se ne vraća natrag uzimati haljine svoje. I da se ti dani ne skrate, niko ne bi ostao, ali izabranih radi, skratiće se ti dani. I odmah će po nevolji tih dana sunce pomračiti i mjesec svoju svjetlost izgubiti, i zvijezde s neba spasti i sile nebeske se pokrenuti. I tada će se pokazati znak sina čovječjeg gde ide na oblacima nebeskim sa silom i slavom velikom. Zaista vam kažem, ovaj naraštaj neće proći dok se sve ovo ne dogodi".

Pod "naraštajem" se podrazumeva ova naša civilizačija, za koju se smatra da je stara oko 6,000 godina. Znači, prema svim gornjim znacima, dolazi nam neki kraj. Ali kakav? Šta je to što će zauvek izdvojiti dobre od zlih? Mnogi smatraju da je u pitanju kataklizma koja je već jednom zbrisala carstvo dinosaura, odnosno novi udar gigantskog asteroida koji već negde u svemiru srlja prema nama. Nedavno je objavljeno da se naša planeta našla na putu "kiše asteroida" koji su se iznenada pojavili iz dubine svemira. Ovo se mora pravilno razumeti, jer asteroidi su premala nebeska tela da bi se otkrili pre no što stignu bliže našem sunčevom sistemu, odnosno našim optičkim uređajima za osmatranje. Nedavno se nekoliko velikih asteroida sudarilo sa planetom Jupiter. Izazvali su eksploziju jačine od milion hidrogenskih bombi. Zamislite energiju jednog takvog asteroida da je slučajno promašio Jupiter i udario u našu planetu!

Američka vlada je ovu "kišu" asteroida bukvalno shvatila i NASA je već poslala eksperimentalnu sondu na jedan od obližnjih asteroida, "svega" 800 metara u prečniku. Sonda se uspešno spustila i bez problema poslala na zemlju TV slike svoje okoline. Odmah sam se upitao; kakav razlog se krije iza ove skupe operacije? Kome trebaju slike mrtve gvozdene mase u obliku krompira? Očigledno onima koji se pripremaju da u slučaju hitne nužde pošalju na dolazeći asteroid nekoliko hidrogenskih bombi i pokušaju ga silinom eksplozije svratiti sa njegove smrtonosne putanje.

Ovaj dogadaj mi je bio jasan znak da se očekuje "moguć" sudar sa nekim od tih nebeskih tela, mada se do zadnjeg časa neće znati sa kojim i koje veličine. Onda je usledilo nekoliko "promašaja", o kojima su novine naširoko pisale. U proleće 2002. pored meseca je proleteo asteroid prečnika 400 metara. Da je nekim slučajem udario u London, kažu da bi uništio taj deo Evrope. U leto 2002. izmedju zemlje i meseca projurio je jedan još veći u obliku nepravilnog krompira, dugačak 850 metara. Da je udario u sred Sjedinjenih Država, poginulo bi preko 100 miliona stanovnika. I prvi i drugi, prošli su pored nas na istoj udaljenenosti na kojoj se nalazi naš mesec. Znači u pitanju je srećna okolnost.

Nedavno je NASA poslala drugu sondu na jedan asteroid

od kilometar i po u prečniku, a koji se stabilizovao u orbiti oko našeg sunca. Od njega nam dakle ne preti opasnost, ali NASA uporno ispituje naše šanse da razbijemo ili skrenemo jedan sličan asteroid danas raspoloživom tehnologijom i nuklearnim oružjem. Međutim neki aučnici smatraju da su naše šanse veoma slabe. Kada bi nas slučajno udario jedan asteroid od deset kilometara u prečniku, uništio bi sav život na planeti!

Pa kakvi su onda izgledi da jedan tako veliki asteroid udari zemlju, upitaćete se? Naučniči smatraju da su prilično veliki i da bi do sudara moglo doći pre 2020. koliko se smatra da će ova invazija asteroida iz svemira potrajati. A to se slaže i sa biblijskom vizijom proroka Jovana, opisanoj u glavi 8, strofama 8 i 9 njegovog Otkrovenja.

"I drugi anđeo zatrubi i kao velika gora ognjem zapaljena pade u more i trećina mora posta krv. I umrije trećina stvorenja koje živi u moru, i trećina lađi propade."

Na šta drugo bi se mogli odnositi ovi stihovi sem na predstoječi sudar naše planete sa asteroidom "velikim kao planina"? Iz iskustva znamo da se meteori i manji asteroidi usijavaju prilikom prolaska kroz gustinu naše atmosfere. U njegovoj viziji budućnosti, prorok Jovan ovo poredi sa "gorućom planinom". A biće to poveće brdo od čistog gvožđa. Ukoliko padne u more, kako je prorok i video, "trećina mora postaće kao krv", jer će asteroid udariti morsko dno iz kojeg će šiknuti na površinu milioni tona zemlje koja će promeniti boju vode u crvenu. Tom prilikom "pomreće trečina stvorenja koja žive u moru", odnosno milijarde dragoćenih riba, a biće potopljena i trećina svog brodovlja koje se tog kobnog dana nađe na moru. Jovan ovo potvrduje i u glavi 9, strofama 1 i 2.

"I peti anđeo zatrubi i vidjeh zvijezdu gdje pade s neba na zemlju, i dade joj se ključ od studenča bezdana... I otvori

studenac bezdana, i izađe dim iz studenca kao dim velike peči, i pocrnje sunce i nebo od dima studenčeva."

Zamislite jednu takvu katastrofu: Pošto je podigao morski talas preko sto metara visok, asteroid svom silinom probija tanko morsko dno na tom mestu iz kojeg će šiknuti smeša milijardi tona usijane magme, dima i zemljane prašine. Ova masa uskoro bi potpuno prekrila gornje slojeve atmosfere i potpuno potamnela površinu zemlje. Došlo bi do efekta "nuklearna zime", koji se tako naziva zbog sličnosti sa posledicama globalnog nuklearnog rata koji bi popalio i ozračio ogromne površine naše planete.

Asteroid bi takođe popalio veći deo naše vegetacije. Dim od silnih požara potpuno bi zamračio atmosferu. Planeta bi se počela polako smrzavati u veštački stvorenoj zimi. Mnoge životinjske vrste bi popadale mrtve od hladnoće ili gladi, a sa njima i mase stanovnika, uglavnom od posledica radijacije, gladi, bolesti i zime. Oni preživeli bauljali bi po snežnoj pustoši, tragajući za hranom koje više neće biti.

Ali neće svi ljudi nastradati od posledica tih katastrofa kojima nam prete stari proroci. Pred samu Apokalipsu, Bog će "u trenu oka" prebaciti iz ove dimenzije u onu drugu, paralelnu, sve one "odabrane" koji su u Njega verovali i po Njegovim zakonima živeli. Niko od ovih "odabranih" neće osetiti strašne posledice nadolazećih ratova ili kataklizmi. Obzirom na eksploziju greha u kojoj živimo, moramo se upitati koliki će biti broj tih pravednih srećnika? Prorok pominje samo 144,000 iz raznih Jevrejskih plemena. Ova tvrdnja je očigledno pristrasna i kao takva netačna, jer Bog će odabirati pravednike iz "svih" naroda sveta. Prorok koji je u viziji video te odabrane, prirodno ih je pripisao samo svojoj rasi, Jevrejima, jer za buduće civilizacije nije znao.

Ovaj misteriozni događaj ovako je opisan u Prvoj Poslanici

Apostola Pavla Korinčanima, u glavi 15, strofama 51 - 54.

"Evo vam kazujem tajnu: jer svi nećemo pomrijeti, a svi ćemo se pretvoriti. U jedan put, u trenutku oka u poslednjoj trubi; jer će zatrubiti i mrtvi će ustati neraspadljivi, a mi ćemo se pretvoriti. Jer ovo raspadljivo treba da se obuče u neraspadljivo, i ovo smrtno da se obuče u besmrtnost. Onda će se zbiti ona riječ što je napisana: pobjeda proždrije smrt!"

Znam, ovo što ste upravo pročitali, graniči se sa naučnom fantastikom. Apostol Pavle ovde očigledno citira Isusove reči koje se odnose na Njegov drugi dolazak na zemlju kada će svi mrtvi ustati, a živi se "pretvoriti u trenu oka" iz ovog materijalnog "kvarljivog" tela u ono drugo, "nekvarljivo", odnosno večno! Tada će se svima suditi prema njihovim dobrim ili rđavim delima. Međutim, jedan određen broj Bogu veoma dragih osoba, u Bibliji zvanih "svetaca", jer su živeli pravedno i nesebično, biće prebačen iz ove materijalne dimenzije u onu drugu, paralelnu. Ta grupa ljudi bukvalno će nestati bez traga pred sam Isusov povratak na zemlju. Ko su te osobe? Njihov život i razlog nestanka ovako su opisani u Otkrovenju proroka Jovana:

"Koji pobijedi obući ću ga u haljine bijele i neću izbrisati imena njegova iz knjige života. Koji pobijedi i održi djela moja do kraja, daću mu vlast nad narodima. Sačuvaću ga od strašnog časa iskušenja, koji dolazi na svijet da iskuša one koji žive na zemlji."

Ovo ne može da bude jasnije, zar ne? Bog poručuje onima koji se drže Njegovih zapovesti da izdrže u svojoj veri i nastojanjima, jer On će ih "pretvoriti" pred sam čas strašne Apokalipse i time ih poštedeti užasa i daljih iskušenja đavolovih. Ovi će srećnici, uključujući svu nedužnu i još neiskvarenu omladinu, biti "u trenu oka" prebačeni u paralelni svet gde će nastaviti egzistenciju do Isusovog povratka na zemlju. Po njih će, navodno, doći Božji ljudi koji će ih prebaciti na onu stranu. A ja lično mislim da su mnogi od tih Božjih agenata već među nama! Tamo će pravednici dobiti "haljine bijele", simbol devičanstva i duhovne čistote, i "vlast nad narodima".

Tumači biblije tvrde da se tu radi o stotinama "budućih kraljeva" koji će biti pozvani na svečanu gozbu za Isusovim stolom. Ovi će pravednici kasnije pomagati Isusu da vlada zemljom u Milenijumu, odnosno hiljadugodišnjem carstvu. Svetom više nikad neće vladati super-sile, biće podeljen u stotine manjih kraljevstva, odnosno etničkih regiona o kojima će voditi računa pravednici iz tih plemena ili nacija, kako bi se ublažio "kulturni šok" njihove transformacije iz ovog našeg sveta religioznih svađa i nagađanja, u onaj drugi svet apsolutne istine. Više neće biti korumpiranih zemaljskih vladara, religioznih zanesenjaka, raznih samozvanih diktatora i oportunističkih političara i gangstera, zemljom i narodima vladaće od Boga odabrani i provereni ljudi i žene.

Dozvolite mi da vas ovde podsetim na mudre reči Svetog Augustina koji ovako poručuje onima slabe ili nikakve vere:

"Nagrada onima koji čvrsto veruju u neviđeno, biće da vide ono u šta su verovali!"

PROKLETSTVA

Tako dolazimo do poslednjeg poglavlja koje se odnosi na prorečena prokletstva. Navešćemo samo dva, najinteresantnija. Prvo se odnosi na već slavan slučaj prokletstva američkih predsednika, koje je svojevremeno ukleo jedan "zao" indijanski poglavica kojem se, verovatno, bila smučila pravda belih doseljenika. On je jedne vedre noći, kažu indijanska predanja, sazvao duhove svojih predaka i s njima zajedno odlučio da od te godine, svaki američki predsednik izabran u godini koja na kraju ima nulu, mora umreti bilo prirodnom, bilo nasilnom smrću!

Usledio je jeziv niz događaja, koje ako želite možete nazvati i običnim koincidencijama:

Godine 1840. svega mesec dana nakon inauguracije, umro je od zapaljenja pluća, predsednik Vilijam Harison!

Godine 1860. za predsednika je izabran Abraham Linkoln, čiji je mandat produžen 1864. Ubijen je u poznatom atentatu 14.aprila 1865!

Godine 1880. za predsednika je izabran Džems Garfild. Ubijen je početkom jula iduće godine!

Godine 1900. na predsedničkim je izborima pobedio Vilijam Mak Kinli. Septembra 1901. jedan atentator ga je teško ranio, od čega je umro osam dana kasnije!

Godine 1920. Voren Harding je izabran za predsednika. Umro je 2. avgusta 1923. od "nepoznate bolesti"!

Godine 1940. predsednik Frenklin Ruzvelt je bio ponovo izabran, a 1944. još jednom! Ipak, i on je umro za svojim stolom u Beloj kući 12. aprila 1945!

Godine 1960. za predsednika je izabran Džon F.Kenedi. Kao što se mnogi još sećaju, ubijen je od Li Harvi Osvalda na ulicama Dalasa, 22.novembra 1963.

Godine 1980. na izborima pobeđuje robustan Ronald Regan, koji je uspeo da pobedi i svoj prvi susret sa nasilnom smrću, kada ga je pogodio metak mladog zanesenjaka Hinklija!

S najboljim željama za zdravlje ovog predsednika, sačekajmo i vidimo kakav će zaista biti kraj njegovog mandata. Što se mene lično tiče, ja mislim da je već zaslužio da umre mirnom i prirodnom smrću, jer je "za dlaku" uspeo izmaći prokletstvu nevaljalog poglavice.

1962. u jedno englesko selo se dovezao Džon Fulton, londonski arhitekta. Odmah je potražio malo lokalno groblje, u koje je ušetao laganim koracima. Stari čuvar kapele koji je tamo i stanovao, odmah ga je primetio i pošao mu u susret...

- Mogu li vam pomoći? - upitao je otmenog posetioca.

- Da - nasmešio mu se ovaj. - Negde na vašem groblju sahranjen je pre više od sto godina moj pradeda koji se kao i ja, zvao Džon Fulton!

- Džon Fulton kažete! - češkao je zvonar neobrijanu bradu, nečega se prisećajući. - Zvuči mi odnekud vrlo poznato!

- Valjda po "prokletstvu" koje je za sobom ostavio - podsećao ga je mladi posetilac.

- Tačno! - živnu stari čuvar. - Džon Fulton! Pre no što su mu namakli omču oko vrata, prokleo je svoje sudije i obećao im "znak" o svojoj nevinosti iza smrti!

Dok su tako zajedno šetali između starih kamenih spomenika, naizmenično su se podsećali te legende koju ćemo vam ukratko prepričati:

Krajem 1860. u mestu se desilo surovo ubistvo. Mada nije bilo svedoka, sve su neprijatne okolnosti ukazivale na mladog kovača Džona Fultona. On je bio zaljubljen u ubijenu, često se zbog nje svađao s njenim ocem koji ga nije hteo za zeta, a nije se pojavio tog nedeljnog prepodneva u lokalnoj crkvi! Mada se kleo na sudu i plakao tvrdeći da o ubistvu nije imao pojma, njegovi porotnici nisu tako misliti već je na brzinu obešen nasred seoskog trga! Pred samo smaknuće im je poručio:

"Prokleti da ste svi kojima će na duši ostati moj život! Neka ni jedan od vas ne umre prirodnom smrću, a na mom budućem grobu ne bilo nikad travke, jer umirem nedužan!"

- I zaista - pričao je zvonar svom otmenom sagovorniku, svih šestoro porotnika i sudija završili su svoje živote nesrećnim slučajem ili od strašnih bolesti!

- I vi, takođe, verujete da je to bilo zbog prokletstva mog pradede? - iščuđavao se Džon Fulton mlađi.

- Pa, pogledajte i sami! - pokaza stari čuvar rukom na jedan grob pred kojim su se konačno zaustavili.

Bio je to jedini grob nad kojim nije izrasla trava!

- To nije moguće! - zaključio je arhitekta.

Pre nego je otputovao natrag za London, lično je prekopao grob, zasadio novu travu i ostavio je čuvaru na nezi. Vratio se iduće godine u isto vreme da pregleda rezultate. Zvonar je u međuvremenu umro, ali je na grobu ipak delimično izrasla mlada trava. U obliku "krsta"! Ostatak groba je i dalje bio prekriven zemljom... Toliko o prokletstvima...

REINKARNACIJE

UMRETI SE NE MOŽE

Tako tvrdi Dalaj Lama, duhovni vođa tibetskih budista i bivši vladar te male planinske države pre no što je 1959. pripojena Narodnoj Republici Kini. Sadašnji Dalaj Lama, što na mongolskom jeziku znači "okean mudrosti" četrnaesti je po redu, ali je, u stvari, jedna te ista ličnost! U ovo ne samo da veruju milioni njegovih sledbenika, već su se njegovim slučajem bavili i neki ozbiljni svetski naučni umovi. Za one čitaoce koji nemaju pojma o čemu se ovde radi, iznećemo ukratko teoriju o navodnom "ciklusu života".

Prema nekim istočnim religijama i njihovim podgranama, smatra se da je ovaj materijalni život samo jedna velika "duhovna škola", kroz koju moraju da prođu svi oni koji su na taj ciklus pristali pre no što su se uopšte rodili! Hrišćanskim rečnikom to znači da svi oni duhovi koji su se nakon Stvaranja odmetnuli od svog Tvorca i pošli sa đavolom, moraju sad u ciklusima prolaziti kroz ovaj žalosni svet koji im je taj isti đavo tada obećao i za njih pripremio, sve dok se potpuno ne oslobode neprirodnih želja za vlašću, bogatstvom, raznim užicima i ostalim navikama kojima su bili vezani za ovaj materijalni svet. Tek tada, od svega toga očišćeni, opamećeni i preporođeni, mogu se ti "pobunjenički" duhovi ponovo vratiti onom koji ih je stvorio ali u čijem carstvu nisu bili zadovoljni. Da bi čovek shvatio pojam "raja", mora prethodno upoznati "pakao", odnosno materijalni svet!

Poslednji Dalaj Lama umro je šestog jula 1935. Tačno tog dana, par minuta kasnije, rodio se u jednoj siromašnoj tibetskoj seljačkoj porodici dečak. Ako je verovati tradiciji, u tog dečaka koji se "prvi" rodio nakon što je Lama izdahnuo, preselio se Lamin neuništivi duh! Na osnovu čega se uopšte sme tvrditi da je pokojni Lama ušao baš u tog dečaka? O tome vodi računa specijalna ekipa kaluđera koji su bili zaduženi za brigu i poslugu prethodnom Dalaj Lami. Njima pada u zadatak neprijatan posao pronalaženja i prepoznavanja "pravog" dečaka. U stvari, dečak je onaj koji će izvršiti prepoznavanja.

Pošto su pažljivo prikupili liste sve muške dece rođene tog dana i u toku sata, kaluđeri počinju da eliminišu jedno po jedno dete, dok ne pronađu dečaka koji se rodio prvi nakon Lamine smrti. Dete ostaje u porodici do svoje druge godine, a onda se kaluđeri vraćaju kako bi ga podvrgli tajnom i specijalnom testu "prepoznavanju". Dečak, obično, bez problema prepoznaje "svoje" stvari, kao i poznata lica. Pošto je time dokazano da je on zaista bivši Dalaj Lama, sveštenici uzimaju dečaka i na specijalnoj nasiljci ga odnose u glavni hram, uz najviše počasti i svečanosti.

U toku posete Sjedinjenim Državama, novinari su pitali Dalaj Lamu seća li se detalja iz svog prošlog ili ranijih života. On kaže da se veliki deo memorije "briše" prilikom prelaska iz one dimenzije u ovu, ali, da se kao još mlad dečak mnogo toga sećao po povratku u glavni hram, gde je pokazao sveštenicima i tajna mesta na kojima je sakrio neke svete relikvije za koje je samo on znao! Time je i proces prepoznavanja i potvrđivanja novog Dalaj Lame završen. Dečaka će vaspitavati kaluđeri, "podsećati" ga na Budina učenja i pripremati za budući poziv vladara i duhovnog vođe. Kažu da se ovaj ciklus Laminih reinkarnacija do sada ponovio četrnaest puta, i svaki put bi odabrani dečak "dokazao" da je baš on prethodni Lama, odnosno jedna te ista ličnost!

SLUČAJ ŠANTI DEVI

Zagovornici ciklusa reinkarnacija podržavaju svoja uverenja sa nekih pet stotina naučno prikupljenih i dokumentovanih slučajeva, u kojima su se deca ili odrasli, svesno ili pod hipnozom, prisećali detalja iz svojih "ranijih" života! Za vas, dragi čitaoci, navešćemo samo nekoliko najdramatičnijih, a počećemo sa već slavnim slučajem male Indijke Šanti Devi.

Devojčica se rodila 1926. u Nju Delhiju, a već sa tri navršene godine počela je da priča roditeljima o svom "prethodnom" životu, koji je navodno provela u obližnjem gradu Mutri! Jasno se prisećala svog supruga iz tog života i tvrdila da se zvao Kedar Kaubej. Tvrdila je da je umrla nekoliko dana nakon rođenja svog sina. Zaintrigirani ovim njenim tvrdnjama roditelji su se počeli raspitivati i uskoro su na svoje veliko inzenađenje otkrili da u Mutri zaista još živi takav čovek i da mu je žena zaista umrla ubrzo nakon porođaja! Odmah su stupili s njim u vezu i zamolili ga odmah doputuje do njih u Nju Delhi. Mala Šanti o ovome naravno nije imala pojma, ali joj njegov nenajavljeni dolazak uopšte nije smetao da ga smesta prepozna. Dok je gost pričao s njenim ocem, ona je u kuhinji objašnjavala majci kakva jela njen suprug najviše voli. Kako bi i ovo proverila, gospođa Devi mu ih je pripremila za ručak. Bio je iznenađen što su mu pripremili baš ona jela koja najviše voli! Tu mu je mala Šanti postavila i jedno neprijatno pitanje: zašto se ponovo oženio, kad su se dogovorili da se ne ženi ukoliko jedno od njih iznenada umre?

Čovek je bio zaprepašćen, a ništa manje zbunjeni bili su i njeni roditelji. Zamolili su ga za dozvolu da svi zajedno pođu do njegove kuće. Na železničkoj stanici u Mutri, mala Šanti je prepoznala jednog rođaka svog "bivšeg" muža! Nastavila je da ih šokira i putem, stalno govoreći kočijašu kojim ulicama da vozi. Iako je kuća koju su tražili bila prethodno okrečena u drugu boju, Šanti ju je bez problema zapamtila. Pred kućom je prepoznala svog već starog svekra, kao i odraslog sina iz "prošlog života". U kući je kasnije upitala svog bivšeg supruga šta je uradio sa njenim ličnim novcem i zlatom koje je tajno zakopala u jednom uglu sobe? I ovo je bilo tačno, jer je sav crven u licu Keder Kaubej priznao da ga je otkopao i potrošio!

Poznati američki naučnik i parapsiholog Dr Jan Stivenson, toliko je bio zainteresovan za ovaj slučaj da je 1960. otputovao u Indiju i tamo se lično sreo i sa Šanti Devi i ostalim preživelim učesnicima iz ove njene čudne priče. Od nekoliko stotina prikupljenih slučajeva reinkarnacija, ovaj mu je ostao najdraži.

VRAĆANJE REGRESIJOM

Do otkrića i prakse vraćanja unazad "regresijom" došlo je sasvim spontano. Naime, neki psiholozi i psihijatri dosetili su se da bi vraćanjem sećanja pacijenata pomoću hipnoze možda više saznali o poreklu njihovog komplikovanog problema.

Jedan od nekoliko stotina tih specijalista je i doktor Dvajt Frejzer iz Pasadene. U telefonskom intervjuu, ispričao mi je jedan od interesantnijih slučajeva iz njegove bogate prakse lečenja regresijom.

Jednog dana posetio ga je tridesetdvogodišnji elektro-inženjer, oženjen i otac dvoje dece. Imena ovih pacijenata strogo se čuvaju ne samo iz njihovih ličnih razloga, već i iz razloga državne bezbednosti. Mnogi od tih ljudi rade za velika vojna preduzeća razbacana po čuvenoj Silikonskoj Dolini, u kojoj se proizvode prava kompjuterska čuda našeg doba. Za jednu od tih visoko specijalizovanih firmi, radio je i taj pacijent, jedan vrlo obrazovan, prirodno inteligentan i ambiciozan stručnjak na polju minijaturne elektronike. I baš zbog te njegove ambiciozne želje za brzim napretkom, mladi inženjer se našao u ordinaciji dr Frejzera. Naime, u poslednje vreme počeo je da zapinje na poslu, projekat na kojem je naporno radio, nikako da se približi svom kraju, pa su ga i pretpostavljeni već zabrinuto ispitivali kakav je problem?

A problem se nalazio u sve učestalijim glavoboljama ovog pacijenta. Do dvadeset i osme, potpuno zdrav i sportski razvijeni mladić, počeo je odjednom da oseća povremene jake bolove u vratu i potiljku. Kada su bolovi učestali i počeli da se javljaju u sve češćim intervalima, mladić se požalio svom porodičnom lekaru. Ni ovaj, a ni ostala trojica specijalista nisu mogli ništa nenormalno otkriti u vratnim živcima ili mišićima, pa su zaključili da je u pitanju čisto psihički problem.

Nakon pune četiri godine, bolovi su počeli da budu vrlo

česti i ponekad gotovo nepodnošljivi. Nisu birali vreme. Napadali su ga usred noći, ali i za vreme radnog vremena. Dr Frejzer ga je podvrgao psihoanalizi, ali se mladić nije mogao setiti nikakvog traumatičnog pada, udarca ili sličnog događaja iz rane mladosti. Dr Frejzer se našao pred dva važna pitanja: zašto su se bolovi pojavili baš u dvadeset osmoj godini i da li je ikakav važan događaj prethodio njihovoj pojavi? Ali pacijent se opet nije mogao setiti ničeg tako važnog ili specijalnog. Naprotiv, bolovima su prethodili vrlo prijatni događaji. Bio se upravo oženio lepom i bogatom devojkom, dobio je svoju prvu važnu službu u kompaniji za koju i sada radi, a kako su roditelji od mlade bili poreklom iz Turske, tamo su proveli medeni mesec. Njen otac im je ustupio svoju ne baš malu preko-okeansku jahtu sa pet članova posade.

Mladi inženjer se, odjednom, setio da su glavobolje počele baš nekako sa tom posetom Turskoj, odnosno prilikom razgledanja lokalnog muzeja u jednom priobalnom gradu. Šta je sve izloženo u tom muzeju, interesovalo je dr Frejzera? Ništa naročito, stare uniforme turskih vojnika i janjičara, poробljene zastave, staro oružje, uglavnom mačevi i sablje. Kad se malo bolje prisetio, pacijent je ispričao da ga je baš u tom muzeju spopala prva oštra vratobolja! I mlada i kapetan jahte koji ih je pratio su to primetili po njegovom mrštenju i masiranju potiljka. Pitali su ga šta mu je?

Dr Frejzer se tu nasmešio. Pomislio je da zna razlog ovih neprijatnih smetnji. Ali kako bi potvrdio svoju smelu teoriju, morao je pacijenta podvrgnuti dubokoj hipnozi regresije. Mladi inženjer je bez dvoumljenja na to pristao, jer su bolovi počeli ozbiljno ugrožavati i njegov porodični život i napredak na poslu.

Dogovorili su se za jednu subotu uveče. Kao i obično, regresiji će prisustvovati jedna profesionalna medicinska sestra koja će kontrolisati rad preciznih elektronskih instrumenata, a ceo proces će biti snimljen na video traku za kasnije analize. Pošto je polegao pacijenta na kauč za hipnozu, dr Frejzer je uključio TV kameru i video-mašinu.

Pacijent je pod dubokom hipnozom počeo pričati o svojoj ranoj mladosti, zatim detinjstvu, pa o događajima iz doba kada je još bio beba, ali se u svemu tom nije mogao otkriti koren njegovih bolova u vratu. Specijalista je odlučio da ide dalje, odnosno, da vrati pacijenta u "prošli život"! To je uspešno praktikovao već više puta i s odličnim rezultatima. Do tada smiren i pribran glas pacijenta, počeo se naglo menjati i na momente čak podrhtavati.

Preskočivši vremensku razliku od nekih sto trideset godina, i Dr Frejzer i njegov pacijent našli su se odjednom u Turskoj. Godina je bila 1856. a naš se inženjer bio upravo vratio iz jednog kratkog rata sa Arapima. Samo se seća da se zvao Jaga i da je imao dvadeset osam godina! Neki dalji rođak ga je doveo u taj primorski gradić gde je od malena svašta radio kako bi preživeo. Pošto je stasao u vitkog i vrlo lepog momka, uzeo ga je k sebi jedan lokalni trgovac, inače glavni snabdevač Aginog dvora. Tu se na dvoru prilikom isporuke robe, Jaga strasno zaljubio u jednu mladu devojku koja je služila u haremu, ali je bila slobodna i odlazila često kući i obližnje selo. Jaga bi je često pratio, pa bi se usput siti izljubili planirajući budućnost.

Uskoro izbi taj kratak ratni sukob u koji pošalju i mladog Jagu. To kratkotrajno odsustvo kao da je još više rasplamsalo ljubav između dvoje mladih pa više nisu mogli da zamisle život jedno bez drugog. Na nesreću, u Jagu se strasno zaljubila i jedna od Aginih mlađih žena. Očigledno pakosna i ljubomorna na dvoje mladih srećnika, strpljivo je čekala da joj se ukaže zgodna prilika za osvetu. I nije trebalo dugo da čeka jer je iz harema jednog dana nestala skupocena vaza od čistog zlata. Aga, inače miran i dobroćudan čovek, strpljivo je saslušao sve osumnjičene, ali od vaze ni traga. I verovatno bi od svega digao ruke, da se nije javila jedna od njegovih žena. Bez trunke griže savesti, ispričala je kako je tog dana svojim očima videla Jaginu devojku kako trči u baštu sa vazom u ruci i kako je tamo predaje prekrivenom Jagi koji ju je preuzeo i sa njom nekud otrčao!

Ponovila je to i pred Jagom i nesrećnom devojkom koje je Aga ponovo pozvao na dvor. Oboje su se bacili na kolena preklinjući za milost, jer su potpuno nevini! Aga ih je ćutke posmatrao, verovatno razmišljajući šta da uradi. Istina da ga je devojka pošteno služila već tri godine, sviđao mu se i stasiti trgovački pomoćnik, ali morao je ipak poverovati svojoj ženi, ta zašto bi ga ona lagala? A sve se nezgodno slagalo sa skorom ženidbom dvoje mladih. Vaza im je, očigledno, trebala kako bi sa dobijenim novcem otpočeli novi život.

Aga ih je još jednom upozorio da ako su vazu ukrali neka mu je vrate, neće ih žestoko kazniti, ali ako budu i dalje odbijali, moraće ih po Islamskom zakonu pogubiti za tešku krađu!

Što je pacijent dalje pričao o ovom svom "prošlom" životu, to se boja njegovog glasa sve više menjala, da bi mu se ton na kraju poistovetio sa plačom i povremenim urlanjem! Ali dr Frejzer se nije naročito uzbuđivao, znao je da se radi samo o "preživljavanju". I tako izvedoše dvoje zaljubljenih u dvorište Aginog dvora gde ih posadiše na kolena jedno nasuprot drugom, ruku vezanih pozadi leđa. Tako su se očiju vlažnih od suza nemo gledali, poslednji put u tom životu! Uskoro se na terasi dvora pojavio Aga u pratnji svojih žena i par najbližih saradnika, kako bi posmatrali pogubljenje. Ovaj neprijatni zadatak imao je da obavi jedan od najsnažnijih Aginih telohranitelja.

Prišao im je svečano obučen u bele haljine, a pratio ga je neki dečak ne stariji od dvanaest godina, sa nekakvom bocom u levoj ruci i belim peškirom u desnoj. Jaga se sav tresao od užasnog straha i nemoćne mržnje prema nepravednoj ženi Aginoj. Njegova devojka je bila nešto mirnija, mada ne manje ogorčena. Ta, ubiće ih u najlepšim godinama života. Krvnik u tom poče da preliva ulje iz one boce po širokom sjajnom sečivu svoje dugačke sablje. Jagina devojka je znala da će nju prvu pogubiti, kako bi time još više otežali mladiću zadnje momente, pa pošto mu je uputila poslednji pogled, bolno se nasmešila i zaklopila oči sagnuvši glavu i time izlažući krvniku svoj vitki beli vrat. Držeći nauljanu sablju u rukama, snažni se vojnik još jednom okrete u pravcu terase sa koje dobi Agin znak. Mada se sav tresao od užasa, Jaga nije imao snage da zaklopi oči. Jasno je video bljesak sečiva, čuo tup udarac, i kao hipnotisan se zagledao u odsečenu devojčinu glavu. Oči su joj bile i dalje zatvorene, a iz modrih usana joj je potekao tanak mlaz krvi. Bila se dokotrljala pred samo Jagino levo koleno.

Sad već potpuno paralisan od silnog straha od smrti, Jaga je širom otvorenih očiju piljio u mirnog krvnika koji uze od onog dečaka beli peškir u koji obrisa krvavu sablju, jer se po nekom svetom propisu njihova krv nije smela mešati! Još ga se sećao kako preliva sečivo onim svetim uljem, a onda mu se vid nekako čudno zamutio, nešto od suza a više od polusvesti. Dobio je grčeve u stomaku i silnu želju da povraća. I baš kada se nagnuo, osetio je snažan udarac po vratu i kratkotrajnu ali jaku glavobolju! Ovo verovatno zbog naglog izliva krvi iz mozga!

Dr Frejzer je sačekao par minuta da se pacijent sredi i primiri, pa ga upita šta se zatim desilo? Pacijent je još dugo ćutao, pa reče da se ubrzo osvestio u nekakvom drugom stanju! Na svoje veliko zaprepašćenje, opet je ugledao svoju devojku živu, a pored nje su stajali njegov otac i majka za koje je znao da su pomrli. Više se nije ničeg bojao, naprotiv, zabavljalo ga je da gleda svoje bivše telo bez glave, dok je krvnik ponovo brisao mač i mazao ga uljem.

Dvoje zaljubljenih su se još kratko muvali po Aginom dvoru, ali dovoljno dugo kako bi videli i kraj svoje tužne sudbine. Tako su otkrili da je vazu u stvari sklonila ona pakosna Agina žena, koju poče da hvata panika jer nije znala šta da uradi sa vazom posle njihove smrti. Jednog dana ju je ponela u baštu u kojoj je pokušala da je zakopa u zemlji. To je iza žbunja video baš onaj čuvar koji je pogubio dvoje mladih i odmah otrčao Agi u dvor. Pošto je pažljivo saslušao svog uzbuđenog vojnika, Aga naredi da mu se smesta privede ta žena. Držala se oholo i objasnila Agi da nije čuvar video nju, već ona njega kako zakopava vazu, pa se uplašio i požurio Agi da je okrivi. Aga se opet našao na muci, pa upita stražara šta je on radio u bašti? Čuvar reče da je sedeo pod drvetom i jeo jabuku. Aga mu naredi da mu prinese ruke i zaista omirisa jabuku! On onda naredi ženi da mu pokaže njene ruke, koje su još bile prašnjave od zemlje!

Aga se tu zagledao u svog telohranitelja i rekao mu da je vodi u dvorište i da on ne želi više živu da je vidi! I tu je ujedno i kraj ove užasne priče. Jaga se još sećao kako je Agu dugo morila savest, danima nije ništa jeo ni pio, samo bi satima sedeo zureći u pod ili se dugo molio bogu. Da li svesno ili slučajno, ovakvim svojim postupkom je veoma pogoršao svoje slabo zdravstveno stanje i jedne noći izdahnuo. Kada je napustio svoje fizičko telo, ugledao je pred sobom Jagu i njegovu nesuđenu verenicu. Pao je na kolena pred njima, ali mu oni rekoše da je sve u redu i da nemaju šta da mu oproste!

Dr Frejzer je ostao zaprepašćen jer mladi inženjer nije samo pričao o svom "fizičkom" životu, već je opisivao i onaj "duhovni" u kojem se našao nakon izlaska iz tela! Da li su takve stvari moguće, pitao se specijalista ko zna po koji put. Moguće ili ne, pošto je povratio mladića natrag u ovo vreme i punu svest, i pošto mu je sve propustio na video-traci, ovog je odjednom prestala da boli i glava i vratne žile. Kažu da je do toga došlo usled psihološkog "shvatanja" razloga zbog kojeg je glavobolja otpočela. A otpočela je kada je Jago ponovo ugledao u muzeju istu sablju kojom mu je već jednom odrubljena glava!

Kako bi ovu svoju teoriju i potvrdio, dr Frejzer je uporedio opis sablje sa onom izloženom u muzeju turskog grada, pa je na kraju predložio inženjeru da mu dovede svoju suprugu kako bi i nju podvrgao regresiji. Kada joj je suprug ispričao o čemu se radi, spremno je pristala, mada skeptik po prirodi. Dr Frejzer je znao "rasplet" ovog čudnog slučaja. Kao što se i nadao, ispostavilo se da je inženjerova supruga u stvari ona ista pogubljena devojka! Nije međutim razjašnjeno zašto su i "gde" čekali preko sto trideset godina kako bi se ponovo rodili i odživeli ono što im je na onako ružan i jeziv način oduzeto.

ZAKON KARME

Gotovo svi koji se bave slučajevima regresije, slažu se da postoji samo jedno logično objašnjenje tih slučajeva,a to je reinkarnacija pojedinih duša iz jednog života i drugi. Na pitanja zašto, daju vam jedno objašnjenje: svi oni koji su se na bilo koji način "zadužili" u toku svog zemaljskog života, moraju se u njega vratiti ili konstantno vraćati, sve dok ne "otplate" svoja rđava ili grešna dela. Smatra se da se otprilike deset od stotinu nas mora vratiti da otplati ili oduži svoju karmu, jer inače moramo "zauvek umreti"

Ova fascinirajuća tvrdnja naterala me je da u Los Anđelesu posetim jednog od čuvenih induskih autoriteta na ovom polju, koji me zamolio da mu ime izostavim u ovoj knjizi. Na nekoliko mojih kratkih pitanja, dobio sam isto toliko kratkih, ali važnih odgovora.

- Zašto se "moramo" vraćati u ovaj život?

- Pre svega - smeši se moj mudri sagovornik - reč "morati" uopšte ne postoji na onom svetu! Čovek umire, napušta svoje materijalno telo i nađe se s druge strane ovog života, ili kako vi to tvrdite u paralelnom svetu! Tamo on ponovo dolazi svesti, ali ta nova svest je oslobođena materijalnih stega, pa je samim tim i jača, čistija. Tu čovek ima jasan uvid u svoj upravo protekli život, ili sam, ili uz pomoć drugih, viših duhova od sebe, zavisno od svoje inteligenciie. Ukoliko je čovek odživeo jedan čestit, pravedan i u svakom pogledu ispravan život, dozvoljava mu se da pređe na "viši stepen". Ukoliko je čovek odživeo jedan grešan, kriminalan ili nepošten život, smatra se da ga je uzalud proveo i predloži mu se da se ponovo vrati i pokuša iznova. Ukaže mu se na počinjene greške i objasni šta ovaj put treba da učini kako bi ih ispravio.

- A ako on na to ne pristane? - kopka me logično pitanje.

- Onda biva prepušten samom sebi. Taj čovek ostaje sam sa sobom i sebi sličnima u tom prvom, nakon smrti, najnižem nivou, u kojem pre ili kasnije shvati da je počinio strašnu grešku, jer odande ne može da se makne ni za pedalj! To znači da ukoliko je čovek bio neki bedni eksploatator drugih, moraće se vratiti i odživeti tačno toliki broj godina kao - potlačen i eksploatisan! Ukoliko je bio brutalan i nasilan tip, moraće se vratiti da bude prebijen, maltretiran i zlostavljan od drugih, jer čovek mora na sopstvenoj koži iskusiti pravdu i time otplatiti svoje grešne dugove.

- A šta ako je nekog u tom svom nekontrolisanom besnilu slučajno ubio? Ili više njih?

Pa, prirodno, mora se vratiti kako bi i sam bio ubijen, i to onoliko puta koliko je ljudi usmrtio!

- Zvuči užasno! - primećujem snižena tona.

- A zar ubistvo drugih nije takođe strašan greh? Ne zaboravimo da je sav i svačiji život došao direktno od Boga. On, i samo On, ima pravo na naše živote i niko drugi. Dakle, svaki oduzeti život se mora vratiti. Njemu, jer od njega nam je dat! A da bi se dug što pravednije vratio, mora se umreti nasilno i pod istim ili sličnim okolnostima pod kojima je tuđ život bio oduzet! U romanu Priča o Karmi koji ste napomenuli, to je živopisno objašnjeno, pa vam predlažem da ga na kraju prepričate svojim čitaocima.

Šta će se desiti sa tim očajnikom koji je usmrtio više ljudi, na primer nekim ratnim zločincem, pa se ili boji ili ne želi više vratiti da to otplati?

- Ništa! Od momenta od kada smo se od Boga odmetnuli, mi sami i niko drugi odlučujemo o sebi i svojim sudbinama. Takav će zločinac ostati na najnižem nivou, onako stravično opisanom u vašem romanu Priča o Karmi, sve dok ne bude zauvek uništen!

- Ali život je neuništiv, zar ne? - podsećam ga.

- To je tačno, ali samo delimično. Vidite, kada je Bog stvorio ljude, on im je obećao večni život ukoliko ostanu pored Njega! Ali kada su se ljudi odmetnuli od Boga i pošli sa đavolom, kako vi hrišćani smatrate, smanjile su se i njihove šanse na večni život. Jer što smo se više udaljavali od Njegove ljubavi, to su naše šanse u pogledu večnosti opadale!

Znači, Isus je na to mislio kada je govorio: "Oni koji ne budu sledili moj primer, poginuće!"

Postoje "dve smrti"! - podvlači moj sagovornik. - Fizička smrt i duhovna smrt! Fizički možemo umirati koliko god hoćemo, jer nam je drugi život zagarantovan. Ali kada se tamo nađemo, shvatamo da ćemo "poginuti" ukoliko se suviše udaljimo od Boga i njegove svetlosti! Jer kao što cvet umire bez fotosinteze, tako umire i duša bez "ljubavi" onog koji je stvorio! I dok se atomi cveta raspadaju u bezoblične mase i celina čovekove duše se počne raspadati u ništavilo bez tog životvornog izvora svetlosti i ljubavi - Boga!

Znači i duša je sačinjena od neke vrste energije?

Najverovatnije je u pitanju "duhovna energija" od Boga nam data. Oni koji su ostali pored njega, žive, kako se to tvrdi, "kao u raju". Oni koji su se udaljili od njega, svakim se časom sve više približavaju "paklu", odnosno samouništenju! I u prirodi važe isti zakoni, baš zato što su oba sveta stvorena "paralelno", kako tvrdite. Što dalje od sunca, to manje izgleda za život! Što dalje od peći, to hladnije! Što dalje od svetlosti, to mračnije! Što dalje od ljubavi, to usamljenije! Što dalje od života, to smrtonosnije!

Zahvalio sam se mom sagovorniku na ukazanoj časti i mudrim rečima, a on mi je na kraju potpisao primerak svoje poslednje knjige.

NAUČNICI SE SLAŽU

Razgovor sa induskim mudracem toliko me je šokirao, da sam ponovo pozvao Dr Frejzera u Pasadenu. Pitao sam ga postoji li kakav jači dokaz ovakvoj jednoj mogućnosti? U naučnom svetu pretpostavke su jedno, a dokazi drugo. On se nasmejao mom skepticizmu i predložio mi da prisustvujem za javnost zatvorenom simpozijumu svetskih psihologa na tom polju, koji upravo treba da se održi. Bez dvoumljenja sam produžio svoj boravak u Holivudu za tih nekoliko dana.

Govorilo je dvadesetak psihologa, psihijatara u svetu čuvenih regresionista iz Amerike, Evrope i Azije. Ja sam bio jedini u dvorani koji je u pozadini mudro ćutao i pažljivo slušao sa beležnicom u rukama. Mada su me gotovo svi njihovi izveštaji i nalazi zaprepastili, dr Klaus Šumaher iz Berna u Švajcarskoj najviše me je "potresao" svojim jedinstvenim naučnim analizama nekoliko slučajeva iz njegove bogate prakse psihoanalitičara - regresioniste. Ono o čemu nam je tom prilikom govorio, zaista se graniči sa naučnom fantastikom, pa ću to ukratko ovde prepričati.

Godine 1962. u njegov ured je došla mlada profesorka iz obližnje škole za strane jezike. Potužila mu se na košmarne snove iz kojih bi je budili strašni plameni jezici, kao i na sve

156

češće strahove od vatre ili požara koje bi videla na TV. Kada je nedavno jedan od njenih studenata slučajno u hodniku upalio opuškom papire u kanti za otpatke, ona je dobila histeričan napad. Direktor škole joj je savetovao da poseti dr Klausa koji će joj pomoći da reši svoj problem.

Psihijatar ju je, bez mnogo odugovlačenja, podvrgao regresiji. Pošto nije ništa sumnjivo otkrio iz njenog ranog detinjstva, pomislio je da joj se nije majka, kao trudnica, slučajno opekla na kakvoj kuhinjskoj vatri, jer je dokazano da se i bebe u stomaku mogu jasno "setiti" neprijatnih događaja. Ali, ni tu se nije krilo ništa dovoljno tragično što bi moglo prouzrokovati njena traumatična iskustva. Odlučio je da ide dalje, odnosno u njenu daleku prošlost, u nadi da će možda nešto pronaći u njenom prethodnom životu.

I nije se prevario. Devojka se odjednom počela prisećati svog prošlog života i opisivati iz njega prilično jezive događaje. Bila je mladić u tom životu, vrlo usamljen i povučen, kojem su roditelji, inače bogate zanatlije, savetovali da se zakaluđeri i ostatak života posveti Bogu. Mada se to dogodilo u srednjevekovnoj Nemačkoj, mladi kaluđer se uskoro obreo u severnoj Italiji gde su ga poslali na novu dužnost. Pošto je bio veoma učen čovek i govorio nekoliko jezika, bio je određen da pomaže u administraciji tamošnjeg odeljenja Inkvizicije. Najpre kao zapisničar sa raznih "saslušanja" od kojih mu se izvrtala utroba, jer nije mogao podneti prizore mučenja nedužnih žrtava od kojih je samo traženo da priznaju da sarađuju sa đavolom! Ukoliko ne bi priznali, umirali su na strašnim mukama, a ukoliko bi podlegli, spaljivali su ih na lomačama!

Ali, kao da se sam đavo zainteresovao i za mladog kaluđera. Poslali su ga jednog dana u obližnji zamak nekog plemića po crkvenom poslu. Tamo se mladić slučajno suočio sa divnom mladom devojkom, daljom rođakom tog plemića kod kojeg je živela nakon smrti svojih roditelja. Rodila se ljubav na prvi pogled, kojoj su podlegli i mladić i devojka. Sastajali su se na tajnim mestima dok se njihovi, u početku sramežljivi pogledi ne rasplamsaše u pravi ljubavni požar. Ali veštom i krajnje zabrinutom plemiću to ne promače, pa ih poče tajno uhoditi sa jednim slugom. Kada upadoše za mladima u obližnju pećinu, naiđoše tamo na krajnje čudnu scenu. Nasred pećine, na slamnom ležaju prekrivenom ćebetom, ležala je potpuno naga devojka, dok je mladi kaluđer pored nje klečao, na svoju veliku sreću još uvek odeven u tamnu mantiju.

Došlo je do neprijatnog objašnjavanja, iz kojeg se mladi kaluđer izvukao potpuno čist, dok je devojka imala da plati za grehe njih oboje! On je objasnio zbunjenom plemiću da su se on i njegova rođaka tajno sastajali kako bi on pokušao da iz nje "istera đavola", koji ju je u poslednje vreme opsedao i "nagovarao" na zle misli i radnje! Preplašena devojka ga je ćutke slušala, smatrajući da mladi kaluđer zna šta govori. Nije joj bilo ni na kraj pameti da on pokušava da se izvuče na njen račun. Tako je i bilo. Crkva je sasvim "pravilno" prihvatila objašnjenje svog čoveka, a devojku predala na dalju brigu svom odeljenju Inkvizicije. Kada su je doveli u katakombe za mučenje, mlada plemkinja je bez odugovlačenja "priznala" da je zaista imala veze s đavolom! Bila je toliko inteligentna da shvati da mora umreti, pa se odlučila za smrt čije će muke trajati kraće!

Dva dana kasnije, pripremili su je za javno spaljivanje. Kada joj je mladi kaluđer prišao sa raspelom u rukama, poljubila je Isusa na krstu, a njemu pljunula u lice! Dok su je vezivali za drveni stub, mladić se od nemoći tresao. Bio je preslab da prizna šta se stvarno desilo, jer bi u tom slučaju i njega spalili što je dopustio đavolu da ga na tako nešto nagovori. Kada su plameni jezici počeli da obavijaju sirotu devojku, više nije imao snage da gleda. Sa njenim prvim bolnim jaucima, srušio se na zemlju onesvešćen!

Nakon ovog užasnog iskustva, shvativši do koje mere je bio slab i grešan, mladić je napustio i samostan i Inkviziciju. Vratio se u rodnu Nemačku gde se zaposlio kod oca, modnog krojača. Nikad više nije dotakao žensko telo i umro je prilično rano, u četrdeset trećoj godini. Tu se i prekida nit sećanja mlade profesorke iz Berna.

Doktor Klaus se sada našao na muci. Ako tačno kaže svojoj pacijentkinji šta joj se u prošlosti desilo, to bi moglo na nju da ostavi suprotan efekat, odnosno da pogorša njeno psihičko stanje. Jer priznaćete, ni vi dragi čitaoče se ne bi baš slavno osećali da vam neko kaže kako ste u prošlom životu mučili i ubijali nedužne devojke! Odlučio je zato da joj ispriča uglavnom deo događaja iz kojih je prethodno pažljivo "izbrisao" njenu ličnu krivicu. Kada je mlada profesorka shvatila da se boji vatre zbog scene spaljivanja nedužne devojke na lomači, neuroza straha se zauvek izgubila. Naravno, nikad nije saznala da je ona bila krivac tog spaljivanja, od toga ju je vešto poštedeo dr Klaus. Samo je saznala da je bila kaluđer koji je prisustvovao spaljivanju na lomači!

Doktor Klaus je sad pažljivo izdvojio njen dosije među ostale koje je čuvao po strani. Odjednom mu je palo na um, da, ukoliko postoje slučajevi reinkarnacije, onda bi se moglo možda dokazati da postoje i "povratnici" koji moraju u ovom životu otplatiti svoju karmu, odnosno svoja rđava dela. Bio je to dugotrajan i strpljiv posao koji je zahtevao pre svega vreme. Pošto je izdvojio dosijea tih pacijenata, dr Klaus ih je svake godine bar jednom pozivao telefonom i tobože se raspitivao kako se osećaju i da im se slučajno nije povratila neuroza? U stvari je očekivao da čuje nešto sasvim drugo, nešto od čega se čoveku obično podiže kosa na glavi!

Kada je 1971. ponovo pozvao Institut za jezike u kojem je radila ona profesorka, sada već udata dama sa dvoje dece, dobio je obaveštenje od kojeg je izgubio moć govora. "Zar niste čuli u novinama, doktore"? - čudila se tamošnja sekretarica. "Pa gospođa V.D. je letos poginula na francuskoj rivijeri"! Kako? "Prilično strašno! Dok se sama vraćala u hotel, na autoputu je došlo do lančanog sudara u kojem je njen Folksvagen bio tako gadno spljošten između dva kamiona, da se na mestu zapalio. Naočigled užasnutih vozača koji su okolo stajali bespomoćni, profesorka je živa izgorela!"

Komentar ovom slučaju uopšte nije potreban, zar ne? Ostaje jedino pitanje, hoće li nesrećna žena na onom svetu konačno pronaći svoj "duhovni mir", i da li će nakon ovakvog strašnog "izmirenja s Bogom" steći svoje prirodno pravo na progres prema višim nivoima? Može li se iskrenim pokajanjem i pokorom čovek spasiti od sličnog "otplaćivanja" svoje krvave karme? Na ova i slična pitanja odgovoriće nama na kraju ovog poglavlja jedan bivši sveštenik, sada doktor nauka. Ali ne pre no što se pozabavimo sa još par najinteresantnijih slučajeva regresije.

GILJOTINA S DVE OŠTRICE

Ovakva sprava, naravno, ne postoji, u pitanju je simbolika koja se odnosi na naš drugi i poslednji slučaj koji u dosijeima doktora Klausa stoji pod znakom "rešen"!

U njegov ured je došla 1971, jedna mlada radnica iz Lozane, čija se neuroza sastojala od straha od sečiva! Od bilo kakvog sečiva? Ne, samo od sečiva velike elektronske mašine za sečenje papira, na kojoj je radila u jednoj poznatoj štampar- rskoj firmi! Od kako se tamo pre tri meseca zaposlila, počela je bolesno da uobražava kako će joj oštrica mašine, koju u štamparskom zanatu takođe zovu "giljotina", odseći prste, ili ruke, a noću često sanja sebe, kako se presamitila preko mašine da je popravi i kako joj ova seče glavu! Obično bi se u toku sličnih snova probudila vičući i budeći sve ukućane. Zabrinuti otac joj je savetovao da poseti kakvog dobrog psihijatra.

Pre no što će je podvrgnuti regresiji, doktor Klaus je odlučio da je poseti na radnom mestu. Došao je, sasvim naivno se raspitujući kod gazde kako mašina funkcioniše, da li je sigurna i postoje li ikakve šanse da povredi radnika? Navodno, i on je u izdavačkom poslu, pa bi želeo da kupi jednu od tih poznatih mašina. Gazda ga je prepustio poslovođi koji mu je na vrlo jasan način objasnio da ne postoji ni njamanja mogućnost da se neko povredi, jer o tome strogo vode računa dvanaest pažljivo raspoređenih foto-ćelija. Ukoliko obična muva preleti slučajno između njih, mašina stane kao ukopana. Može li se čovek slučajno presamititi ispod sečiva na drugu stranu? Ni govora. Da bi mu to i pokazao, poslovođa je sam pokušao da proturi glavu, bez uspeha, naravno. Konstruktori ove mašine su mislili na sve.

Kada su se ponovo sreli u uredu, doktor Klaus je predložio devojci da je hipnozom regresije vrati u ranu prošlost, a napomenuo joj je i mogućnost da je možda već jednom živela negde u Francuskoj pa tamo prisustvovala kakvom groznom pogubljenju giljotinom! Zabavljena ovom originalnom idejom, a i dosta je o tim slučajevima čitala, devojka je odmah pristala. Još iste večeri doktor Klaus ju je vratio unazad sto osamdeset dve godine, na početak Francuske revolucije. Radila je kao dvadesetdvogodišnja sobarica na dvoru jednog nevažnog seoskog plemića. Iz čiste ljubomore i pakosti prema gazdinoj prelepoj kćeri i kako bi sprečila njenu skoru udaju za jednog pariskog aristokratu, Žanet, kako se tada zvala, prijavila je svog gazdu štabu lokalnih "revolucionara". Pod zakletvom je optužila nesrećnog čoveka kako sarađuje sa "rojalistima" i kako je svojim očima pročitala pismo koje je uputio vladi u Parizu u kojem im se kune na lojalnost i pruža svu podršku! U opštem, masovnom ludilu revolucije, u kojem se svako svakome svetio, na brzinu je sastavljen "preki sud" od lokalnih revolucionara. Bez velikog uvida u činjenice, odlučeno je da se "zatre" svaki trag ovoj izdajničkoj porodici! I mada su pobunjenike predvodili buržuji, odlučeno je da se plemić, njegova žena, kćer i još maloletni sin pogube na giljotini! Oni, koji su o ovome tako beščasno odlučivali, dobro su znali da će imovina kažnjenih biti ubrzo među njima rasparčena.

Optuženi su već idućeg dana izvedeni na trg gde se nalazila stalno okrvavljena giljotina. Ali, pred samo pogubljenje, neko je uspeo da iz pritvora izvuče maloletnog mladića. Utoliko je bila veća i ogorčena mržnja njihovih krvnika. Dok su ih jedno po jedno izvodili na drveni podijum, Žanet ih je sa uživanjem gledala pravo u oči. Nije se onesvestila poput onog mladog kaluđera, naprotiv, kad god bi se oštro sečivo sjurilo nadole, doživljavala bi pravu ekstazu!

Ovde nije kraj naše priče. Doktor Klaus je od Žanet saznao da se ubrzo nakon pogubljenja u mestu pojavio verenik nesrećne mlade dame, raspitujući se šta se s njom desilo. U opštini su mu objasnili da dvorac ima novog vlasnika, jer su plemić i njegova porodica pogubljeni zbog izdajstva. Otkud sad to, pitao se mladi aristokrata, kad se u njega nalazi pismo u kojem mu se budući tast poverava da je simpatizer revolucije i da će je svim silama podržati!

Pošto im je na licu mesta predočeno ovo sporno pismo, a kako se mladi aristokrata nalazio u vrhovima pariske pobunjeničke elite, opštinari su se zabrinuto zagledali. Na njihovu sreću, imali su pri ruci živog i zdravog svedoka, odnosno onu sobaricu iz dvorca. Odmah je uhapšena i privedena u opštini. Pritisnuta neprijatnim dokazima, devojka se rasplakala i priznala svoje nedelo. Kako bi se bar donekle opravdali pred visokim funkcionerom iz Pariza, opštinari smesta pogubiše okrivljenu, naravno, na onoj istoj gradskoj giljotini!

Začuđena zašto je i dalje "svesna" i kako to da može videti svoju sopstvenu glavu u korpi ispod giljotine, Žanet se polako uspravila "na noge"! Zagledala se u svoje slobodne ruke, pa u obližnjeg krvnika, koji je u jednom momentu prošao "kroz nju"! Gospode, shvatila je, pa ona je upravo umrla. To joj je još više bilo jasno kada je sa užasom primetila u publici svoje tri žrtve, plemića, njegovu ženu i kćer. Samo su je ozbiljno posmatrali, onda se polako okrenuli i nekud udaljili. Tako je uskoro otkrila da je plemićkog sina spasla jedna gradska učiteljica, koja ga je ranije u dvoru privatno podučavala. Odmah su mu vraćeni njegovi posedi i dvorac.

Doktor Klaus je bezuspešno pokušavao da sazna od nje šta se nakon toga desilo. Kao i svima drugima i memorija pokojne Žanet tu se brisala! Ostao je zbunjen. Šta sad da radi? Šta da joj kaže? Ako joj ispriča istinu, bojao se da bi mlada radnica mogla lako počiniti i samoubistvo. Zato je opet pribegao već ispro-banoj tehnci prikrivanja bolnih činjenica. Ispričao joj je sve o pogubljenju plemićke porodice, ali je prećutao ostalo. Nipošto joj nije smeo dati ideju o "karmi", jer bi se devojčin život lako pretvorio u pravi pakao. Samo njemu je bilo jasno da se ovde radilo o klasičnom slučaju "vraćanja duga"!

Devojka mu se uskoro javila i na svemu zahvalila. Više se nije bojala mašine za sеćenje hartije, a izostali su i njeni košmarni snovi. Bila je potpuno izlečena. Ali ne za dugo! Kao što je i očekivao, u jesen 1975. ubrzo nakon njenog 24. rođen-dana, u novinama se pojavila užasna vest. Njegova bivša pacijentkinja je poginula! Kako? Pošto je malo zakasnila na posao, požurila je svojim Fiatom po ne baš sjajnom vremenu. Jutro je još bilo maglovito, a drum vlažan. Na njenu nesreću, upravo iza jedne nagle okuke, zaustavio se, usled kvara, teški kamion za prevoz životnih namirnica. Kada je kroz maglu ugledala njegov fosforni "trougao" za upozorenje, bilo je prekasno. Kako bi izbegla direktan sudar, mahinalno je skrenula ulevo i zajurila se na obližnju livadu. Magla joj, opet, nije dopuštala da jasno vidi veliko drvo pred sobom. Od silnog udarca ispalo joj je iz ležišta prednje staklo na čiju ivicu je poletela od inercije! Čuvši udarac vozila o drvo, vozač kamiona joj je porčao u pomoć. Ali kada je prišao mestu nesreće, bez reči se onesvestio. Sa trave ga je otvorenih očiju posmatrala odsečena devojčina glava. Zvuči grozno, zar ne?

Ne, kažu oni koji poznaju zakone karme mnogo dublje od nas običnih smrtnika. Bolje je što pre isplatiti svoja zla dela, nego živeti u "duhovnom paklu" s one strane života, često i hiljadama godina! Koliko sam ja lično razumeo, ova sirotica bi se morala vratiti još jedanput, najverovatnije u obliku muškarca kojem je ostala dužna poslednji od svojih života!

JESTE U VEĆ ŽIVELI RANIJE?

Da li vam se ikada u životu učinilo da ste već bili u nekom mestu ili objektu, mada dobro znate da ste tamo po prvi put? "Odnekud" vam je naprosto ta zgrada, slika, nameštaj, ili okolina poznata, ali se ne možete setiti otkud! Koliko puta ste se neobjašnjivo uzbudili kada biste ugledali neki egzotični ili stari kostim, instrument ili predmet koji pripadaju prošlosti? Da li vam se ikada ranije naježila koža usled slušanja kakve melodije ili pesme iz davne prošlosti? Jeste li ikada upitali sebe zašto volite baš zvuke klavira, kad nikad niste svirali? Zašto se bojite "oštrih" predmeta? Zašto po tri puta noću ustajete iz već toplog kreveta da proverite brave na vratima ili vatru u peći? Zašto se osećate skučeno i neprijatno u malom prostoru, liftu na primer? Podseća li vas on "podsvesno" na ćeliju tamnice u kojoj ste možda proveli dobar deo vašeg prošlog života? Izbegavate li "oštre" predmete zato što ste verovatno od njih poginuli u prošlom životu? Da li vas vatra užasava jer vas je već jednom ranije progutala!

Ukoliko vas ne prati ni jedno od ovakvih ili sličnih osećanja ili "neuroza", onda budite sigurni da ste u ovom svetu po prvi put! A to je dragi čitaoče, kako tvrde, veoma opasno! Jer upravo sada imate sve raspoložive šanse da se "zadužite do grla" i otpočnete svoj ciklus vraćanja u život! a kad malo bolje i mudrije razmislite o životu kao takvom, ne čini li vam se da bi on mogao da bude u stvari velika "kazna"? Nije li prepun najzamršenijih zamki, iskušenja, rizika, nedaća, sumnji, dvoumljenja, straha, stalne borbe za uspehom, hranom, ugledom, novcem, prestižom i mnogim drugim visokim ili niskim stremljenjenjima?

Jan Vlatko se rodio 1943. u jednom malom mestu istočne Evrope. U toku i posle rata, živeo je sa majkom na selu kod njenih roditelja. U školi je pošao sa sedam godina i tamo se odmah istakao izuzetnim talentom za crtanje. Ali, dok su druga deca crtala drveće, krave, kuće ili cveće, Jan je crtao isključivo unutrašnjost dvorca! Bili su to sjajno dekorisani zidovi i tavanice, sa visokim francuskim ogledalima. Na nekim od tih crteža nalazila bi se devojka u raskošnoj krinolini.

Iznenađeni učitelj je izdvojio Janove crteže i posle jednog od roditeljskih sastanaka ih pokazao njegovoj majci. Interesovao se gde je Jan video taj dvorac, i da li ga je ona možda vodila u grad gde se nalazilo nekoliko takvih građevina? Žena je i sama bila iznenađena, jer je sve vreme mislila da je mališan to video negde u školi. I kod kuće je stalno crtao dvorce i nekakvu devojku u starom kostimu!

Ali to nije moguće, bunio se Janov učitelj, pa morao ih je negde najpre videti da bi ih znao ovako lepo nacrtati! Bio je to logičan zaključak, ali se na rešenje ove misterije čekalo trideset godina!

Nakon završene osmogodišnje škole Jan je ostao da radi u svom selu kao traktorista u radnoj zadruzi. Usled slabog imovnog stanja nije mu bilo moguće da nastavi studije u gradu. Ovo je najviše bolelo Janovog starog učitelja, jer je mladić sad već crtao svoje raskošne dvorce sa preciznošću iskusnog arhitekte. Sve svoje slobodno vreme, Jan je provodio uglavnom kod kuće, praveći skice ili čitajući razne knjige koje bi opisivale život i običaje bar stotinak godina unazad! Ona devojka, u početku nejasnih crta, sada je poprimila jasne karakterne linije iskusnog slikara. Bila je to vitka plavuša bele kože, uvek u svetloplavoj duboko dekoltiranoj krinolini, sa punđom uredno složenom na vrhu Ijupke glave. Uvek bi imala na sebi skroman nakit, isti nakit! Uvek bi imala na sebi istu svetloplavu krinolinu!

Kad god bi mu se ukazala zgodna prilika, Jan bi odlazio u obližnji grad u posetu tamošnjem dvorcu. Kao opijen bi šetao po raskošnim salama i piljio u prebogato dekorisane dvorane, vraćajući se kući sa nekom neobjašnjivom tugom u srcu. Kada je njegov kolektiv odlučio 1965. da poseti obližnju Austriju, Jan im se odmah pridružio. Dobro je znao da je prepun starih dvoraca muzeja i da će to biti nezaboravna avantura. Nije ni slutio kakva! Kada su se konačno obreli u čuvenom dvorcu Marije Tereze, prekrasnoj građevini iz doba rokokoa, mladić je pomislio da će se onesvestiti od iznenadnog uzbuđenja! Otvorenih usta je piljio u raskošne zidove i lustere, pa su ga drugovi stalno morali tražiti i vući za sobom.

Uskoro se Jan potpuno izgubio u ogromnom dvorcu, po čijim je sjajnim odajama i salama koračao kao u kakvom polusnu. Niti je koga više čuo niti video. Sav se bio zaneo u razgledanju soba i salona. Tako se obreo u jednoj od balskih dvorana, u kojoj je bio smešten jedan beli instrument sličan današnjem klaviru. Za instrumentom je sedela mlada devojka nežne bele kože, obučena u raskošnu krinolinu iz 18. veka i svirala jednu tužnu melodiju iz tog vremena. Jan je već ranije primetio da su svi čuvari i ostali službenici dvorca takođe odeveni u slične kostime, valjda za razonodu i radoznalost posetilaca.

Mladić se prosto nije mogao više pomeriti iz mesta na kojem je stajao. Kao opijen je zurio u vitki beli vrat mlade devojke i slušao reske zvuke neobičnog instrumenta, koje je tada prvi put čuo - u ovom životu! Stajao je verovatno ceo sat, a onda je devojka ustala i prisutnima se graciozno naklonila, pokleknuvši kao što su to činile dame iz onog doba. Tu se njen pogled slučajno sreo sa Janovim, koji nije smogao snage čak ni da joj pljeska poput ostalih turista. Njegovo neobično zurenje ju je očigledno zbunilo, jer je naglo porumenela i udaljila se. Dvoranu su napustili i ostali, ali ne i Jan Vlatko. Stajao je kao ukopan još par minuta, posmatrajući beli čudni piano, onda se uputio k njemu kao hipnotisan. Seo je na još toplu stolicu od one devojke, netremice piljio u stare note pred sobom, prelistao ih par puta, pa počeo tiho da svira jednu popularnu melodiju za igru iz 18. veka, neku vrstu menueta. U početku je pratio note, da bi mu se uskoro zamaglile i oči i svest! Kada je nakon skoro celog sata prestao, začuo je iza sebe nečiji pljesak! Protresao je glavom i okrenuo se onako u stolici.

- Bravo! Bravo! - oduševljeno ga je hvalio jedan stariji gospodin pored kojeg je stajala ona devojka, oboje još obučeni u stare kostime. - Ovakvo muziciranje se nije čulo u ovim dvoranama sigurno već preko sto godina! Odakle ste vi, mladiću? Gde ste, za ime sveta, završili konzervatorijum?

- Konzervatorijum? - blenuo je mladić u lepu plavušu odevenu u svetloplavu krinolinu s dubokim dekolteom i uredno složenom punđom!

Mislio je da će izgubiti svest od nekog nepoznatog mu uzbuđenja. Bilo mu je potrebno par dugih minuta pre no što mu se razvezao jezik. Nemački mu nije predstavljao problem jer je odrastao u pograničnom kraju u kojem su gotovo svi poznavali taj jezik, a i deda mu je bio nemačkog porekla. U toku konverzacije koja je spontano usledila, objasnio im je da je on običan traktorista iz jednog sela u Čehoslovačkoj. Bilo im je teško da ovo poveruju. Dok im je pričao o svom životu ćutke su ga slušali. Poverio im je svoju "urođenu" sklonost za crtanje i ljubav za staru arhitekturu rokoko stila, ali ni sebi samom nije umeo da objasni otkud mu odjednom ovaj iznenadni talenat za muziku, kad nikad ranije nije čak ni seo za klavir!

Kustos muzeja, koji je verovatno jedini naslućivao o čemu se radi, s lakoćom je nagovorio Jana da ostane u Beču. Jan je bez mnogo dvoumljenja pristao. Otkako mu je majka umrla bio se još više povukao u sebe, ništa ga naročito nije vuklo natrag u selo, a najmanje zadružni crveni traktor! Dogovoreno je da Jan ostane da radi za dvorac-muzej kao pijanista u zapadnom krilu prostrane građevine. Život mu se tako potpuno izokrenuo za svega nekoliko časova boravka u Beču.

Kao što i pretpostavljate, Jan se ne samo na novom poslu stalno sretao sa lepom plavokosom studentkinjom muzike, već su se počeli viđati i u slobodno vreme. Mladić joj je bez mnogo uvijanja priznao da se još nije zabavljao, jer je celog života čekao da se sretne sa devojkom čije crteže joj je sramežljivo jednom pokazao. Devojka je i sama bila romantične prirode, volela staru arhitekturu i muziku, pa su uskoro pronašli ne samo zajednički jezik, već i otkrili da više ne mogu jedno bez drugog. Izabela, kako se devojka zvala, prva je predložila Janu da se oboje podvrgnu regresiji, za koju je mladi Čeh tada prvi put čuo. I stari kustos muzeja se složio da bi se dubokom hipnozom možda mogli otkriti razlozi Janovog čudnog ponašanja u ranoj mladosti, kao i njegovim neshvatljivim talentom za muziku i crtanje. Podvrgnuti su regresiji kod jednog poznatog bečkog psihoterapeuta, istog dana, ali potpuno izolovano. Kada je sredio njihove trake i papire, psihijatar ih je pozvao u ured.

Devojčina slutnja se ispostavila tačnom. Otkriveno je da su ne samo već jednom ranije živeli, već i pod istim krovom. Bilo je to u Rusiji, pred kraj osamnaestog veka. Jan je bio sin jednog velikog ruskog plemića, veoma bogatog čoveka, sa mnogim posedima i prekrasnim dvorcem u rokoko stilu! Ali na nesreću, dečaka je još kao malog spopala neka teška bolest od koje je u dvanaestoj godini ostao poluparalisan od pojasa nadole i vezan za stolicu. Bolest je na dečaka imala poražavajući efekat. Toliko se bio povukao u sebe, da više nikad nije napustio dvorac. Bilo mu je teško da se takav pojavljuje napolju, a kada bi im došli kakvi gosti, brzo su ga morali odvoziti u njegove sobe. Sve dok se jednog dana na dvoru nije pojavila jedna lepa plavokosa devojka njegovih godina. Bila je to kćer jednog očevog prijatelja koji je poginuo u ratu, pa je došla sa majkom da živi kod njih. Mladić se ludo u nju zaljubio, a i ona u njega. Kako bi mu bar malo olakšala njegovu nesreću, devojka ga je počela podučavati u sviranju na pianu. Mladić je već ranije sam razvio talenat za crtanje, nemajući šta drugo da radi. Onako vezan za stolicu, počeo je skicirati mnogobrojne sobe i dvorane poro- dičnog dvorca. Tako je mlada gošća razvila u njemu i drugu ljubav, strast za muzikom. Verovatno i u prirodnoj želji da je što pre impresionira svojim sposobnostima, mladić je usavršio sviranje na pianu do virtuoznosti. Ali baš kada su počeli smelo planirati svoju zajedničku budućnost, bez obzira na njegovu paralizu, jer prava ljubav ne zna za prepreke, mladić je u 22. godini iznenada umro! Njegova vrenica mu je do kraja života ostala odana. Nikad se nije udala, ostala je pored njegovog starog oca kojeg je takođe ispratila na onaj svet u osamdeset osmoj godini. Umrla je u pedeset šestoj godini života od neke infekcije na nozi.

Kada su obe regresije upoređene, s lakoćom se moglo ustanoviti da se tu radi o dvema istim ličnostima. Svako od njih je u detalje ispričao svoju sudbinu, pomenuo ista imena i opisao ista mesta i događaje. Šta se iz ovog slučaja može zaključiti?

U pitanju je karakteristično "odživljavanje" nesrećno prekinutog života dvoje mladih. Jer preranim odlaskom svog verenika, i mlada devojka je prestala aktivno da živi! Oni koji o našim sudbinama odlučuju s "one strane", postupili su najbolje što su mogli. Vratili su ih natrag u život, ali sto pedeset godina kasnije. Mladića, u siromašnu češku porodicu u kojoj je odrastao u siromaštvu i posleratnoj oskudici (valjda kako bi upoznao i onu drugu stranu života), a devojku u skromnu porodicu bečkog bankarskog činovnika. Izgledalo je da se u životu nikad neće sresti, zar ne? Ali, kažu poznavaoci, sudbini se ne može pobeći! Opet su se sreli, pod neverovatno jednostavnim okolnostima, u mestu se "prepoznali" i zahvaljujući regresiji potvrdili ono što su čitavog života podsvesno naslućivali. I ne samo regresija, već i njihovi talenti u ovom životu, idu u prilog teoriji o reinkarnaciji. Oboje su bili talentovani, on za crtanje,a ona za sviranje. Janovo crtanje dvoraca "samo iznutra", potvrđuje njegovu tvrdnju pod hipnozom da je ostatak života proveo unutar očevog dvorca. Najimpresivniji detalj je svakako njegovo iznenadno muziciranje na starom pianu! Kada se konačno ponovo našao u rokoko dvorcu i ugledao mladu devojku u plavoj krinolini kako svira na belom pianu, Jan se u podsvesti setio svoje prošlosti i odjednom osetio "kao kod kuće"! Više nije primetio da su turisti počeli napuštati dvorane i da se dvorac zatvara. Kao opčinjen je seo za piano i počeo "automatski" da se priseća najmilije melodije koju je valjda najčešće svirao svojoj Ijubljenoj verenici. Muzika je privukla pažnju devojke i kustosa koji su se vratili u dvoranu u kojoj je došlo do spontanog ponovnog "susreta" dvoje mladih!

A sreli su se baš u godinama u kojima su oboje umrli. On fizički, a ona duševno! Oni koji upravljaju našim sudbinama, znali su da im moraju dati još jednu šansu. Jer Jan i Izabela su se uskoro oženili i ubrzo izrodili troje dece. Njihov "drugi život" će ovog puta biti normalan i potpun!

NEBESKI KOMPJUTER

Kako dolazi do reinkarnacija i zašto? Šta ih uslovljava i ko su "više instance" koje o sudbinama tih ljudi odlučuju? Kako se to radi? Kada "duh" tačno ulazi u ljudsko telo i na koji način? Šta je to i kako izgleda "knjiga života i smrti" u kojoj je zapisan svačiji život i njegova sudbina? Može li se karma okajati i time sprečiti ponovni povratak u materijalni svet? Ima li "samokažnjavanje" ikakav značajan uticaj na otplatu naših greha? Gde prestaje "mana" a počinje "greh"? Na ova i neka druga interesantna pitanja potražio sam odgovor kod jedne vrlo originalne ličnosti.

Zovu ga Padre Gomez, jer je u mlađim danima bio katolički sveštenik. Ali da biste bolje shvatili s kim ovde imate posla, svakako vam moram ukratko objasniti komplikovanost njegove ličnosti. Po završetku teološkog koledža, mladi Gomez, inače treće koleno američkih Meksikanaca, zapopio se i odmah dobio svoju prvu parohiju. Bila je to super-nova crkva sa obližnjim petosobnim bungalovom, u čijoj se garaži presijavao najnoviji model Kadilaka! Prebogati parohijani ove prekrasne kalifornijske varošice, nisu želeli da im se novi mladi pop požali na bilo šta. Da su samo mogli naslutiti kakvu su grdnu grešku počinili!

Gospodinu Gomezu je trebalo vrlo malo vremena da ispita situaciju u okolini, i da shvati sa kakvim ljudima ima posla. Bio je to pretežno vinogradski kraj u kojem je radilo nekih tridesetak hiljada "ilegalnih" meksičkih radnika, pod više nego bednim uslovima. Spavali su gde su stigli, rađali decu nasred polja, pijani se tukli, ranjavali i ubijali zbog sitnica, a plaćeni su bili oko pet puta manje od američkih berača grožđa! Oko dolar na sat! U mestu se nalazilo i nekoliko manjih fabrika tekstila, u kojima su radile mahom mlade meksičke žene i devojke, od kojih neke stare trinaest godina! Šile su po deset do dvanaest sati na dan, za platu od dolar i po na sat! Za petnaest dolara se u Americi ne može ni ručati u boljem restoranu!

Kada ga je biskup iz San Franciska posetio nakon prvih mesec dana, postavio mu je nekoliko neprijatnih pitanja: Zašto spava u podrumskim prostorijama luksuznog bungalova, na bednom gvozdenom krevetu na rasklapanje kad su mu gore parohijani luksuzno namestili pet soba? I zašto se vozi okolinom na biciklu, kad su mu kupili onakav skupi i udobni automobil sa rashladnim uređajima?

- Ja kao sveštenik - mirno je objasnio Gomez - treba u svemu što činim da sledim primer Isusov. On je putovao na magarcu, ja na biciklu. On se rodio u štali, često spavao po šupama i starim krovinjarima, ja spavam u bezmentu (vrsta podruma). On se hranio voćem i milostinjom drugih, ja kod Mek Donaldsa. Kako mogu sebi da unajmim gazdaricu da mi kuva, kad svud oko nas hiljade žive u bedi i mizeriji, polugladni?!

Biskup ga je saslušao čvrsto stisnutih usana i uskoro otišao bez reči! Ali morao se ponovo vratiti kroz dve nedelje, na poziv uspaničenih parohijana. Ono što je tamo video, nije očima mogao da poveruje. Gomez je i dalje spavao u bezmentu, a u gornjim prostorijama bungalova se smestilo šest meksičkih porodica sa petnaestoro dece! Spavalo se na krevetima, ali i po debelim tepisima luksuzne kuće! Gomez ih je sve izdržavao od novca dobijenog za prodaju novog Kadilaka, kojeg je ispod cene, za dvadeset hiljada dolara, ponovo natrag kupio isti trgovac koji ga je prodao! Biskup se uhvatio za orošeno čelo i skljokao u stolicu crkvene kancelarije. Bio je to kraj Gomezovog imitiranja Isusa za sva vremena! Crkva ga je na mestu proglasila "nekompetentnim" i raspopila. Jeftino je prošao jer su mu parohijani oprostili gubitak Kadilaka i troškove popravke bungalova, koji je ostao delimično demoliran usled stanovanja onolike dece!

Gomezov konflikt sa Crkvom nije se međutim na tome završio. On je samostalno nastavio da obilazi jadne i bolesne, i dalje insistirajući da sveštenik mora kopirati Hrista, a u tom mukotrpnom poslu uskoro su mu pomogli i drugi ljudi koji su kao on mislili, čak protestantske i Jevrejske vere! U bednom narodu ilegalno okupljenom oko bogatih krajeva Kalifornije, ostao je do danas poznat kao Padre Gomez (otac Gomez), mada više nije sveštenik. U međuvremenu se ozbiljno posvetio nauci i postao doktor psihologije i religije. Ovaj vrsni poznavalac ljudske duše, a bavio se i nekim stvarima koje Crkva striktno zabranjuje, sa oduševljenjem je pristao da se sa mnom sastane u toku priprema snimanja filma "Planeta Žena" u kojem sam bio scenarista i scenograf.

- Doktor Sefer mi je o vama ispričao bajke i kaže da ste Isus u farmerkama! - kažem mu dok se rukujemo.

- Doktor Sefer je jedan fini i ljubazni naučnik - ograđuje se preplanuli Padre Gomez - a što se mene tiče ja nisam vredan ni Isusovog pogleda!

- A ja imam utisak, gospodine, da vas On sve vreme vrlo pažljivo posmatra!

Tačno takav je bio naš prvi susret. Ukratko sam izneo gospodinu Gomezu moju teoriju o paralelnom svetu, kao i nameru da o tome napišem jednu popularnu knjigu. Zapeo sam kod reinkarnacija i potrebna mi je njegova stručna pomoć.

- Šta vas interesuje?

- Kako vi shvatate "knjigu života i smrti" o kojoj se govori u romanu "Priča o karmi", odnosno na koji način se vrši odabiranje "povratnika" u ovaj život?

- Oni, očigledno, imaju neku vrstu "nebeskog kompjutera" u koji su uneti podaci o svakom rođenom čoveku na ovoj planeti. Pored tačnog časa njegovog rođenja, tamo je zapisan njegov ceo život, kao i okolnosti pod kojima je prekinut. Kada čovek umre i pređe u paralelni svet, tamo mu puštaju kratak "film" njegovog života, podsećaju ga na dobre ili loše trenutke koje je imao. On sam mora tamo zaključiti da li je sposoban za dalji progres, ili se mora vratiti na "doškolovavanje"!

- Na šta bi mogao ličiti taj "nebeski kompjuter"?

- To je verovatno neki sistem povezan sa položajem nebeskih tela u našoj galaksiji.

- Mislite na neku vrstu astrološkog kalendara?

- Ne doslovno - ograđuje se Padre Gomez. - Ali pošto su nebeska tela u stalnom pokretu u odnosu na našu planetu i razna vremena u kojima su pojedinci rođeni, to je vrlo teško naići na dva bića rođena u isto vreme i u istom trenutku i na istom mestu! Čak ako su i trojke, među njima postoji vremenska razlika! Tako se pouzdano zna da je Džon rođen u 5,30 a Bob u 5,55 a Linda u 6,15!

Padre Gomez se kratko zamisli...

- Poslužimo se primerom Emilija Valdeza iz vašeg romana Priča o Karmi - nastavi Padre Gomez. - Kada je devojka povela Valdeza da pogledaju u Knjigu života i smrti - podseća me Padre Gomez - ona mu je rekla da sad moraju pronaći za njega "pogodno vozilo" natrag u ovaj svet! Kako je to uradila? Pošto je znala pod kojim uslovima je mladić ubio svoju žrtvu, devojka je morala pogledati u tu "knjigu" u kojoj su već upisani svi naši životi, prošli, sadašnji i budući, do kraja našeg vremena. Tako je tražila najpre pol, odnosno devojku, pošto je jedna od Valdezovih žrtava bila mlada žena. Ustanovila je da će se kroz određen broj godina u toj i toj zemlji, u tom i tom gradu roditi devojčica. Zatim su pristupili razgledanju životnog "filma" te buduće osobe. Tamo su otkrili šta će mlada devojka raditi i da će na kraju biti brutalno silovana i ubijena. Devojka koja je zadužena da vodi računa o Valdezovoj karmi, predlaže mu da se vrati u život kroz telo te buduće devojke, jer je njena sudbina vrlo slična sudbini mlade američke novinarke koju je Valdez u Meksiku silovao i ubio!

- Polako! - molim ga ja za pauzu, jer počinje da me boli glava od nekoliko stotina pitanja koja mi odjednom naviru. - A šta će se desiti sa duhom te sirote devojke iz budućnosti?

- Ne razumete? To telo još nema duha. U pitanju je samo "video ploča" njenog telesnog života. Tek pošto je dobila od Valdeza saglasnost da pristaje, vodilja je ubeležila u "knjigu" da je "vozilo", odnosno devojčino telo - zauzeto. Ovo je učinila iz praktičnog razloga da bi drugi znali da će to telo biti okupirano! Više nije na raspolaganju! Shvatate?

- Pokušavam - trljam ja čelo. - Ostaje još neobjašnjeno šta bi se desilo sa tim telom budućnosti da ga Valdez nije rezervisao?

- Ništa! Naselio bi ga duh osobe kojoj je od početka bio "lutrijskim putem" namenjen!

Opet sam primoran da zamolim za kraću pauzu. Nije mi naime jasna "mehanika" naseljavanja tih tela budućnosti. Padre Gomez je tako primoran da se zbog vas i mene vrati nekoliko milijardi godina - unazad!

- Kada je u prvobitnom raju došlo do "pobune" i odvajanja od Boga - objašnjava mi on - svi oni koji su krenuli sa đavolom pristali su, samim tim, da budu rođeni u materijalni svet. Kako ne bi došlo do "gužve" i raznih nesporazuma, svi smo izvukli neku vrstu lutrijskih brojeva. Samo Bog i njegovi anđeli su znali naše životne sudbine. U Knjizi života i smrti već su bili uneti svi brojevi i njihove sudbine. Tako je simbolični broj "1" postao Adam, odnosno prvi čovek, odnosno prvi duh koji se "uselio" u jedno od tela čovekolike životinje. Tako su neki od nas postali vojnici, neki se rodili kao budući lopovi, neki kao kraljevi i tako dalje. Iz istorije vidimo da su mnogi kraljevi, pape, prinčevi i drugi ljudi "visoka roda" bili u stvari pravi kriminalci. To je zato što smo mi svi odmetnici od Boga, odnosno đavolovi sledbenici. Da smo bili bolji i pametniji, ostali bismo pored Boga. Kao što su nekada kriminalce iseljavali na deleki kontinent Australije, tako je Bog iselio nas u ovaj materijalni svet.

- Znači, mi nemamo nikakva prava da se žalimo na našu sadašnju sudbinu, zar ne?

- Pririodno da nemamo, pa to je u stvari tačno ono što smo hteli kada smo sa đavolom pošli. Pre nego nas je otpustio, Bog nam je ostavio "slobodu volje". Zato se nikad ne meša u naše ljudske probleme. Mi nemamo prava ni da zucnemo!

- U redu - shvatam ja. - Znači, kada je Valdez rezervisao telo te buduće žrtve, duh kojem je ono bilo dodeljeno na toj "pra-lutriji", pomera se za jedan broj?

- Konačno ste shvatili - hvali me Padre Gomez. - Taj originalan duh nema šta da izgubi, jer je upravo "za dlaku" izbegao užasnoj sudbini. Zahvaljujući momku zvanom Valdez, naravno. Pošto je Valdez pristao da umre strašnom smrću umesto njega, ovaj će postati sledeći broj, ko zna ko i šta. Možda će završiti kao mlada učiteljica u nekom planskom selu i doživeti penziju u 65. godini. Njoj je to svejedno jer nema pojma o svojoj sudbini. Rizik života i smrti je deo našeg ispaštanja od kako smo pošli sa đavolom. Ponekad kada pomislim do koje mere smo mi nemoćni, dođe mi da od muke glasno zakukam!

Oboje ćutimo nekoliko dugih trenutaka.

- Znači - vraćam se ja problemu - kada se Valdez u budućnosti ponovo rodio, ali sada kao devojčica u tom gradu, on pojma nema ko je i zbog čega je?

- Onog momenta kada se rodimo, odnosno naš duh zaokupi naše novo telo, sva naša memorija se "briše" - objašnjava mi moj sagovornik. - Dvadeset i osam godina će ta devojka živeti, i tek pošto je ponovo umrla, povratila joj se sva izgubljena memorija. Tek pošto su joj ispalili metak u glavu i ona konačno napustila svoje izmučeno telo, setila se da je ona u stvari bivši Valdez! Kao što znamo, trebalo mu je dugo vremena da se duhovno opet pripremi za novi nesrećni život i nasilan kraj. Iz romana Karma se vidi da nije dovoljno samo vratiti život osobe koju ste ubili, već da se mora trpeti, patiti, mučiti, školovati se, boriti za progres, odnosno da se mora odživeti sve ono što smo prekinuli oduzimanjem nečijeg života. Kako bismo inače shvatili sav besmisao i užas greha koji smo počinili? Čovek othrani dete, školuje ga, vaspitava ga, zavoli ga, planira njegovu budućnost, raduje se njegovom uspehu ill napretku u karijeri, onda jednog dana čuje da mu je kćerku brutalno silovao i zadavio neki obesni momak, neka budala koja ne zna šta će sa sobom od nerazumnog gneva i dosade!

- Pa ipak - napominjem ja - kažu da se svega jedan od sto ljudi vraća u ponovni život. Kako vi to vidite?

- Većina ljudi živi mirnim i koliko-toliko pristojnim životom. Istina, tu i tamo se naljutimo, ponekad pozelenimo od zavisti ili mržnje, ali se većina nas i postidi i odmah pokaje. Brzo shvatimo, da je taj i taj uspeo jer je bio vredniji ili sposobniji od nas, ili naprosto mudriji. Retki su oni koji tuđ uspeh ne mogu lako da "prežive". Takvi često pribegavaju nasilju. Skloni su da prebiju čoveka jer im je ispred nosa ugrabio lepu devojku, ili mu zapale kuću jer je lepša od njihove. To su vrlo ozbiljni prekršaji i velik greh. Već zbog takvih stvari se mora vraćati, patiti i teško otplaćivati. Na sreću, takvih budala je svega jedan od sto.

- Sta se dešava s ostalima?

- Pošto svako ima prava samo na jedan "normalan" život, većina nas kada pređe na onu stranu - čeka!

- Šta čekamo?

- Kraj vremena! Tada će, kažu, doći do suda. Svako će biti nagrađen prema zaslugama. Bog će od onih "kojima je najviše dao najviše i tražiti". Znate li šta to znači?

Odmahujem glavom a on objašnjava:

- Pretpostavimo da ste izvukli "broj" koji će u ovom životu

biti kralj! Bože, kakva fantastična mogućnost da se pomogne hiljadama gladnih, jadnih i nemoćnih! Ali, umesto da se brine o dobrobiti svog naroda, ovaj se duh toliko opije vlašću i toliko zanese bogaćenjem i raznim rasipnim proslavama, da još više osiromaši svoju kraljevinu! I tako, umesto da gradi siromašnima stanove, nepismenima škole, putnicima puteve i železnice, ovaj počne da krade sopstvenu zemlju i da trpa u trezore silna bogatstva oduzeta od svog naroda! Takvog će Bog sigurno pitati "Šta si učinio s vlašću i novcem koje sam ti dao"?

- Znači "blago siromašnima duhom, jer je njihovo carstvo nebesko"! - zaključujem ja drugom frazom iz Biblije.

- To je vrlo zamršena fraza! - upozorava me Padre Gomez u kojem se budi bivši sveštenik. - Tu se nipošto ne misli na "mentalno zaostale" duhove! Tu se misli na one prostodušne milione ljudi koji su došli na ovaj svet bez velikih talenata ili misaonih sposobnosti. Jer visoko inteligentni ljudi vrlo često moralno posrnu usled prevelikog znanja koje im je dato.

- Poput naučnika koji su oslobodili nuklearnu energiju? - pokušavam ja da nagađam.

- Pa... mislim da će nekima od tih ljudi biti tamo neprijatno. Ne zato što su je otkrili, već zato što su je na pogrešan način i kroz pogrešne ruke oslobodili! Ja sam apsolutno uveren da hiljade drugih civilizacija takođe poseduju nuklearnu energiju, ali je ona za njih kao što je ugalj nekada bio nama! Običan izvor energije. Samo mi ljudi koristimo tu užasnu snagu za uzajamnu pretnju i eventualno samouništenje!

Vraćam pogled na malu listu u rukama...

- I umrli i "zamrli" pričaju o nekakvim naknadnim "nivoima" na koje se treba popeti ako se želi vratiti Bogu. Šta ste vi naučili o tome?

- Mislim da se tu radi o progresiji čiste svesti. Kada čovek umre, on ima dve mogućnosti. Da ostane gde je, odnosno u stanju stagnacije, ili da nastavi da se nadgrađuje. To može na nekoliko načina: nastavlja da pomaže onima koji umiru i nastavlja dobra dela koja je činio i u životu. Objašnjava im gde su, pomaže im da shvate da su još uvek živi, ili ih uči kako da nastave dalje... Zatim, pošto se dokazao na tom poslu, šalju ga na "viši nivo", odnosno drugi posle smrti. Tamo još više uči i odande ga još mogu vratiti ako treba u ovaj život! Ne za kaznu, naravno, nego kako bi svojom genijalnošću pomagao masama na zemlji. To bi mogao biti neki veliki naučnik, umetnik, pisac, muzičar, bilo kakav talenat koji "duhovno oplemenjuje"! Ja lično mislim da je Isus bio jedan od takvih genijalnih mudraca filozofa i da je svojevoljno došao na zemlju!

- Vi, dakle, verujete da "ultra-genijalni" umovi dolaze sa tih viših nivoa?

- Najverovatnije. Zatim, što se više odlazi, to se dobijaju veća i odgovornija zaduženja. Apsolutno sam uveren da su supersvesni duhovi poput Isusa, Gandija, ili majke Tereze bili poslani sa tih "viših nivoa"! Ali s obzirom na nizak nivo naše svesti, njihov je zadatak užasno težak.

- Zašto smatrate da smo tako niske svesti, a već smo lično ili pomoću satelita ispitali sva obližnja nebeska tela našeg sunčanog sistema!

- Za poslednjih 10.000 godina mi nismo duhovno u suštini napredovali ni za jedan palac! Još se ubijamo kada ne možemo da se sporazumemo! U početku smo se probadali kamenim kopljima, a sada se probadamo olovnim kuglama! U poređenju sa nekim super-civilizacijama, za koje sam uveren da postoje, mi smo, verovatno, jedva prepitomljene životinje! Samo da vas podsetim na pojave masovnih ubica poput užasnog Henri Li Lukasa. Valdez iz romana Karma, pravo je nevinašce u poređenju sa ovim groznim čovekom!

Ovde moram da za naše čitaoce ukratko iznesem slučaj masovnog ubice Henrija Li Lukasa, nedavno otkrivenog u Sjedinjenim Državama i to na krajnje neobičan način. Uhapšen je u Ostinu, savezna država Teksas, zbog nošenja neregistrovanog revolvera. I dok je tako čekao u lokalnom zatvoru na suđenje, Lukasu se, prema sopstvenim rečima, odjednom u uglu ćelije prikazala neka "prilika od čiste svetlosti"! Mislio je da sanja, ali mu se ta prilika obratila glasom koji je samo on čuo i naredila mu da prizna sve svoje zločine! Lukas je odmah pozvao šerifa i zatržio da da izjavu. Došao je zapisničar i on je počeo da priča kako je po USA i Kanadi pobio oko tri stotine i šezdeset ljudi i žena. Mislili su da im se ruga, ali je svejedno pozvana federalna policija koja je sa više pažnje saslušala Lukasa i počela da poredi njegove grozne opise sa nerešenim slučajevima raznih ubistava. Bili su zaprepašćeni, jer se Lukas prisećao detalja sa velikom jasnoćom. Trudio se da se seti svake žrtve i mesta na kojem je zločin izvršen. Do sada je verifikovano dvesta šezdeset zločina, od toga dvadeset osam izvršenih u Kanadi! Lukasovo priznanje je potreslo američku javnost, naročito izjava u pogledu verske sekte kojoj je pripadao.

- Da - potvrđuje Padre Gomez - u pitanju je grupa Ijudi koji sebe smatraju Sataninim izvršiocima i nazivaju se "Ruke Smrti"! Pošto je đavolov cilj da uništi što više duša, oni su to činili u njegovo ime. Lukas je ispričao istražnoj komisiji da je on "običan" član sa ne baš zavidnim rekordom, jer poznaje neke članove sekte koji su pobili svojim rukama i po hiljadu i više nedužnih osoba, uglavnom mlađih Ijudi na koje su nailazili duž auto-puteva. Obično bi ih povezli sobom, a onda pod pretnjom oružja izvodili u neki usputni šumarak i naprosto ubijali metkom u potiljak. Devojke bi prethodno silovali, a izgleda da su neke silovane i nakon ubistva. Možete li, dakle, zamisliti mrak i užas jednog takvog uma, odnosno duše? Šta mislite kakva "karma" čeka jednog Lukasa ili njegove prijatelje?

- Kako objašnjavate iznenadno Lukasovo priznanje?

- Mislim da mu se mora verovati kad govori o izne-nadnoj prikazi Isusa, jer on smatra da je ta osoba od svetlosti bila Isus.

Rečeno mu je da sad mora prestati sa svojim nerazumnim zločinima i sve ih priznati. On se izgleda konačno ozbiljno uplašio i smesta sve priznao. A da mu se ta prikaza nije pričinila, bio bi uslovno pušten iz zatvora kroz nedelju dana!

- Ipak - priznajem Padre Gomezu - ukoliko zaista karma kao takva postoji, ne čini li vam se da je to najužasnija igra života i smrti?

- Oni koji su za života "smrt sejali", neka budu spremni i da je "žanju"! - mudro mi odgovara moj sagovornik. Oni koji su sejali bedu i nesreću, neka na njih budu spremni kada dođe njihovo vreme! I u našoj dimenziji se za sve što želimo mora prethodno platiti. Za hleb, benzin, stan, zabavu, piće! Da bi se "kupio" život večni, mora se prethodno mnogo trpeti. Zato što nam je bio poklonjen, ali smo ga bacili Bogu u lice!

Postavljam mu poslednje pitanje:

- Kada i kako smatrate da dolazi do "useljavanja" duše u novorođenče?

- Znam o tome verovatno isto koliko i vi. Iz onoga što sam naučio od drugih, verujem da duh može "opsesti" novo telo pre no što bebi potpuno izraste mozak pomoću kojeg duša operiše mehanizmom tela. A to znači u toku nekoliko nedelja. Jer srce izrasta prvo, ali ono je, ne zaboravimo, samo obična pumpa, koja snabdeva telo gorivom. Duh se ne može naseliti u srcu, već mora da se smesti unutar mozga. Pošto je mozak neka vrsta biološkog kompjutera, duhu je lako da se njime služi iz centra, odnosno neposredne blizine.

- Da li to, ukoliko sam vas pravilno razumeo, znači da bi se u doglednoj budućnosti duhovi mogli početi "useljavati" i u neke vrlo savršene mehaničke kompjutere?

- Uzeli ste mi tu misao iz usta! Gotovo sam uveren da će u skoroj budućnosti iz jedne od takvih IBM mašina "progovoriti" duh nekog pokojnika! Ali ne zaboravimo, to mora da bude zaista savršena mašina, gotovo identična ljudskom mozgu!

- Znači u nekim super-civilizacijama takve stvari već postoje, zar ne?

- Apsolutno sam uveren da se kod njih "storniraju" memorije i znanja velikih naučnika i genijalnih duhova u slične mašine iz kojih prema potrebi pomažu drugima da reše tekuće probleme.

- Pošto je tok našeg razgovora pošao iznenada u pravcu kojem nema kraja, pokušavam da se zaustavim odmah tu:

- Imate li na kraju neku poruku za moje čitaoce?

- Imam... Ako ikada naiđu putem na usamljnog mrava i primete ga, neka ga nipošto ne zgaze! Ako uvide da moraju zbog toga čak i nogu da izganu, neka je radije izganu! Neka je ako treba i polome, samo neka ga namerno ne zgaze! Neka pomisle da postoji ozbiljna mogućnost da će im jednog dana negde u nepoznatoj budućnosti neko zatražiti da ponovo stvore tog mrava. Ja sam grubo izračunao da bi nam uz svu današnju tehnologiju i naučna sredstva i znanja, trebalo najmanje 10.000 godina da ponovo rekreiramo i stvorimo jednu tako prostu životinjicu!

Još ćemo se u sledećem poglavlju sresti sa ovim interesantnim "svecem u farmericama".

ISTORIJSKI PREGLED

Čini se da je čovek još od svog "postanka" verovao u paralelni svet i mogućnosti preseljenja duša iz jednog fizičkog oblika u drugi. O ovome nam ne svedoči samo najranija pisana istorija, već i ona "crtana"!

Još je pračovek crtao životinje po kamenim zidovima svojih primitivnih boravišta, a onda bi ispred njih izvodio neku vrstu religioznih igara, izvinjavajući se time "dušama" pobijenih životinja. Ispod tih primitivnih crteža prinošeni su razni pokloni, jer se verovalo da su duše pobijenih životinja prešle preko smrti u crteže!

Prastara plemena američkih Indijanaca su takođe oduvek verovala da se duša nakon smrti seli u "večna lovišta"! Eskimi sa Grenlanda i danas veruju da je čovek sačinjen od svog tela, duše i imena. Kada telo umre, duša se seli u neku drugu formu, a ime prelazi na novorođeno dete! Zagrobni život je bio poznat i starim plemenima Inka, Maležana, Papuanaca i urođenicima sa Fidžija i Bornea.

Libanski Druzi, Bengalci i mnogi Burmanci veruju u ponovno rođenje posle smrti, kao i mnoga afrička plemena poput Mandinga, Zulu, Joruba i Bantu. Poznato je da su još osnivači prastarog Egipta polagali svoje mrtve u grobove - u delovima! Kako bi ih sprečili da se "vrate", odsecali bi im glave i udove. Time su ih "primoravali" da ostanu na "drugoj strani"!

Kasnije, Egipćani iz faraonskog doba nastavili su ovo verovanje svojih praotaca i počeli uz mrtva tela da ostavljaju i lične stvari pokojnika, čak i hranu. Bili su čvrsto uvereni da će time olakšati duši umrloga dalju egzistenciju u onom životu. Kasnije je došlo do čuvenih balsamovanja tela, sve iz želje da se i ono očuva za budući "život iza smrti"! Egipatski su sveštenici takođe verovali u specijalne duhovne "voditelje" koji s one strane života čekaju na čovekovu dušu i pomažu joj da pređe iz ove dimenzije u drugu!

Usledile su istočne religije poput Hinduizma i Brahmanizma, koje su propovedale reinkarnaciju kao sredstvo da se iz "nižih nivoa" postepeno pređe u "više duhovne sfere"! Siki, koji su se izdvojili iz Hindu grupe i poprimili nešto od Islama, takođe veruju da se pomoću učestalih reinkarnacija duša "filtrira" i usavršava dok ne postane dovoljno dobra i čista za konačan "put u večnost"! Buda, koji je svoju doktrinu ubrzo proširio iz Indije u Kinu, Burmu, Japan, Tibet i Jugoistočnu Aziju, učio je da ne postoji mogućnost da se naša zla dela izbegnu, već ih se moramo odricati ili ih otplaćivati kroz bolne i duge periode reinkarnacije. Ovo traje sve dok se duša ne nađe u takozvanom stanju nirvane, odnosno ravnodušnosti. Ovo stanje nastupa nakon stečene mudrosti, a ovu stičemo uzastopnim iskusfvom iz ranijih života! Ulaskom u stanje nirvane, duša se konačno oslobađa svih neprijatnih veza s materijalnim svetom i tek tada je sposobna za prelazak u više duhovne sfere! Odnosno, za ponovni povratak Bogu, kako smatraju hrišćani.

Grčki filozofi poput Platona verovali su da su sve stvari (na svetu) posledica ideje o idealnoj formi, koja je sama po sebi privremena i samo služi u ovom svetu za prenos znanja i ideja s generacije na generaciju! Znači, kad prestane postojanje sveta, u nama će ostati ideje o njemu i idealnim formama koje smo kroz život saznali ili upoznali. Aristotel je takođe verovao u reinkarnaciju, ali je, za razliku od svog slavnog učitelja, imao sopstvenu teoriju o ulozi duše u materijalnom svetu.

Stari Jevreji su verovali u seljenje duša iz tela u telo, o čemu se naročito počelo govorkati nakon Isusovog rođenja. Mnogi su, naime, smatrali da je Isus ne samo obistinjenje ranijih proročanstava, već da je on, u stvari, "inkarnacija" nekog od starih Jevrejskih proroka-mudraca! Sam Isus je jednom upitao svoje apostole: "Šta kaže narod, ko sam, u stvari, ja"? Nakon Isusove smrti i "vaskrsnuća" staro verovanje u besmrtnost duše još više je učvršćeno. A ne zaboravimo da je Isus stalno govorio i podsećao svoje sledbenike da će se "uskoro vratiti"! Na šta je drugo time mislio, nego na sopstvenu reinkarnaciju?

Do koje mere je verovanje u reinkarnaciju bilo rasprostranjeno, najbolje nam svedoče mere poduzete od strane Drugog Svetog Sinoda u Konstantinopolju. Već taj drugi savet je bio bojkotovan od strane rimskog Pape, zbog nesuglasica oko "krojenja" budućeg izgleda Biblije. Tako je Sinod bio primoran i da oštro osudi verovanje u reinkarnaciju duša, a oni koji budu u takvu "monstruoznost" i dalje verovali, biće anatemisani! Svi tekstovi iz Starog i Novog Zaveta koji su se na reinkarnaciju odnosili, tada su izbačeni, zajedno sa mnogim drugim važnim informacijama iz Isusovog ranijeg života. Tako je došlo da današnjih "praznina" u Bibliji, koje su za crkvu mnogo opasnije nego da je unutra ostavljena prava istina! Pošto se već tada, očigledno, rađala ideja o budućem rimskom Carstvu, crkvenim je ocima onog vremena bilo neobično stalo da Isusa "internacionalizuju", kako bi svoje ideje lakše "prodali" širom sveta! Kako bi se omalovažile ideje učenja ostalih svetskih religija, potenciran je Isusov "međunarodni" karakter. Tako saznajemo da je Isusa poslao lično Bog, kako bi spasao ostali "bezverni i krivo zavedeni svet"! Stvarana je Imperija koja će imati isključiv monopol na hrišćanstvo - dve hiljade godina!

Pa ipak, uprkos strašnim anatemama, bilo je "otpadnika" baš unutar tog hrišćanskog tela. Tako je Sveti Augustin, rimski kaluđer, čvrsto verovao i propovedao besmrtnost duše i njeno "seljenje" prema potrebi. Završio je u Engleskoj po kojoj je obraćao tamošnja plemena u hrišćanstvo, postavši 601. godine prvi Arhibiskup od Konteberije. Verovanje u reinkarnaciju duša povratilo se u srednjem veku. Među teolozima onog vremena koji su verovali i propagirali seljenje duša iz tela u telo, nalazili su se Sv. Francis, irski kaluđer Johans Skotus i dominikanski kaluđer Tomas Kapinela.

Sa srednjim vekom prestaje i period "verovanja", a počinje period "pojava" reinkarnacija. Da se samo podsetimo na Dalaj Lamu koji se potvrđeno vratio u ovaj život - četrnaest puta i Svet je, čini se, po prvi put bio uzdrman i zapanjen pojavom čuvenog "Infanta iz Libeka" u Nemačkoj. Dete je, kažu, progovorilo već nakon nekoliko časova posle rođenja! Sa prvom godinom starosti, već je poznavao sve glavnije događaje iz Starog Zaveta! U drugoj godini znao je uglavnom celu Bibliju i sve glavne događaje iz dotadanje istorije sveta! Sa navršetkom treće, pored nemačkog govorio je i latinski i francuski. Za "čudo od deteta" je čuo i danski kralj koji je poželeo da ga vidi na svom dvoru. Dete je u četvrtoj predvidelo sopstvenu smrt, što se i obistinilo. Samo jedno objašnjenje postoji za ovakve slučajeve: nečiji vrlo učen i obdaren duh našao se u telu nemačkog deteta ali su prilikom porođaja popustile "veze" između njegove ranije memoriie i sadašnjosti i dete se naprosto počelo sećati svog ranijeg akumuliranog znanja!

Otprilike u isto vreme u Francuskoj se rodio mali Žan Kardiak. Već sa tri meseca starosti poznavao je celu azbuku, sa godinu dana je govrio francuski, sa dve je naučio latinski, sa tri engleski a sa četiri je već dobro vladao grčkim i jevrejskim! Pre no što je umro u sedmoj, takođe je ovladao sa nekoliko umetničkih veština.

Čovek se na kraju mora upitati zašto su još naši praroditelji, a posle njih čitave generacije, verovali u život posle smrti odnosno u besmrtnost duše? Oni koji ovu materiju poznaju malo bolje od nas, tvrde da je to prirodno, jer su još prvi duhovi preneli u podsvesti svoju memoriju iz paralelnog sveta i mada nejasno, "znali" su da je život kao takav, u stvari, neprekidna nit svesti. Njihova urođena pretpostavka danas sve više dobija naučnu formu koju su sramežljivo nazvali - parapsihologija! Zašto se stidimo našeg "božanskog" porekla, pitaju ovi naučni umovi? Zašto se još uvek odričemo Boga kao našeg tvorca? Dokle ćemo izigravati prkosnu nadurenu decu koja nisu u stanju da priznaju "glupost" počinjenu u prapočetku?

SVEDOČENJA
"ZAMRLIH"

ŠTA JE TO „SMRT"?

Smrt je kraj čovekovog postojanja u ovoj dimenziji. Najbliži pojam "smrti" osetili su oni bolesnici koji su se našli onesvešćeni narkozom. A oni pojedinci koji nisu to iskusili, neka se samo sete "stanja" u kojem su bili pre svog rođenja! To je, kao što vidite, jedna vrlo prosta definicija iza koje nema više ničeg, jer, iza smrti nema ničeg, kako tvrde ateisti. S medicinskog gledišta to je prekid svih fizioloških funkcija. Svest postaje trentno ništavilo a telo počinje da se raspada u prah i pepeo. Da li je to baš tako? Jesmo li baš sigurni da je to kraj? Izgleda da nismo, jer je pre tri godine formirano jedno visoko naučno udruženje koje čini dve stotine pedeset zapadnih psihijatara, psihologa, fiziologa i kardiologa, s jednom jedinom svrhom: da se ispita ima li ili nema osnove verovanju da je nama poznata fizička smrt samo "sredstvo" pomoću kojeg se ponovo vraćamo u jedan drugi, sa nama paralelni, višedimenzionalni sistem!

Na osnovu pažljivo prikupljenih i duplo proverenih svedočenja hiljadu pet stotina "zamrlih" osoba iz svih krajeva takozvane zapadne hemisfere, ovi naučnici su došli do sledećeg generalnog zaključka:

"Klinička smrt je redak fenomen neuspelog odvajanja duha od tela!"

To znači da većina bolesnika umire brzo i "bespovratno"

jer su im se prilikom umiranja potpuno prekinule "veze" duha sa telom! A kada se to desi, duh se više nikad ne može vratiti u bivše telo ili ga "opsesti". Tu je kraj. Telo odvoze na groblje, a duh prelazi u "paralelni svet", nama još nepoznatu i neispitanu dimenziju.

Na pitanje novinara kako su došli do ovako jednostranog tumačenja ovih fenomena, predstavnik ove visoko specijalizovane naučne grupe je odgovorio: "Prihvatili smo svedočenja zamrlih na isti način i sa istom ozbiljnošću na koji bi ih prihvatio i svaki zemaljski sud! Jer, kada se na sudu pojavi hiljadu pet stotina svedoka koji tvrde da su videli i čuli to i to, mora im se poverovati, zar ne?"

Ovi su naučnici poverovali svim tim bivšim pacijentima koji su se nekim čudom "vratili iz mrtvih" i na osnovu čijih svedočenja su stvorili sliku onoga što se sa njima zbivalo u tim kritičnim trenucima između života i smrti. Bez obzira na starost, pol, versko uverenje ili nivo obrazovanja, svi ovi zamrli pacijenti opisali su jedno te isto iskustvo sa neznatnim varijacijama:

"Čovek umire... Pošto je dostigao tačku najvećeg fizičkog i psihičkog stresa, odjednom jasno čuje svog lekara kako ga tužnim glasom proglašava - mrtvim! Umirući počinje da čuje bučnu zvonjavu i tome sličnu neprijatnu buku... Istovremeno mu se čini da nekud propada... Juri strelovitom brzinom kroz neku vrstu tamnog tunela... Odjednom se nalazi van svog bivšeg tela koje posmatra iz ugla sobe ili sa tavanice... Više nije uzbuđen, naprotiv, sa neopisivim duhovnim olakšanjem on mirno posmatra neuspele pokušaje lekara i osoblja da ga vrate u život... Uskoro primećuje da mu prilaze bivši (pokojni) rođaci koji mu se blago smeše... Tu se nalazi i famozno "biće od svetlosti" koje hrišćani - pacijenti odmah identifikuju sa osobom Isusa! Ovo "super-biće" ga pita o proteklom životu i da li se oseća potpunim... Ova se konverzacija uvek vrši pomoću "misli", odnosno nekim univerzalnim jezikom, a često se umirućem "prikazuje" i neka vrsta filma iz njegovog života. Ove slike protiču munjevito, ali ih je pacijent svestan jer se odnose na dobre ili loše periode njegovog života. Ukoliko oni sa druge strane zaključe da umirući još nije spreman za smrt, vraćaju ga natrag i on se odjednom ponovo nađe u svom telu. Pored kreveta ugleda svog lekara, bolničarke i eventualno članove svoje uže porodice!"

Interesantno, zar ne? A sada ćemo, dragi čitaoci, i za vas ovde navesti nekoliko najinteresantnijih slučajeva iz ovog obimnog dosijea, kako biste i vi sami mogli doći do sopstvenog zaključka ili rešenja.

Edvin Broker se kasno vraćao u svoj njujorški hotel. Mirno je prošao kroz osvetljeni hol, dobacio nešto pospanom portiru i bez ikakvog predosećaja ušao u otvoren ali mračan lift koji ga je spreman čekao. Sijalice u liftovima često pregore, ali je zato jasno svetlela kontrolna tabla s brojevima spratova. Pre no što je Edvin uspeo da pritisne dugme, osetio je snažan ubod nožem u predelu srca, od čega je na mestu izgubio svest... Bandit koji mu je nakon toga uzeo novčanik sa pedeset dolara, mirno je sišao stepeništem i neometan izašao iz hotela.

"Probudila me je neprijatna zvonjava ili nekakvo metalno kloparanje", pričao je kasnije. "Ugledao sam iznad sebe reflektore hirurške sale... Shvatio sam gde se nalazim, mada me ništa nije bolelo... Imao sam čudno osećanje kako se dižem i napuštam svoje fizičko telo... Postao sam neverovatno lagan... Odjednom se pored stola našao moj pokojni brat Harvi... Izvini, smešio mi se, ali te moram vratiti natrag... Sa obe ruke me je počeo pritiskivati nadole, odnosno natrag u moje telo... Još nije došlo tvoje vreme, objasnio mi je... Tu sam nekako opet izgubio svest i više se nisam povratio sve do kreveta u bolničkoj sobi. Tu su mi lekari rekli da su me već skoro otpisali!"

☒

Mel Cimerman, sobraćajni policajac iz Arizone, nalazio se tog vrelog popodneva prikriven u svom vozilu nedaleko od važne raskrsnice na međunarodnom auto-putu broj 88. Radiom su ga upozorili da zaustavi ukradeno vozilo koje će mu naići iz pravca Feniksa. U ludoj trci koja je usledila, mladi i očigledno još nedovoljno iskusni policajac je izgubio kontrolnu nad svojim automobilom. Iz sve snage je udario u drvo pored puta i izgubio svest...

"Kada sam ponovo došao sebi", tvrdi on, "nalazio sam se u grupi posmatrača. Svi smo stajali oko nekog slupanog vozila, a na zemlji je ležalo telo nekog policajca... Kada sam shvatio da sam to u stvari ja, počela je da me hvata panika. Iz sveg glasa sam počeo da "vičem", ali me niko nije čuo... Onda sam počeo da "drmusam" ljude pored sebe, ali sam s užasom shvatio da moje šake "prolaze kroz njih"! Utom je sa autoputa sišla neka mlada plavuša koja se bez razmišljanja spustila na zemlju pored mog tela i počela da me vraća u život načinom usta na usta... Čim mi je udahnula prvu količinu vazduha, počela je da me zaokuplja tama i da osećam oštar bol u glavi. Kada sam uskoro otvorio oči ugledao sam nad sobom onu istu plavu devojku, za koju se kasnije ispostavilo da je bila bolničarka".

☒

Meri Robins iz Škotske je u tridesetoj doživela srčani udar. Srušila se na pod spavaće sobe, pored ogledala pred kojim se do tada mirno češljala...

190

"Odmah po gubitku svesti, učinilo mi se da nekud propadam. Kroz neki mračan prolaz ili tunel, poput dubokog bunara. Na kraju se nazirala svetlost koja me je odjednom svu okupirala. Našla sam se pred osobom od čiste svetlosti za koju sam odmah znala da je Isus! Iza njega se prostirala prekrasna zemlja sa velikim gradom koji se presijavao kao da je bio sazdan od samih kristala. Pošla sam prema gradu, ali me je Isus (biće od svetlosti) zaustavio blagim rečima da se moram vratiti, jer bi moja još nezbrinuta deca teško patila i stradala! Osvestila sam se posle nekakvog šoka koji je potresao moje čitavo telo. Iznad sebe sam tada ugledala dvojicu službenika prve pomoći koji su me uspeli povratiti kardio-šokovima!"

U toku drugog srčanog udara koji je doživela u bolnici, Iva Santjago iz Midlenda je takođe klinički zamrla...

"Odjednom sam počela propadati kroz pod bolnice, ili mi se, bar tako učinilo. I već sam pomislila kako ću se uskoro naći u samom podrumu, kad sam se odjednom našla nasred prekrasne livade posute najlepšim cvećem! Uspravila sam se iznenađena neverovatnom lakoćom svog novog tela. Nisam znala kud da pođem i šta da uradim kad se, odjednom, iza mene stvoriše dva čoveka u nekakvim braon mantijama...Odmah sam prepoznala svog pokojnog oca i njegovog neženjenog brata. Nasmešili su mi se i objasnili da se moram vratiti uprkos želji da ostanem, jer se, inače, ne bi imao ko brinuti za moju udovicu majku! Rekli su mi da legnem natrag na travu i zaklopim oči... Kada sam ih ponovo otvorila, našla sam se na stolu odeljenja intezivne nege!"

Rita Kembel iz Lareda, gotovo se udavila kada je imala osam godina. Vežbala je da skače u svoj dvorišni bazen i pritom se onesvestila od udarca glavom o betonsku ivicu.

"Probudila sam se od neke strašne buke u ušima i odjednom ugledala svoje telo na dnu bazena. Lebdela sam nad samom površinom bazena i osećala se bestežinskom. Zainteresovano sam posmatrala svoju uzbuđenu majku i nekoliko suseda koji su me vukli napolje i pokušavali da me povrate u život", priseća se Rita, sada već majka troje dece. "Odjednom kao da me zahvatio neki strašan vakuum, nešto kao vrtlog, i počeo me usisavati... Nakon kraće nesvestice ponovo sam progledala i našla se na nekoj ledini prepunoj cveća. Oko obližnjeg velikog drveta igralo se petoro dece mojih godina. Kada su me primetili, prekinuli su svoje veselo kolo i pošli prema meni. Stajala sam zbunjena i razgledala prekrasnu okolinu. Primetila sam divno plavo nebo, kao i to da na njemu nema sunca! To mi ni danas nije jasno, jer je sve oko mene prosto isijavalo brilijantnim bojama. Utom me onaj vakuum ponovo usisao pa sam opet izgubila svest. Došla sam sebi tek u bolnici u kojoj su mi objasnili da sam tri puta zamirala tog kobnog popodneva i da su me jedva spasili!"

⏳

Marta Johans iz Amsterdama takođe je doživela priču za sebe. Jednog kišnog jutra hitno su je odvezli u bolnicu na prevremeni porođaj. Ubrzo nakon carskog reza, verovatno i zbog prevelikog gubitka krvi, Marta je zapala u komu a zatim je nastupila klinička smrt! Ostala je u tom stanju gotovo deset minuta!

"Sam porođaj posmatrala sam odnekud sa plafona! Jasno sam videla kako mi iz rasečenog stomaka vade bebu. Istovremeno su primetili da se gubim i počeli da me spašavaju... Tada sam počela da tonem u neki neopisiv ambis. U ušima mi je zvonilo... Kada se sve to smirilo i zvuk izgubio, shvatila sam da sam "stigla", ali se još dugo nisam usudila da "progledam"! Konačno sam otvorila oči i ugledala pred sobom ogromna debela vrata okovana gvozdenim šinama. Iznad tih masivnih vrata, stajao je neki zapis na latinskom. Nisam razumela šta on znači. Dvoumila sam se šta da uradim, kada sam osetila nečiju blagu ruku na svom ramenu. Rečeno mi je da zatvorim oči i okrenem se u suprotnom pravcu od tih vrata. Znala sam da sam umrla i da verovatno ne smem da vidim to biće iza mene. Postupila sam kako je zahtevao i uskoro čula oko sebe uzbuđene glasove bolničkog osoblja..."

Tačno deset godina nakon ovog neprijatnog iskustva, gospođa Johans je u krugu svoje porodice posmatrala televizijski prenos božićne "ponoćne mise" iz Vatikana. Između ostalih detalja, kamere su odjednom prikazale ista ona masivna gvozdena vrata koja je ona videla u toku svog kratkog izleta "s one strane života"! Iznad vrata su prikazali isti onaj latinski naslov za koji je holandski komentator objasnio da znači "VRATA ŽIVOTA I SMRTI"!

Iz ovog se slučaja vidi da zamrla osoba nije otišla u paralelni svet poput većine ostalih, već se zadržala na ovom zemaljskom nivou, ali hiljadama kilometara daleko od svog grada! Nikakvim nama poznatim prevoznim sredstvom nije mogla otputovati do Rima i natrag za deset minuta - sem jednim! Nama nepoznatim!

⌛

Leo Martin iz Rod Ajlenda je duže bolovao. Rapidno je gubio težinu, a sa njom i apetit. Veoma je oslabio i počeo povremeno zapadati u neku vrstu kome. Obično bi ga u tim trenucima zaokupila tema ništavila, ali jednog dana se našao na čudnom mestu.

"Kao da sam pao s neba, našao sam se na divnom proplanku prekrivenom ćilimom zelene trave i grmovima poljskog cveća neopisivih boja i oblika. Nikad za života nisam video lepši predeo ni na filmu ni na slici! Zagledao sam se u plavo nebo bez oblaka jer mi se činilo kao da sam iz njega pao. Tada sam primetio da na tom plavom nebu nema sunca! Svejedno je sve blistalo od jarke svetlosti i živih boja... Stajao sam na poljskom putu pored kojeg se protezao kristalno bistar potočić. U susret mi je dolazila neka ženska prilika. Kada se sasvim približila, prepoznao sam u njoj svoju pokojnu suprugu, nedavno umrlu. Mada je imala preko 60 godina kada je umrla, ovde mi se učiniia veoma mladom i lepom, kakva je bila u ranoj mladosti. Jedino joj se duga srebrnasto seda kosa rasula po ramenima. Nikad pre tog susreta nisam video lepše stvorenje! Blago me je uhvatila za ruku i povela niz put. Tako smo neko vreme šetali, a onda se nađosmo pred malim mostom preko onog potoka. Tu smo stali i moja supruga mi je objasnila da smrt kao takva ne postoji i da nije trebalo da se toliko zbog nje sekiram. Ona je i za života znala da je iskreno volim, pa je i ovde bila mirna i spokojna. Ona se sad mora vratiti, a ja neka je ne sledim, jer još nije došlo moje vreme. Kada dođe, opet ćemo se sresti i tada ostati zajedno zauvek! Tužan sam posmatrao kako me to divno biće napušta i prelazi preko onog mesta. Na drugoj strani se još jednom okrenula i rukom mi nežno poslala "poljubac"! Tu sam istovremeno izgubio i svest. Ponovo sam došao sebi na operacionom stolu. Ali ja sam se sada osećao veoma jakim i ponovo zaljubljenim i željnim života!"

Leo Martin je poživeo još punih osam godi-na i umro u sedamdeset trećoj godini - u snu!

Među svakodnevnim pacijentima koji su iz ovog ili onog medicinskog razloga zapadali u krizu kliničke smrti, nalazila su se i neka u svetu nauke vrlo poznata i slavna imena. Doktor Karl Jung, slavni psihijatar, takođe se našao u bolnici zbog iznenadnog srčanog udara...

"Odjednom sam se našao na tako velikoj visini, sa koje sam sasvim jasno video zemaljsku kuglu! Pošto me je prošlo prvo panično osećanje, ugledao sam pred sobom neku visoku sjajnu građevinu, sličnu našim hramovima. Što sam joj se više približavao, sve više me nešto vuklo da uđem kroz visoka masivna vrata. Osećao sam da ću unutra naići na mnoga draga bića iz života i da će mi unutra odjednom postati jasne sve tajne života i smrti. Obuzelo me je neko neopisivo stanje duševnog mira i spokojstva. Učinilo mi se da sam upravo rešio sve probleme u životu! A onda me nešto povuklo "natrag" u bivše telo koje sam ugledao padajući sa visine, i u koje sam se zaleteo iz sve snage. Iznad sebe sam ugledao zabrinuto lice mog lekara... Upravo mi je stimulisao zamrlo srce injekcijom nekog jakog sredstva od kojeg sam se vratio - zemaljskoj svesti! Čini se da mi ovo baš nije prijalo, jer će proći još tri pune nedelje pre no što ću zaboraviti predivno osećanje i iskustvo koje sam imao u toku svog kratkog izleta van tela. Tri nedelje sam goreo od želje da ponovo umirem!"

Slavni francuski glumac Danijel Želen, takođe se našao u bolnici nakon srčanog udara...

"Osećao sam oštar bol u predelu srca, a onda me progutala neopisiva tama i ništavilo. Učinilo mi se da sam izašao iz sopstvenog tela. Sasvim jasno sam video lekara kako se trude oko mene, kao i ekran kardio-aparata koji je belžio sve slabije otkucaje mog srca! U panici sam pokušao da vičem, ali su mi se usta samo nemo otvarala. Istovremeno sam se osećao sve lakšim, gotovo bestelesnim! Onda sam iznad sebe ugledao kupolu divnog plavog neba i začuo prijatne zvukove ptica i razdragane dece koja su se negde igrala. Shvatio sam da sam "umro" i da se nalazim na putu u raj! Prvobitna panika me sve više napuštala, a zaokupilo me neko prijatno stanje opuštenosti i mira. Kada su me nešto kasnije povratili u život, osećao sam se razočaranim. Želeo sam da ostanem tamo gde sam pošao!"

Meri Hadson iz Tulse dovezla se do lokalne bolnice da primi injekciju penicilina protiv jake infekcije sinusa. Imala je 26 godina i nije znala da je alergična na penicilin. Odmah po ubrizgavanju leka, počela se gušiti da bi ubrzo izgubila svest...

"Počela sam nekud propadati, kao da me zahvatio neki vrtlog. Pomislila sam - umirem! Tada mi ispod zatvorenih kapaka poče bljeskati neka svetlost. Kratko sam se dvoumila da li da otvorim oči. Kada sam to konačno učinila, ugledala sam valovitu okolinu neopisive lepote. Uredna gusta trava mi se učinila slična skupocenom tepihu, a sva je bila posuta raznobojnim cvećem. Na vrhovima brežuljaka bile su divne šume. Nebo se plavilo bez oblaka i sva je okolina isijavala neviđenom lepotom boja. Znala sam, umrla sam i nalazim se u raju! Na proplanku se tada ukazalo neko biće u dugom belom plaštu koje je svetlelo jarkom žutom bojom. Isus, pomislila sam! Tada sam, kao u bunilu, začula vrisak i zapomaganja moje majke " Isuse, spasi mi dete!" Istog trena ona osoba od svetlosti je nestala, a mene je povukao onaj isti vrtlog - natrag u telo! Pored kreveta sam ugledala svoje uplakane roditelje, presrećne što me opet vide živu!"

196

Timoti Klark se nalazio u patroli u Vijetnamu kada ih je pogodila granata iz obližnjeg mino-bacača. Pobila je dvojicu njegovih drugova, a njemu raznela obe noge, desnu ruku i deo grudnog koša!

"Našao sam se kao izbačen iz tela", pričao je kasnije lekaru u vojnoj bolnici." Lepo sam video bolničare kako me stavljaju na nosila, dok su drugi skupljali raznesene delove mojih drugova i trpali ih u plastične džakove mrke boje. Pre no što su me podigli sa zemlje, pokrili su mi modro lice delom moje bluze. Znači, mrtav sam, razmišljao sam. Tada me odjednom zaslepela briljantna svetlost nepoznatog izvora. Verovatno snažni reflektori poljske bolnice na čijem operacionom stolu sam se našao. Kada sam se probudio, objasnili su mi da sam izgubio obe noge i ruku. Počeo sam da plačem... Od užasa pri pomisli da ću živeti od dvadeset druge godine kao teški invalid, a nešto i od tuge što nisam ostao na "onoj strani". Znao sam da moje telo ima dušu, jer inače kako bih sebe onako jasno video? A ako imam dušu, zaključio sam, onda smrt ne postoji!"

⊠

Franciska Bušman je došla u SAD još 1920. s roditeljima nemačkim emigrantima. Bez problema je živela četrdeset pet godina u Tampi na Floridi, sve do tog kobnog popodneva kada ju je oborio iznenadan srčani udar. Znala je da je voze u bolnicu, tamo je još čula uzbuđene glasove osoblja i očajan glas lekara: Bojim se da ćemo je izgubiti! A onda je progutalo ništavilo...

"Učinilo mi se da se smanjujem i propadam u sopstveno telo! Našla sam se u nekakvom tunelskom bezdanu kroz koji sam pojurila vrtoglavom brzinom. Odjednom me obasjala do tada neviđena svetlost. Sigurna sam da u nju očima ne bih mogla gledati, ali u onom fantastičnom stanju mi uopšte nije smetala. Scena koju sam uskoro ugledala potpuno me je smirila. Ispred mene uzdizao se nekakv neobičan grad, sav od belog mermera, sa mnoštvom visokih stubova i nebrojanim stepenicama koje su vodile u pravcu zlatom ukrašenih dveri! Polako sam prilazila podnožju tih stepenica i tamo se našla oči u oči sa svojim pokojnim roditeljima. Odmah sam ih prepoznala, a otac mi se obratio na nemačkom: "Ciska, mi znamo da ti se ovde sviđa, ali ćeš se morati vratiti natrag! Još nije došlo tvoje vreme". Istog trenutka me nešto povuklo natrag u moje telo koje je poskočilo od kardio-šoka."

Marvin Mek Milan, poštar pred penzijom, sruši se pred vratima kuće gde je trebalo da uruči preporučeno pismo. Domaćica je odmah pozvala hitnu pomoć. Na nesreću, Marvina su odvezli u bolnicu - mrtvog! Bar tako su tvrdili svi elektronski instrumenti za otkrivanje bilo kakvih znakova vitalnosti unutar mozga i tela...

"Probudio sam se na obali neke reke i zagledo u divno plavo nebo bez sunca! Nisam u prvi mah znao šta se sa mnom desilo, pa sam pomislio da sam zaspao pored obližnje reke na koju sam često vikendom odlazio na pecanje. Kad sam se uspravio primetio sam da je okolina prosto devičanski čista. Za razliku od naše gradske reke, ova je bila poput stakla. Sa druge strane uzdizao se u nebesa nekakav fantastičan grad od belog kamena ili mermera, tu i tamo ukrašen zlatom i kristalima. To se ne može opisati, a nešto slično nisam nikad video ni u jednom filmu naučne fantastike! Prišao sam malom drvenom mostu i tu seo. Pitao sam se, Bože gde li se to nalazim? Ugledao sam s druge strane grupu razdragane omladine. Igrali su se veselo vičući. Po prekrasnoj okolini šetali su stariji, o nečemu ozbiljno razgovarajući. Bože, pa ja sam umro, sinula mi je neprijatna ideja. Međutim, nisam se zbog toga osećao naročito ganut. Naprotiv, "novi svet" mi se svideo na prvi pogled. Mostu je s druge strane odjednom prišla mlada devojka neviđene lepote i nasmešila mi se: "Ako pređete ovaj most, više se nećete moći vratiti!" Samo Bog mi je svedok koliko sam želeo da pređem taj most i pridružim se onom anđeoskom biću! Čitavog života sam bio neženja i ne naročito društven čovek, ali za onom devojkom bih verovatno pošao i u sam pakao! Ali nije me, kako da kažem, "fizički" privlačila. Ne, privlačila me nekom silnom duhovnom energijom, učinilo mi se da bih mogao provesti s njom u razgovoru čitavu večnost! Kada su me na kraju ipak povratili, osetio sam jake bolove u grudnom košu i silnu želju da se ponovo vratim u onaj drugi, mnogo lepši i bolji svet!" Nije nam poznato da li je ona ista devojka sačekala Marvina MekMilana i kada je konačno umro, tri godine kasnije!

Ovo su bili neki od 1.500 registrovanih slučajeva u koje sam imao priliku da zavirim i prepričam ih za vas. Međutim, interesantno je napomenuti da nisu svi zamrli imali prijatne i "nebeske" vizije s one strane života. Gotovo po pravilu, svi oni koji su sami krivi za svoju smrt, našli su se u krajnje neprijatnoj sredini, koju mnogi od njih identifikuju sa paklom!

Elizabet Ford iz Los Anđelesa bila je mlada ambiciozna agentkinja za prodaju nekretnina. Kada je konačno u dvade-setsedmoj godini pomislila da je pronašla čoveka svog života njenoj sreći nigde nije bilo kraja. Pet dana pre venčanja u stanu je našla kratku poruku svog verenika. Objašnjavao joj je da nema srca da je prevari ali je otkrio da je ipak zaljubljen u svoju bivšu devojku sa kojom je upravo otputovao na Havaje! Elizabet je izašla iz stana, sela u svoj plavi mercedes i pojurila niz krivudavi auto-put prema dolini San Franciska. Pošto je dostigla brzinu od 120 km na čas, zaklopila je oči i zavrnula volan u desno...

"Osetila sam još izvesno vreme kako se automobil prevrće, a onda je usledio snažan udarac... Ali ja sam nekud i dalje jurila sumanutom brzinom. Nekud nadole! Kao kad ispadnete iz aviona i propadate u tamu okeana pod sobom. Odjednom se moj pad usporio, pa sam počela primećivati neku promenu oko sebe. Prvo što sam primetila bilo je odsustvo boja! Sve je bilo nekako crno-belo i maglovito. Iz te čudne magle izranjale su avetinjske glave Ijudi i žena. Otvarali su usta u nemoćnom pokušaju da nešto kažu. Neki su me pokušali dodirnuti ispruženim rukama. Uhvatila me užasna panika, pa sam i sama počela otvarati usta "vičući bez glasa"! Bože, plakala sam u sebi, oslobodi me ovog pakla! Šta sam ti učinila da me ovako kažnjavaš? Tada sam se setila da sam se upravo ubila i da ću ovde morati ostati za kaznu do kraja. Moj užas je bio toliko veliki, da se neko konačno sažalio na moje duševne vapaje i poveo me nekud za ruku... Ta me nevidljiva osoba dovela do neke bare u čiju sam se mutnu površinu zagledala. Osećala sam da ću sad tamo videti nešto od izuzetne važnosti. Odjednom se u bari, kao na nekom ekranu, ukazala slika u bojama mog bivšeg verenika i jedne lepe plavuše koja je sedela u avionu pored njega. Svaki čas bi se zaljubljeno pogledali i Ijubili... Onda se slika pretopila u prizor proplanka na kojem je sedela i razdragano se smejala jedna srećna porodica. Prepoznala sam sebe, kao i starijeg kolegu sa posla za kojeg sam znala da je potajno u mene zaljubljen. Pored nas su sedele dve devojčice. Jedna od sedam, a druga od pet godina - naše kćerke! Znala sam to, jer sam osetila da mi prikazuju budućnost koju sam zbog gluposti zauvek izgubila. Izvrnula sam oči prema tamnom svodu i počela očajno da se molim Bogu da mi oprosti. Kada sam se osvestila, pored kreveta sam ugledala svoje prebledele roditeIje i onog kolegu sa posla!"

Elizabet je shvatila poruku. Pravilno je razumela da se pokušala ubiti zbog momka koji nije bio vredan tolike njene pažnje, a odbacila je iskrenu ljubav nešto starijeg čoveka koji ju je obožavao. Čim se dovoljno oporavila, pozvala ga je na večeru i "zaprosila ga"! Kroz dve godine dobili su prvu kćerku a kada im se, posle druge dve rodila još jedna devojčica, Elizabet više nije izdržala da čuva tajnu. Ispričala je svom suprugu, a ovaj njihovom psihijatru, pa je tako njen slučaj dospeo na listu svedočenja zamrlih.

XI

Lari Vuds je bio momak prilično neobuzdanih manira. Bio je u stanju da se posvađa i potuče zbog najmanje sitnice. Naročito u pripitom stanju. Tako je došlo do neprijatnog objašnjavanja u jednom baru, nakon čega je usledila tuča. Lari i njegov drug su prosto pobesneli i poput vukova se bacili na trojicu studenata sa obližnjeg univerziteta. Dok je policija stigla, njegov drug i dva studenta ležali su na podu okrvavljenih lica! Došla je ambulanta i odvezla jednog teško povređenog mladića u bolnicu. U policijskim kolima su objasnili Lariju da onaj nema šanse da preživi. Uskoro se našao u zatvorskoj ćeliji sa glavom u rukama. Upravo je iz čistog besa ubio drugog mladog čoveka. Neprijatni događaj ga je brzo otreznio i on je počeo da shvata težinu posledica svoje radnje. Znao je da će se u najboljem slučaju naći na robiji od najmanje deset godina! lako su mu iz predostrožnosti izvukli pertle iz cipela, nisu znali da mu je leva noga obavijena podužim zavojem od nedavne povrede koju je zadobio usled pada sa motocikla. Počeo je polako da odmotava zavoj i da plete od njega trostruki konopac. Sačekao je da se stražar koji ih je nadgledao udalji i prišao malom prozoru. Popeo se na klozetsku šolju i zavezao konopac za rešetku prozora, a sebi natakao drugi kraj omče. Čini se da je zatvorenik do njega čuo njegovo krkljanje i počeo da doziva stražara...

"Pošto sam se gušio par sekundi", pričao je Lari kasnije, "počeo sam da gubim svest. Osetio sam da propadam nekud u zemlju. Jurio sam strelovitom brzinom nadole, a pored mene su propadali i neki drugi. Čudno su se kezili u mene svojim unakaženim licima. Jednom od tih tipova je curila krv iz čela, nekoj devojci je zjapila velika rana na vratu iz koje je prskala krv. Pružala je ruke prema meni, kao da želi da me uhvati za vrat. A oko nas svuda užasna tama i neka neobjašnjiva hladnoća. Kao da smo se svi vrteli u krug u nekakvoj ogromnoj pećini. Da nije to pakao o kojem su mi kao dečaku govorili? Biće da je pakao, proletelo mi je glavom, a ja sam tu jer sam se upravo ubio! Pa da, shvatio sam, svi ovi oko mene su samoubice! Bože, ako te ima, počeo sam da se molim, oprosti mi, nikad više neću podići ruku na drugog čoveka, samo me oslobodi ovog košmara!"

Policajci su uspeli da Larija vrate u život još u ćeliji pomoću masaže i veštačkog disanja. Kada se povratio, sa radošću je primio vest da će onaj mladić takođe preživeti. Sudija je imao na umu Larijevo kajanje kada ga je blago osudio na sto radnih sati u obližnjem gradskom parku! Desilo se to pre osam godina i Lari je održao obećanje koje je dao sudiji. Nikad se više nije napio, niti posvađao, a potukao se još jednom, kada je priskočio u pomoć dvojici tinejdžera koje su pokušali da na ulici opljačkaju!

Lora Di iz Toleda, nije smela da se vrati kući tog vrelog letnjeg popodneva. U torbi je imala rezultate svog školovanja, ni malo ohrabrujuće. Moraće da ponovi dvanaesti razred, ali nije znala kako to da objasni svom strogom ocu, alkoholičaru. Još je na leđima nosila modrice od poslednjeg batinanja kaišem i to više nije mogla da izdrži. Pored fizičkih bolova, još više je patila zbog sramote pred drugovima u školi. Kad god je mogla, izbegavala je svlačenje koje bi gotovo uvek otkrivalo pruge ili masnice! Nije onda čudno što se ova, inače Ijupka osamna-estogodišnja devojka na kraju odlučila da sama prekine svoj pasji život. Majku nije imala već tri godine a nastavak života sa večito pijanim i besnim ocem, činilo joj se gorim od pakla.

Na povratku kući, zaustavila se na mostu gradske reke i zagledala se u mutnu površinu. Kako bi bilo, razmišljala je, da ona jednostavno skoči i pridruži se svojoj pokojnoj majci koju je volela i koja ju je uvek štitila. Pošto nije znala da pliva učinilo joj se to jednostavnim rešenjem. Pogledala je levo, pa desno, i kada se uverila da nikog nema na pustom putu, spustila je lagano torbu pored gvozdene ograde, izula svoje plitke cipele, prekrstila se i zamolila Boga da joj oprosti i pomogne, pa zatvorila oči. Odlučila je čvrsto da ih nikad više ne otvori, jer u ovom svetu nije znala ni za šta dobro ili lepo. Malo je tako stajala, onda se presamitila i pala.

"U početku sam držala pred sobom čvrsto prekrštene ruke i gutala vodu širom otvorenih usta. Ali me nedostatak vazduha i urođen instinkt za održavanjem života ubrzo nateraše da ispru-žim obe ruke naviše i pokušam mlataranjem da se spasem. U jednom trenutku sam i otvorila oči, ali mi se plavetnilo vedrog neba ubrzo zamaglilo od prljave vode i nesvesti... Počela sam da osećam klonulost i čudan mir. Činilo mi se da sam tonu teška. I ruke i noge postale su mi poput gvozdenih poluga. Obavila me neopisiva tama. Znala sam da umirem, ili sam već mrtva. Puno sam čitala o životu nakon smrti, naročito posle-dnjih meseci od kako sam odlučila da umrem. Valjda sam zato očekivala da ću odmah po umiranju ugledati s druge strane svoju pokojnu majku. Ali umesto nje, kroz tamu ništavila ukazalo mi se jedno neobično lepo lice nekog mladića. Nasmešio mi se i pozvao me blagim pokretom ruke da ga sledim. Aha, pomislila sam, to je anđeo došao da me odvede do moje majke. Sledila sam ga na taj način što smo oboje plovili lebdeći kroz taj ambis ništavila. Počeo me iznenada spopadati strah. Zašto nigde nema svetlosti o kojoj sam toliko čitala? Šta je sa "bićem od svetlosti" koje se ukazuje umirućima? Nije mi ni na kraj pameti bilo da sam upravo izvršila strašan greh - ubila sam devojku u cvetu mladosti! Onaj se odjednom kao okrenuo da vidi pratim li ga, pa sam krajnje zabrinuta primetila da mu se u početku prelepo lice sada počelo nekako menjati. Više ne samo da nije bio prijatan, izgledao mi je stravično ružan! Isuse, kriknula sam u sebi bespomoćno, da nije to đavo došao po mene? Kao da je upravo razumeo moju misao onaj se okrete i isceri u mene svojim unakaženim licem. Nisam tako groznu priliku videla ni u najjeftinijim filmovima strave i užasa! Da, bio je to sam đavo, ili bar neko od njegovih najbližih "saradnika"! Tek tada sam shvatila svu težinu svoje pogrešne odluke i radnje. Bila sam kriva za svoje sopstveno ubistvo. Odvodili su me u "pakao" da me muče i kažnjavaju. Najstra-šnija od svega je bila moja neizreciva nemoć. Kao namagne-tisana sam lebdela za tim tipom, a on se cerio... Upali smo tako u neki košmar, u doslovnom smislu reči. Oko nas su lebdela tela drugih nesrećnika sličnih meni, lica ispijenih, bledih ili tamnih, svi kao da su bili posuti pepelom. Samo su im se crnele očne duplje i otvarala usta iz kojih su navirali krici ili mumlanje. Svi smo se tu vrteli u očajanju. Ta neću valjda, razmišljala sam, ostati ovde do kraja veka? Oh, bože, počela sam da prizivam tvorca, postoji li ikakva mogućnost da mi pomogneš? Molila sam ga da mi podari još samo jednu šansu, mada mi nije bilo jasno kako! I tada, kao da me neka džinovska ruka povukla snažno unazad, neki vakuum me ponovo "usisao" u moje mokro izmučeno telo..."

Kada je ponovo otvorila svoje smeđe oči, Lora se zagle-dala u nekog čoveka nagnutog iznad sebe. Zakašljala se od vode koja joj je poletela iz pluća i okrenula se u stranu. Onaj ju je dohvatio oko pojasa i tako presamićenu držao dok nije izbacila svu vodu. Bio je to jedan sredovečni farmer koji je na povratku kući iz grada svratio da ispod mosta okuša pecarošku sreću. Lora ga nije mogla primetiti, jer je sedeo ispod samog luka, krijući se u senci od prejakog sunca. Saslušavši tužnu Lorinu priču, blago ju je prekorio i rekao da pored njenog nevaljalog oca, ima i drugih dobrih ljudi kojima se trebala obratiti za pomoć. Pošto je upravo bila navršila osamnaest godina, poveo ju je na svoju farmu gde je živeo sa ženom.

VANTELESNA ISKUSTVA

Naučnici koji su pažljivo studirali svedočenja osoba koje su tvrdile da su izašle is svog tela, naišli su na izvesne podudarnosti iz kojih su izveli sledeće zaključke:

1. Enegrija svesti, odnosno duh, napušta fizičko telo.

2. Osoba se oseća lakom, smirenom i srećnom.

3. Dok jedni lebde iznad svog kreveta, druge uvlači tamni tunel.

4. Pošto se nađu s druge strane, zamrle tamo čekaju poznata lica pokojnih rođaka ili prijatrelja, ili "biće od svetlosti".

5. Objašnjava im se da još nije došlo njihovo vreme i da se moraju vratiti natrag.

6. Sledi obratna procedura vraćanja u telo i gotovo redovno tuga za "onim svetom".

Sve je to lepo i zvuči zabavno, reći će skeptici, ali činjenica je da se još niko nije vratio iz mrtvih da nam to posvedoči. Ovo je takođe tačno, ali samo delimično. Jer pored svedočenja zamrlih, u svetu su postojali i postoje pojedinci kojima uspeva da napuste svoja tela u toku kome ili dubokog sna. O ovim fenomenima, prvi su nam posvedočili biblijski proroci poput

Isaije, Danijela, Ezekije i kasnije Jovana. Svi oni su videli delove naše budućnosti u svojim čuvenim vizijama. Oni nam svi govore o dubokom snu ili transu u koji su zapali, a zatim se "u duhu" našli van svojih tela kako bi videli stvari koje kao obični smrtnici nisu bili u stanju da vide ili doznaju.

Danas nam je, iz istorije poznato, da su svoja tela slično napuštali i drugi vidovnjaci i proroci, a smatra se da je i čuveni italijanski pesnik Dante Aligjeri imao na sličan način uvid u paralelni svet, čiju nam je geografiju i duhovnu konstrukciju onako pedantno i slikovito opisao u svom remek-delu Božanska komedija. Dante tvrdi da ga je kroz pakao i čistilište vodio pokojni rimski pesnik Virgilije, a kroz više sfere raja, njegova voljena Beatris Portinari, koju je za života obožavao, mada su njihovi odnosi ostali i do danas misterija.

Dante je dakle, bio prvi koji nam je slikovito opisao šta nas čeka posle fizičke smrti. Pakao one kojima nema spasa, poput ubojica, zločinaca i onih koji su te zločine naređivali, odobravali, ili blagoslovili, čistilište čeka one koji su bili lakomi, ljubomorni, zlobni, ili se radovali tuđoj nesreći, a one najčistije duše očigledno čekaju rajski predeli neviđene lepote.

Bez obzira da li je Dante zaista u snu posetio svet koji nam opisuje, on se mudro pridržavao i crkvenih dogmi onog vremena, odnosno biblijski opisanih predela i mesta. Dante maštavito dodaje svojoj verziji pakla sav užas i mučenje kroz koje grešna duša mora zauvek prolaziti, a onda nam opisuje iskušenja onih u čistilištu, koji se čak ni tamo, posle smrti, nisu opredelili na čiju će stranu, Božju ili vražju! Vrhunac njegove poeme je ulazak duševno pročišćenih vernika kroz "zlatna vrata raja", odnosno u neposrednu blizinu našeg zajedničkog tvorca, gospoda Boga.

Danteu je takođe dobro poznato, da se mora strogo pridržavati teorija ondašnje crkve, jer su sve one koji bi tvrdili suprotno, Inkvizitori odvodili na lomače! Ali i pored svih

crkvenih cenzura i ličnog straha, pesnik je uspeo na smrt pre-
plašiti mase svojih bezbožnih savremenika. Istovremeno je ulio
nadu u spas onima koji su grešili, a učvrstio veru kod onih
pravednih i potlačenih, da ih posle ovog teškog i nepravednog
života očekuje božanska nagrada u obliku bezbrižnog i večnog
života.

KATARINA BENEDIKT

Za ovo što ćete uskoro čitati, znalo je svega desetak osoba
i nekoliko mojih izdavača. Punih 27 godina nije mi bilo dozvo-
ljeno da objavim pravo ime osobe koja se u prvim izdanjima
krila pod fiktivnim imenom "Ketrin Benet". Nešto iz urođene
skromnosti, a više iz uverenja da se osobe odabrane od Boga i
obdarene specijalnim sposobnostima ne smeju koristiti svojim
imenom u propagandne ili komercijalne svrhe, Katarina je
zahtevala da se njeno pravo ime promeni. Međutim sve više
izdavača je insistiralo da se konačno objavi njeno pravo ime,
jer čitaoci više veruju svedočenjima autentičnih osoba.

Katarina Juratović, kako se pre udaje zvala, rođena je
1947. u malom Hrvatskom selu nedaleko Ludbrega. Još dok je
bila mala, roditelji su joj se preselili u Ludbreg, gde je njen
otac, mehaničar, otvorio radionu. Katarina je tamo završila
osnovnu školu a gimnaziju i učiteljsku akademiju u Varaždinu i
Čakovcu. Još od rane mladosti, a i kasnije kao mlada devojka,
bila je veoma stidljiva i povučena u sebe. Imala je neki čudan,
neobjašnjiv osećaj bliskosti sa prirodom i životinjama. Osećala
je kao da Božji duh zrači iz svega što je stvorio. U toku čestih
šetnji po okolini, uvek joj se činilo da joj šum krošnji drveća,
žubor malog potoka, ili cvrkut veselih ptica žele nešto reći.
Naučila je da sluša žamor prirode. Naročito veliku ljubav je
razvila prema cveću. Često bi mu se u mislima obraćala i

divila, osećajući da je ono sluša. I mada okružena komunističkim ateizmom i službenom teorijom "slučajnog" stvaranja sveta, Katarina nije izgubila veru u Boga.

Posle završetka Pedagoške akademije, dobila je svoje prvo mesto učiteljice u zagorskom selu Bisagu. Tamo je ostala učeći niže razrede punih osam godina. Sva uveravanja njenih roditelja i bliskih prjatelja da je vreme da se uda, jer je već napunila 29 godina, ostala su bez uspeha. Ljubazno je odbijala i momke i prosce i provodažije. U teškim časovima samoće, sećala se svoje pokojne bake koja joj je često govorila: "Ono što je suđeno, nije izgubljeno"! I tu počinje tipičan dokaz ove narodne poslovice.

U istom gradu gde su živeli Katarinini roditelji, živeo je i moj ujak, Luka Lazić, takođe mehaničar. Kada se njen zabrinuti otac 1976. požalio svom drugu, odnosno mom ujaku, ovaj mu je otkrio da i on ima jednog "problematičnog" sestrića u Kanadi koji nikako da se oženi i sredi. Pun nade, Katarinin otac je pohitao u njenu školu i rekao joj da bi Lukin sestrić iz Kanade želeo s njom da se dopisuje. Ona ga je mirno saslušala i pristala bez uobičajenog otpora.

Posle nekoliko meseci prepiske, u toku koje su izmenjena 72 pisma, Katarina je u leto 1977. odletela u Kanadu. Došla je u privatnu posetu svom budućem suprugu, odnosno meni, kako bi bolje upoznala i mene i moju teško bolesnu majku sa kojom sam ovde živeo. Samo tri nedelje kasnije, Katarina i ja smo se venčali u Torontu.

Ja sam i do danas ostao čvrsto uveren da je samo "proviđenje" moglo izvesti ovu zamršenu operaciju našeg upoznavanja, zbližavanja i trenutne ljubavi. Shvativši da se njen sin konačno usrećio, moja majka je smirena preminula nekoliko meseci kasnije. I te noći počinje u stvari, istorija Katarininih neverovatnih izleta iz tela. Do tada osoba bez ikakvih primetnih znakova bilo kakvih paranormalnih osobina, Katarina se preobrazila doslovno preko noći.

Oko četiri sata ujutro 13. aprila 1978. Katarina je doživela svoj prvi susret sa "onom stranom". Ležeći u krevetu na leđima, odjednom je otvorila oči i zagledala se u sobni luster na plafonu. Dok je tako ležeći razmišljala ko ga je i zašto upalio, iz mračnog hodnika je začula nečije korake. Iznenađena se uspravila u sedeći položaj. Na vratima spavaće sobe pojavila se njena svekrva, odnosno moja majka. Ovo je bilo prilično nemoguće, jer su moju majku praktično nepomičnu odvozili dva puta nedeljno na dijalizu kolima hitne pomoći. Kako je odjednom mogla prohodati? Noseći buket cveća u ruci, moja majka je prišla krevetu.

- Donela sam ti ovo cveće jer dobro znam koliko ga voliš, i iz zahvalnosti što si o meni onako nesebično brinula.

- Ali mama, - mucala je zapanjena Katarina, - zar vi noćas niste u bolnici na dijalizi? I od kad ste prohodali, kad jedva možete sedeti?

Moja majka položi buket ruža na krevet, pa se i sama lagano spusti na njegovu ivicu.

- Znaš, - blago je posmatrala svoju snahu, - prosto ne znam kako ovo da ti objasnim, ali ja više nisam među vama živima. Upravo sam izdahnula u bolnici, inače te ne bih mogla posetiti.

Katarinu obli hladan znoj. Ona spusti pogled na onaj buket u koji se pažljivije zagleda. Primetila je kako prek-rasne ruže zrače duginim bojama, koje kao da su isijavale "iznutra". Nije ih se usudila dodirnuti.

- Još jednom ti na svemu hvala - nastavi bolesnica, - puno si mi pomogla svojim čitanjem i pričanjem o Bogu i drugom svetu. Osećala sam da ću uskoro umreti, i priznajem, počela sam se brinuti. Ali zahvaljujući tvojim rečima utehe i tvojim savetima, odmah sam se snašla i shvatila da sam prešla na "onu stranu". A pomogao mi je mnogo i moj pokojni muž, Savo, koji me je dočekao pored kreveta. Čim sam ga ugledala, shvatila sam da sam prešla na onu stranu.

Te iste noći pojavila se i meni u snu i poverila mi kako je umrla toliko žedna, da je na putu k nama naišla na flašu piva i iskapila je.

Pošto se utvara ponovno izgubila u mračnom hodniku, Katarini se učinilo da je za trenutak izgubila svest. Pala je iz sedećeg položaja natrag na jastuk na kojem se istovre-meno trgnula i probudila. Širom otvorenih očiju, zagle-dala se u luster osvetljene sobe, onda je spustila pogled na širom otvo-rena vrata mračnog hodnika. Ovo joj je bilo dovoljno. Ispustila je prigušen vrisak i uplašena me potresla za rame.

Ispričala mi je o svom čudnom "snu", a ja njoj o mom. Odmah smo proverili vreme na satu, bilo je prošlo pet sati ujutro. Ostali smo sedeći u krevetu, razgovarajući i nagađajući što bi to moglo značiti i ko je to mogao otvoriti vrata i upaliti sobno svetlo? Onog divnog buketa ruža, naravno, više nije bilo na krevetu. Sedeli smo tako sve do sedam ujutro, kada nas iz razgovora trže rezak zvuk telefona na noćnom ormariću. Bila je to dežurna bolničarka, koja me je tužnim glasom obavestila, da je moja majka izdahnula toga jutra tačno u pet sati!

⧗

Apsolutno ništo neobično se nije dogodilo punih godinu dana. Katarina je rodila devojčicu Aleksandru i mi smo nasta-vili svojim svakodnevnim radom.

U proleće 1979. otišli smo sa malom ćerkicom na odmor i u posetu njenim roditeljima u Hrvatsku. Jedne od tih toplih letnjih noći, Katarina je doživela svoj, prvi izlet iz tela, a koji ju je prilično potresao. U sred noći, tačnije posle ponoći, odjed-nom ju je spopao čudan osećaj bestežinskog stanja. Učinilo joj se kao da lebdi iznad samog kreveta. A onda, pre no što se snašla i shvatila o čemu se radi, poletela je najpre kroz plafon sobe, a zatim i kroz krov kuće, kao izbačena nekakvim snažnim kata-pultom. Odjednom je jasno videla sjaj zvezda i meseca, a po licu je osetila strujanje ledenog vazduha. Jednog momenta joj se učinilo da joj je neki veliki avion proleteo ispred nosa. Onako sa visine okrenula se licem prema dole, i sa užasom zagledala u ulične svetiljke malog grada duboko ispod sebe. Tog trenutka se veoma uplašila i istom takvom brzinom se sjurila natrag u svoje telo. Ležala je kao paralisana nekoliko trenutaka, a kada je došla sebi probudila me je.

- Ovog trenutka sam pala sa neba! - rekla mi je drh-tavim glasom žene koja je upravo preživela šok.

Onda je uzela moje šake i pritisla ih na svoje lice. Bilo je ledeno od hladnoće. Dokaz da se nalazila tako visoko da je od autosugestije ohladila svoje celo telo!

Moja supruga, koja je sebe smatrala normalnom osobom prosečnih duhovnih mogućnosti, veoma se zabrinula zbog iznenadne pojave svog neobičnog "talenta".

Katarina nije dugo čekala na njen sledeći izlet iz tela. Svega dva meseca nakon povratka u Toronto, ponovo se probudila u sred noći. Pored kreveta je stajala moja poko-jna majka, prijateljski joj se smešeći.

- Ne brini, zlato - odmah ju je umirila. - Došla sam da te odvedem i pokažem ti neke stvari koje treba da znaš.

- Lepo izgledate - hvalila ju je Katarina, onako iz kreveta.

- Ah, to ti je čudna priča - odmahnu pokojnica rukom. - Bila sam toliko izmučena bolešću i tegobama, da su me još dugo držali u bolnici u kojoj sam izdahnula i tamo me lečili. Znaš, i ovde postoje neke vrste prihvatilišta za one "proble-matične slučajeve". Mene su i dalje lečili od bubrega, a one osakaćene ili iskomadane u nesrećama šiju i krpe. Kažu, to je zbog naše "autosugestije" sa kojom mnogi prelaze na ovu stranu. Tako oni koji umru bolesni, i ovde su još neko vreme bolesni. Pođi sad sa mnom. Videćeš neviđeno!

Katarina prihvati njenu pruženu ruku i oseti kako je hladna. Uspravila se u krevetu, a zatim i ustala. Pošle su prema hodniku kod kojeg se Katarina zaustavi i okrete da nešto proveri. Na krevetu iza nje, ležala su nepomično njeno i moje telo, a u drugom uglu je mirno spavala naša mala ćerkica. Tek pošto se uverila da smo svi u redu, prepustila se svojoj svekrvi.

Našle su se u nekoj zemlji Zapadne Evrope. Katarina od silnog uzbuđenja nije pitala u kojoj zemlji se nalaze, ali je tako zaključila po arhitekturi okoline. Moja majka joj je objasnila da će sada prisustvovati buđenju jednog čoveka koji tamo u paralelnom svetu leži kao mrtav već nekoliko decenija. Došle su do jednog velikog dvorca, na čijem krovu je nepomičan ležao neki vojni pilot iz drugog svetskog rata, a čiji padobran se zakačio za jedan od dimnjaka. Katarina je imala osećaj da je iskočio iz aviona i bio ubijen neprijateljskim rafalom sa zemlje.

Čovek se odjednom poćeo buditi, ne znajući što mu se desilo. Usplahireno se zagledao u Katarinu i zamolio je "mentalnim putem" da mu pomogne. Ova ga je uputila u pravcu jednog svetlećeg prolaza koji se odnekud pored njih ukazao. Pokojnik je zamoli da pođe sa njim kako bi bio sigurniji. Katarina mu objasni da mu ne može uslišiti želju, jer se inače ne bi mogla vratiti u svoje telo. Pokojnik se lagano upitio u pokazanom pravcu i uskoro nestao u svetlećem tunelu, a Katarina se posle toga naglo probudila u krevetu. Ležala je na leđima i dugo se nije mogla pokrenuti.

⧗

Jedne druge noći, našla se u koloni ljudi koji su prolazili putem kroz neki polumračan predeo tmurnog izgleda. Na jednom brdašcu primetila je starijeg čoveka obučenog u dugačku halju sličnu onima iz vremena apostola. Držao je govor povećoj grupi ljudi. Tu je začula iza sebe glas svog "vodiča":

- Taj čovek je pomogao da se spasi preko milion duša.

Katarina nije nikad videla svoje vodiče, ali je uvek osećala njihovo psrisustvo i čula glasove. Kad god je izlazila iz tela, neko ju je pratio za slučaj nužde. Ova se uskoro ukazala kada stigoše do stepenastog ulaza u neko podzemlje. Tamo je svakom iz kolone ponuđena jedna tamno-plava ruža da je pomiriše. Ova ruža je za razliku od onih koje zrače miris, "upijala u sebe". Ljudi bi je pomirisali i nastavili da silaze. Ruža im je oduzela svaku volju i učinila ih poluživim zombima. Kad je Katarina došla na red, uzela je i pomirisala ružu. Odmah je osetila kako gubi svest. U tom mementu začula je nečiji uzbuden glas kako viče:

- Katarina je u opasnosti!

Neko joj je brzo istrgao ružu iz ruke i ona se povratila svesti. Začula je svog vodiča kako se nekom zahvaljuje:

- Sam dragi Bog te je poslao!

Po tome je zaključila da joj nisu na vreme istrgli onu opojnu ružu, više se ne bi mogla vratiti u svoje telo. Nas-tavila je da silazi tim stepeništem i uskoro se našla pred velikim pećinskim otvorom. Unutra je videla mnoštvo "ispijenih" ljudskih glava koje su lebdele oko nje slično dečjim balonima. Bile su ugašenih beživotnih očiju, a iz otvorenih usnih duplji čulo se samo jezivo ječanje. Dugo nije mogla zaboraviti tu groznu duševnu beznadežnost.

Kasnije smo na osnovu ove njene neprijatne epizode zaključili da đavo crpi "duhovnu enegriju" izgubljenih duša, kako bi produžio sopstvenu egzistenciju. Odjednom nam je postalo jasnije zašto se đavo i njegovi demoni trude da prikupe što više grešnih duša.

Sledeći put Katarina se našla u jednoj povećoj čekaonici. Znala je da se nalazi u paralelnom svetu, jer je uvek svega bila svesna. U čekaonici se nalazila samo jedna vrlo lepa žena koja ju je podsećala na neku filmsku glumicu ne stariju od tridesetak godina. Pored fizičke lepote, iz žene je zračila i neka duhovna smirenost i dob-rota. Imala je lepe usne i tamno-plavu kosu začešljanu u punđu. Nosila je krem bluzu sa "V" izrezom i dugim rukavima i svetloplavu građansku suknju do kolena.

- Da li me poznaješ? - upitala je Katarinu.

Ova je odmahnula glavom.

- Ja sam tvoja bivša svekrva.

- Mama?! - nije Katarina mogla doći sebi. - Pa kako je moguće da ste tako mladi?!

- Na ovom nivou deca rastu do tridesete, a stariji pravednici se podmlađuju unazad do istog godišta.

Dok su pričale, napolju počeše da pristižu grupe ljudi i žena. Moja "majka" izađe iz čekaonice da ih dočeka i nekud povede. Novopridošli se postrojiše u kolonu po četvero u redu, pa im se i Katarina na kraju radoznalo pridruži. Ispred nje je koračao neki mladić sa velikom trubom na leđima, a pored nje žena koja se tiho jadala Katarini šta će joj Bog reći, jer je imala nekoliko abortusa. Išli su tako putem kroz šumu i uskoro se našli na zelenom proplanku obasjanom suncem. U daljini se videla bela kućica okružena travom i poljskim cvećem. Katarini je neko "mentalno" objasnio da u kući žive muž i žena i da on još uvek misli da je teško bolestan. Žena mu pomaže da se što brže oslobodi svoje "bolesne" auto-sugestije.

Na putu ih je čekalo vozilo slično starom autobusu. Vozač je sedeo za volanom, a moja "majka" je stajala na ulazu i raspoređivala putnike po sedištima. I Katarina poželi da uđe sa njima, ali joj neko zatvori vrata bukvalno ispred nosa. Ona se uhvatila za obe ručice od vrata, odlučna da se vozi na ulaznoj papuči autobusa. Utom se otvorio prozor i onaj momak sa trubom poče da udara Katarinu po rukama sa svojim sjajnim instrumentom.

- Pomrli ste, a još uvek ste ostali tako pogani! – protestvovala je Katarina razočarano.

Kada je njena "svekrva" videla da ova ne popušta, otvorila je vrata i sišla napolje.

- Moraš se vratiti, - reče joj blagim glasom. - Tvoji bi bili jako tužni za tobom.

Tog momenta, neka sila ju je povukla natrag u njeno telo u kojem se probudila. Na osnovu ovog njenog "izleta" i razgovora sa mojom majkom, zaključili smo da se na onoj strani stariji pravednici podmlađuju, a deca odrastaju do "tridesete" godine, jer moja majka je umrla u 67. godini života. Katarina je takođe primetila da iz "duhovno čistih" osoba zrači neobična fizička lepota. Ja sam ova njena zapažanja kasnije iskoristio u budućem romanu Grešnica u raju.

Ovde treba dodati da Katarini nije bilo dozvoljeno ulaziti u razne autobuse, avione, ili vozove. Uvek joj je bilo objašnjeno da njen "novac" nije dobar, ili da nema ispravan "pasoš", ili joj je dat neki slični razlog. Iz ovog smo zaključili da se "tamo" ne sme ulaziti u izvesna vozila kojima putuju pokojni. Da je to uradila, prekinula bi "nit" sa ovom dimenzijom i zauvek ostala u onoj drugoj. Ovo iskustvo nema nikakve veze sa "snovima" nas običnih ljudi!

Nekoliko godina kasnije, moja majka se pojavila Katarini poslednji put. Došla je da se oprosti od nas i rekla joj da sada odlazi na viši nivo odakle bi joj bilo veoma teško da silazi u ovu najnižu, materijalnu dimenziju.

- Mama - zamolila ju je Katarina - molim vas dajte mi pre nego odete neki jasan znak da nisam sve ovo sanjala, nego sam zaista bila u paralelnom svetu.

215

- Kad ugledaš sliku tvog brata Vlade preko celog neba - poruči joj moja majka - onda ćeš znati da nisi sanjala!

Ova poruka je bila vrlo zagonetna i u nju nam je bilo teško poverovati. Jer "zašto" bi se slika njenog brata pojavila po celom nebu?! Zvučalo je krajnje fantastično. Pune tri godine smo *lomili moyak* šta ta kodirana poruka znači, a onda nam se Katarinin brat u pismu pohvalio da je u Ludbregu bila ekipa TV Zagreba da ga intervjuiše u vezi njegovog izuma bicikla na baterije. Dakle TV slika mu se "pojavila preko celog neba"! Oboje smo se ohladili od iznenadne jeze, jer smo se setili zagonetnih reči moje majke. Bio je to "dokaz" da moja supruga nije sve to sanjala, nego je zaista boravila "na onoj strani"!

⌛

Još prilično neiskusna i nesvesna zbog čega je počela da napušta svoje telo, Katarina je uskoro doživela i vrlo neprijatan događaj na onoj strani. Bilo joj je vrlo simbolično prikazano kako se niko ne može koristiti Božjim darom u "sebične" ili "privatne" svrhe. Ovo joj se dogodilo 1989. za vreme snimanja našeg trećeg kanadskog filma "Priča s groblja". Jedne noći se našla u podnožju visoke planine. Planina je bila vrlo strma, a na njenom vrhu je ugledala Isusov uklesan lik. Kada se popela do tog mesta, upitala je kako će proći naš novi film na tržištu? Bila je zabrinuta jer smo u taj projekat uložili poveći deo lične imovine. Samo što je to upitala, bila je velikom silom zbačena sa vrha natrag u podnožje planine. Uplašena je upitala gde je pogrešila? Odozgo je začula glas koji joj je odgovorio:

- *Oni koji rade za Boga, rade to iz ljubavi za Njega, a ne iz ličnog interesa!*

Shvativši svoju grešku, spustila se na kolena i zamolila Boga za oproštaj. Opet je nešto prenelo na vrh planine gde joj je objašnjeno da joj tajna planine i Isusovog lika neće biti te

216

noći otkrivena, jer još nije došlo vreme. Vreme Čega? Njene duhovne zrelosti, ili kraja čovekove egzistenčije na zemlji?

※

U toku sledećeg izleta u paralelnu dimenziju, Katarina se našla na brdovitom kamenom terenu. Odjednom je ugledala kako se zemlja ispred nje raspukla i čula snažan muški glas:

„Reci ljudima da se poprave, jer nemaju puno vremena"!

Upozorena onim što je videla i čula s one strane, Katarina je poželela da češće silazi u taj očajni podsvet. Molila se Bogu da joj omogući da pomaže pokajnicima i onima bez nade. Ovo joj je uskoro bilo omogućeno. Ko god je bio zadužen za njene vantelesne izlete, čuo je njene molbe i ubrzo je otpočela serija njenih izleta u najniže nivoe. Propala je jedne noći duboko u podzemlje naše planete, u svet bede koji se prostirao unutar nekih ogromnih podzemnih pećina i prolaza prirodnog porekla. Ovde su umesto "bistrih rečica" vijugale reke usijane lave, a kameni svodovi su bili ispunjeni oblačima gustog dima. Katarina je već dobro znala gde se našla. Bio je to prirodan podzemni ambijent, u kojem su boravile duše umrlih vojnika, plaćenika, raznih avanturista i njima sličnih ratnika iz svih vekova naše krvave istorije, a koji su uglavnom ubijali i lovili ljude iz čistog zadovoljstva.

Odjednom, ispred nje se stvori mala kolona turskih janičara. Dok su je ostali ignorisali, njihovom vođi se Katarinino prisustvo učinilo sumnjivim. Zastao je ispred nje i zagledao se u njenu neočekivanu pojavu.

- Ko si ti i što radiš ovde? - upita je glasom despota kojem su dana sva prava.

Katarina odluči da ćuti i vidi šta će se dogoditi. U stvari je znala šta onaj namerava, jer je naučila da u mislima preduhitri događaje. Pošto je malo sačekao, Turčin podiže svoju krvlju

umrljanu sablju i poče njom da je "seče". Zamahnuo je neko-
liko puta u visini njenog vrata, pa još nekoliko puta sa druge
strane, ali oštrica je prolazila kroz njeno telo. Dok mu se ona
nadmoćno smešila, Turčin spusti sablju u koju se razrogačeno
zagleda.

- Šta je? - prkosno će Katarina. - Zar još ne shvataš da ste
ti i tvoje ubice već vekovima mrtvi? Nikad više nećete ubjati!

Turčin je zapanjeno sasluša, konačno shvativši kako sa
njim nešto nije u redu. Ustuknuo je nekoliko koraka, proma-
trajući je širom otvorenih očiju, onda odbaci svoju krvavu
sablju kao da ga je opekla. Katarina ga ostavi i krene u
suprotnom pravacu da bolje razgleda čudnu okolinu. Zaključila
je da se ovde nalaze uglavnom poko-jnici turskog porekla iz
davne prošlosti. Nalazila se u središtu nekog vojnog logora. To
joj postade još jasnije kada se našla ispred masivnih drvenih
vrata, koja su vodila u "Pašin dvor". Osetila je da slobodno
može ući, jer su joj sada "onostrana" čula radila mnogo preci-
znije. A privuklo ju je i nečije tiho plakanje iza visoke kamene
ograde. Osetila je da je nekome potrebna.

Ubrzo se našla u jednoj manjoj pećini, nešto rasko-šnije
namještenoj. Na tlu prekrivenom bogatim tepisima, sedela je
mlada devojka duge plave kose, očigledno jedna od Pašinih
robinja. Po njenom izgledu, Katarina oseti da je bila dovedena
iz istočnih krajeva ondašnje porobljene Evrope. Primetivši
nepoznatu ženu ispred sebe, devojka podiže svoje uplakane oči.

- Zašto plačeš? - upita je Katarina.

- Tužna sam - uspravi se devojka sa zemlje. - Aga me je
zatočio ovde pre mnogo vremena, a napolje ne smem zbog
vojske koja stalno čuva ulaz. Zato sam se stalno molila Bogu da
mi pošalje pomoć.

Katarina baci pogled na drugi kraj pećine, gde ugleda Agu
kako sedi na nekakvom improvizovanom "prestolu" prekri-
venom krznima, dok se okolo muvalo desetak slugu i vojnika.

Katarina se morala nasmešiti. Shvatila je da Aga zna šta se sa njim i ostalima dogodilo, ali im name-rno ne govori. Verovatno je rekao svojim ljudima da se tamo privremeno kriju od neprijatelja. Svi su očigledno bili pobijeni u toku neke krvave bitke, nakon čega su se, kao i sve ubice, našli u najnižim sloje-vima. Prirodno je dakle da su Agu okruživali uglavnom ubice, pljačkaši i slični tipovi iz njegovog vremena. Agina neprirodna i drska želja da i na onom svetu ostane "Aga", dovodila je Katarinu do očajanja. Ona se okrete nesretnoj djevojci.

- Ti si, u stvari, bila sve vreme slobodna - objasni joj.

Što da radim - upita ova tužno.

- Jednostavno prođi kroz ona vrata i nastavi da hodaš mol-eći se Bogu - objasni joj Katarina. - Neko će te već čuti i poći ti u susret. Odvešće te zauvek iz ovog ružnog sveta, kojem nikada nisi ni pripadala. Prođi sad kroz vrata, zaklopi oči i moli se Bogu za pomoć.

Lepa robinja odmah tako postupi. Pre no što će i sama napustiti pećinu, Katarina se još jednom okrete u pravcu Aginog prestola. Gledao ju je bez reči, izgubljenim pogledom čoveka bez nade, i činilo se, postiđen.

☒

Sledeći put Katarina se našla u nekoj našoj varoši, što je zaključila po narodnoj muzici koja se čula iza visoke zidane ograde izmešana sa grajom ljudi. Zastala je kod otvorene kapije i zagledala se u gomilu koja se jedva nazirala u polumračnoj atmosferi. Pored kapije je stajala neka usamljena žena. Imao se utisak kao da je nekog čekala. Kada je ugledala Katarinu lice joj se razvedrilo. Prišla joj je i rekla:

- Molila sam se dragom Bogu da mi pošalje nekog ko će me izvesti iz ove ljudske tame.

Katarina ju je povela za ruku prema "izvoru" neke svetlosti

u kojoj je ta žena nestala, a ona se probudila. Razmišljala je o proteklom iskustvu i ostalim susretima sa ljudima iz nižih nivoa, koji su odbijali da se pokaju i mole Boga za oproštenje. Njihov urođeni inat i lažni ponos nisu im to dozvoljavali. Setila se tipičnog primera jednog čoveka kojeg je pitala zašto se ne pokaje, a on joj je odgovorio da nije ništo zgrešio i nema zašto da se pokaje. Na tim nivoima nalaze se pretežno ljudi ispunjeni nacionalnom mržnjom i željom za osvetom. To je vrsta ljudi koja je za života odobravala građanske ratove protiv drugih vera i naroda, smatrajući da oni imaju pravo da mrze i ubijaju, jer su ih ovi "zadužili" u prošlosti. Đavo im je na vreme zatrovao i ono malo svesti koju su imali i zadovoljan trljao ruke. Kao i većina ateista i bezbožnika, ti ljudi su zaboravili da nam je Bog poručio: "Osveta je moja" i "oprosti ako hoćeš da ti bude oprošteno."

⧗

Katarina je češće silazila na niže nivoe nego na više, i to s razlogom. U toku jednog od svojih mnogobrojnih izleta iz tela, bilo joj je ilustrovano kako je čovek potpuno bespomoćan na onoj strani bez Božje milosti i pomoći.

Jedne noći se našla u nekakvoj prašumi. Osetila je kako se neka ljudska bića sakrivaju u okolnom gustišu žbunja. Bili su to neki divljači sa dugačkim cevima od trske i otrovnim streli-cama u njima. Odjednom je nekoliko tih malih strelica poletelo u njenom pravcu i zabilo se u njeno telo. Katarina se srušila na zemlju potpuno paralisana. Divljaci joj priđoše gadno se kezeći i staviše je na nosila od debele trske. Bila je potpuno svesna da je nose u još niži nivo gde mogu s njom da rade što god požele. Dok su je nosili, njoj počeše da teku suze niz lice. Htela je da zamoli Boga da joj pomogne i da mu kaže da je ona Njegov odani rob, ali je uspela samo da promuca reč "raba", što na

220

staroslavenskom znači "sluga" Božji. Istog trenutka onaj otrov od strelica je prestao da deluje. Kada su je videli kako silazi sa nosila, zli dusi se razbežaše na sve strane, a Katarina se probudila u svom krevetu i u molitvi se zahvalila Bogu, gospodaru njene duše, što ju je onako efektivno izbavio iz đavolovih kandži.

U ovom spečifičnom slučaju podvučena je poruka onima koji se nakon smrti nađu na onoj strani u smrtnoj opasnosti. Obratite se Bogu za pomoć i On vam je neće odbiti. On nikad nije odbio pomoć onima koji se iskreno pokaju i zamole Ga za milost.

Katarini su nekoliko puta prikazani i prizori "vanzemaljske lepote". Neke od tih vizija ja sam već opisao u mojim romanima *Milenijum*, *Sedam dana Apokalipse* i *Grešnica u raju*.

Jedne noći se penjala nekim brežuljkom sa svojim "vodićem". Kada su stigli na sam vrh, dole ispod njih se ukazao prizor kao iz bajke. Sve je bilo neopisivo mirno i kristalno čisto. Zemlja je bila prekrivena divnom zelenom travom poput najskupljeg tepiha, po kojoj su pasle ovce bele poput snega. Kad su ih ugledale, raširile su svoje velike radoznale oči kao da nikad ranije nisu videle ljudska bića. Radilo se tu o nekom "prirodnom raju", koji je Bog stvorio "onima koji ga ljube", kako je Isus obećao čoveku. Katarina je čula svog vodiča iza sebe kako se divi:

- Imam osećaj kao da se nalazimo blizu gospoda Boga!

Jednom drugom prilikom Katarina se našla pred visokim bedemom iza kojeg je videla kako isijava neka prekrasna svetlost u duginim bojama. Poželela je da ostane tamo zauvek. Takvu sreću i duhovni mir nije nikad ranije osetila. Bilo je to suprotno osećanju depresivnog duševnog crnila koje je osećala prilikom poseta đavolovom svetu. Krenula je kamenim putem prema velikoj kapiji bedema jer je osećala da su to "vrata raja". Iza sebe je na razdaljini videla da je prate zli dusi u nameri da je spreče. Na pola metra od vrata, stala je kao ukopana, jer se nije mogla pomeriti. Tada se vrata otvoriše i ona ugleda Isusa koji joj se smešio. Pružio joj je ruku koju je ona halapljivo zgrabila i od silnog stresa se probudila!

Ovom slikovitom epizodom, opisanom u mom romanu PARADOKS, Bog želi da upozori one zainteresovane da će samo preko Njegovog Sina biti spašeni i moći ući kroz rajska vrata, jer je Isus svojim bezgrešnim životom dobrovoljno i iz čiste ljubavi za čoveka isplatio grehe svih onih koji se iskreno pokaju i zamole Boga za oproštaj. A ući će samo oni koji veruju u Boga i Isusa i odluče da idu Njegovim putem koji nam je onako jasno opisao u Novom Zavetu.

Katarina je imala i nekoliko susreta sa Isusom na onoj strani. Jednom prilikom joj je na kraju razgovora poručio:

- Ne boj se onog što dolazi na zemlju, jer ću ja uvek biti sa onima koji u mene veruju i zbog kojih sam umro na krstu.

- Gospode, kada ćeš nam se vratiti? - povikala je za njim kada se okrenuo da pođe.

Isus je na vratima zastao i kratko joj odgovorio:

- Uskoro!

I ovu epizodu smo shvatili kao poruku ljudima koju trebamo uneti u buduće knjige. Opisana je u romanu *Trgovci dušama.*

U toku svojih brojnih izleta u paralelni svet, (preko 60), Katarina je nailazila i na veoma opasne situacije. Tako se jedne noći našla u podzemnim dubinama, među grupom odraslih ljudi i žena. Svi su mirno sedeli u nekakvom čudnom vozilu sličnom velikom liftu koji je bio spreman za polazak nekud "nadole".

- Gde će ovi? - upitala je jednog čoveka, koji se "stvorio" pored nje.

- Idu da vide đavola! - reče ovaj mirno.

- Možemo li i mi sa njima? - kopkalo je Katarinu.

- Zašto da ne? - ponudi je onaj rukom da uđe prva.

Posedaše tako i njih dvoje među ostale i čudno "vozilo" pojuri strelovitom brzinom nadole. Ali što su više silazili, to se okolina sve više menjala u negativnom smislu. Poče da ih zaokuplja sve veća tama, a sa tom teškom tamom naiđoše prvi strah i sumnja. Katarina se ozbiljno zabrinula za ishod ove neprijatne ekspedicije, pa zapita sa strepnjom onoga pored sebe:

- A šta ako se više ne budemo mogli vratiti?!

- I to je moguće! - izrazi joj nepoznati svoju bojazan, ukočeno zureći nekud ispred sebe.

- Bože moj! - pogleda Katarina očima naviše. - Oprosti mi što sam bila ovako neoprezna! Sad vidim da nisam smela poći sa ovim ljudima! Ne želim da se sretnem sa đavolom. Gospode, spasi me!

Izgleda da je njeno prizivanje u pomoć neko spremno čekao, jer ovo "ljudsko vozilo" poče naglo da usporava i stade. Jasno je čula, kako se onaj što ih je predvodio sa nekim prepire:

- Zašto ste nas zaustavili? Vi nemate prava da se mešate u naše poslove. Šta hoćete od nas?!

- Zaustavili smo vas, jer se među vama nalazi jedna osoba koja ne želi da ide dalje - začu Katarina zvonak ženski glas.

Duž ovog ljudskog "lifta" naiđoše uskoro tri anđeoski lepe devojke u belim haljinama do kolena. Oko vitkog struka su imale zlatne pojaseve. Zastale su i zagledale se u putnike.

- Neko među vama ne želi da nastavi putovanje.

- Ja sam molila za pomoć! - odmah skoči Katarina sa svog sedišta i priđe im.

Siđe i onaj čovek sa kojim se popela. I dalje je samo mirno

stajao iza nje i mudro ćutao.

- Prekasno sam shvatila da sam napravila grešku - pravdala im se preplašena. - Ne želim da idem dalje sa ovima.

- To je u redu - nasmeši joj se jedna od devojaka. - Vrati se mirno natrag.

Katarina isprati zabrinutim pogledom "lift" koji jurnu nadole, pa se okrete svojim spasiteljkama.

- A kako da se vratim? Nisam ovako daleko i duboko još nikad zalazila.

- Ne brini - umiri je ona glavna. - Zažmuri i tri puta se oko sebe okreni.

Katarina ovo odmah učini, u silnoj želji da što pre pobegne sa tog kranje pogrešnog mesta. Odmah se trgnula iz dubokog sna i uspravila na svom krevetu, proveravajući se rukama.

Sve gore opisano imalo je na Katarinu potresan uticaj. U početku joj nije bilo jasno zašto se sve to dešava baš njoj, jednoj običnoj grešnici? Njoj koja nije pripadala nikakvoj grupi takozvanih posebno religioznih vernika, mada je od malena čvrsto verovala u Boga i često mu se u molitvama obraćala za oproštaj, pomoć, ili savet. Mnogima oko nje nije bilo jasno, kako jedna učiteljica, obrazovana u komunističkom društvu može verovati u takvu iluziju poput Boga? Odgovor na sva ta pitanja uskoro se nametnuo sam od sebe.

Vremenom smo zaključili da nas je "proviđenje" namerno dovelo u vezu, kako bih ja prestao da pišem "zabavne" romane, a počeo da pišem one druge, "upozoravajuće". Katarina je bila obdarena retkim talentom da lako izlazi iz tela, a ja vešt u pisanju napetih sadržaja. Bili smo savršena kombinacija. Bezbroj upozorenja da je "kraj blizu", ozbiljno smo shvatili i ja sam odmah nastavio sa pisanjem ostalih knjiga iz serije para-lelnog sveta. Sve su bile rasprodanje!

Bilo je suviše očigledno da "sa one strane" žele da upozore naš narod da se okrene Bogu i spašava svoje grešne duše. A kada je uskoro došlo do krvavog građanskog rata u bivšoj Jugoslaviji, konačno nam je postalo jasno "zašto i kome" su sve te knjige bile namenjene. Nažalost, u toku komunističke diktature, đavo je već uspeo prikupiti ogroman broj bezbožnih duša i osigurao ih. Mržnja koju su njegovi ljudi onako uspešno raspirili među našim narodima, uništila je preko 250.000 života! Koliko je prodanih duša u tom ratu pripalo đavolu, bojim se i da zamislim. Jer kod njega se neće naći samo oni koji su ubijali, nego i svi oni koji su ih podržavali, nagovarali, odobravali im, bodrili ih, blagoslovili, ili se tim zločinima veselili i slavili ih.

U to vreme, knjiga PARALELNI SVET je već doživela petnaesto izdanje, a rasprodane su bile i PRIČA O KARMI i TRGOVCI DUŠAMA. Usledili su OPERATER, MILENIJUM i SEDAM DANA APOKALIPSE, pored nekoliko istorijskih romana. Iako su sve te knjige fiktivnog sadržaja, Katarinini vantelesni izleti su mi bili glavna inspiracija za njihovo pisanje i "poruke" između redova!

DA LI JE SVE TO MOGUĆE?

Nakon završetka teksta buduće knjige Paralelni Svet, obratio sam se za stručno mišljenje Dr Branislavu Grbeši, neuropsihijatru i u ono vreme rektoru Niškog univerziteta. Dr Grbeša je bio dugogodišnji prijatelj naše porodice, jer su se u istom selu nedaleko Ludbrega rodile i moja i njegova majka. U tom, polu-pravoslavnom selu, odrastao sam i ja na imanju mojih dede i bake i tamo završio osnovnu školu. Od majčine porodične kuće, Dr Grbeša je kasnije preuredio vikendicu u koju je svake godine dolazio sa porodicom na godišnje odmore.

Za vreme posete starom kraju, posetio sam ga zajedno sa

Katarinom i upitao za mišljenje o sadržaju buduće knjige PARALELNI SVET, čiji tekst sam mu ostavio na čitanje. Sedeli smo u njegovom dvorištu i poveli otvorenu diskusiju.

- Zašto da ne? - složio se on sa tekstom o Katarininim vantelesnim izletima. - Ona je u stvari "dokazala" da je bila tamo gde tvrdi.

- Otkud znate da nije imala košmaran san, ili naprosto izmislila priču za veliku decu?

Dr Grbeša se na ovo čudno osmehnuo.

- Ja sam u svojoj dugoj psihijatrijskoj karijeri nailazio na mnogo inteligentnih i prevejanih "mentalnih slučajeva" - našalio se. - Zato, kada sam pročitao o njenom drugom izletu iz tela, tražio sam grešku kako bih joj doskočio. Onda sam naišao na tvrdnju, da joj je lice posle pada sa velike visine bilo gotovo ledeno, što si mi i ti potvrdio pošto si joj opipao lice. A noć je bila letnja i sparna, jel tako?

- Da! - živnuh ja. - Otkud joj ledeno lice, kad je mogla napustiti svoje telo samo "duhom"?

- U pitanju je njena auto-sugestija. Ne znam da li si čitao o poznatom slučaju smrzavanja fabričkog radnika iz Čikaga? Dogodilo se to negde posle drugog svetskog rata. Čovek je radio na istovaru vagona-hladnjače u jednoj fabrici za preradu mesa. Nakon što je ispraznio vagon, vratio se unutra po svoj kaput i neke stvari. U tom je naišao pružni radnik, koji je zalupio vrata vagona i zaglavio ih kukom da ne bi slučajno unutra ušla deca koja su često crtala grafite po teretnim vagonima. Znao je da su ti vagoni ispražnjeni, jer ih je trebalo odvući na sporedni kolosek. Na nesreću, nije kroz debela blindirana vrata čuo viku i lupanje onog zaključanog radnika. Dao je znak maloj lokomotivi koja je odvukla prazne vagone na sporedan fabrički kolosek. Tek kasno uveče, pošto se nije pojavio da podigne svoju platu, menadžer te smene se zabrinuo za svog radnika i naredio da se ovaj odmah potraži i da se pregledaju i svi vagoni na fabričkom koloseku. U jednom od njih, našli su tog jadnika, potpuno smrznutog! Čak je po licu i rukama imao naslage inja! Ali ono što je najviše zaprepastilo istražnu komisiju, bila je činjenica da je u vagonu celo to poslepodne bila temperatura od 10 stepeni ćelzijusa iznad nule! Kako se onda, taj čovek mogao uopšte smrznuti, pitali su se?

- Kako? - nije ni meni najjasnije.

- Veoma jednostavno - objasnio mi je Dr Grbeša. - Kada je otkrio da je zaključan, odmah je pomislio da će se smrznuti, jer je znao da su svi vagoni bili spojeni sa glavnim uređajem za hlađenje. U pitanju je bio običan sezonski radnik meksičkog porekla. Kako nije bio svestan da je hlađenje već bilo isključeno, počeo se lagano smrzavati od čiste autosugestije. Tri i po sata kasnije, čovek je bio mrtav. Našli su ga sklupčanog u uglu vagona prekrivenog injem, uprkos instrumentu montiranom u istom vagonu, koji je pokazivao 10 stepeni ćelzijusa iznad nule.

- Zvuči neverovatno - priznajem.

- Ali je istina i za taj slučaj znaju gotovo svi psiholozi i psihijatri u svetu. Radilo se o veoma jednostavnom i neobrazovnom čoveku koji je bio nepismen. On je u panici broj "deset" na satu intrumenta protumačio pogrešno. Ovaj slučaj je još više učvrstio uverenje psihologa, da je autosugestija utoliko jača, ukoliko je čovek u većem duševnom stresu.

- Ali Katarina je učiteljica i jedna veoma načitana i školovana osoba. - podsećam ga.

- I to je tačno. Ali ne zaboravi, da se ona te noći našla po prvi put van svog fizičkog tela, na visini od nekoliko kilometara iznad zemlje! - podseća me Dr Grbeša. - Baš zato što je školovana, dobro je znala da na tim visinama lete mlaznjaci i da se tamo temperature kreću i do četrdeset i više stepeni ispod nule. Zbog tog saznanja kao i naglog pada i imaginarnog "strujanja vetra", njeno fizičko lice dole u krevetu se počelo naglo hladiti. Razumeš?

- Znači to zamišljeno "strujanje vetra" bilo je takođe auto-sugestivne prirode?

- Tačno. I time je dokazala, pre svega meni kao psihijatru, da je zaista preživljavala nešto veoma dramatično.

Prelistavam moje zabeleške pa primećujem:

- U svim tim njenim vantelesnim tvrdnjama ima i krajnje čudnih predela i objekata. Na primer, te podzemne pećine pune turskih janičara i njima sličnih ratnika, pa reke usijane lave, ne podseća li vas to na užase biblijskog pakla?!

Dr Grbeša se opet čudno osmehnuo. Znao sam da mu je malo neprijatno, jer u ono vreme striktne komunističke cenzure se sramežljivo diskutovalo o postojanju duhova i onog sveta. A on je još uvek bio i rezervni pukovnik JNA.

- Pošto smo upravo utvrdili da je Katarina "zaista" izašla iz tela, onda sve što je tamo kasnije videla, mora da se uzme u obzir kao istina. I Biblija i Koran i mnogi drugi stari zapisi drugog porekla opisuju nekakav strašni podzemni svet koji nazivalu "paklom". Tamo sve gori, a đavolovi demoni bacaju grešnike u plamene reke ili vatrena jezera. Ovi vrište od užasnih bolova. Moramo se upitati zašto su svi ti vizionari, nezavisno jedan od drugog, videli iste ili slične stvari?

Ja ćutim, čekajući njegov odgovor.

- Zato što su i ti stari proroci i vidovnjaci, poput Katarine, imali slične vantelesne izlete u gornje ili donje slojeve "onog sveta". Ona u stvari opisuje potpuno prirodne podzemne pećine i hale za koje čak naši geolozi znaju da postoje duboko ispod površine zemlje. Po tom podzemnom svetu vijugaju reke istopljene lave koja se izliva u druga manja usijana jezerca. Zvuči, dakle, razumno da su zli dusi izabrali baš taj stravičan podzemni svet da u njemu muče i maltretiraju zle duše. Ili su u njega silom proterani!

- Teolozi tvrde - podsećam ga ja - da se tamo nalaze opterećeni" ovoze-maljskim ovisnostima i gresima. Kad umru, ove grešne duše nemaju kuda nego u imaginarno podzemlje planete Zemlje, odnosno naniže, dok oni lagani duhovi bez mnogo materijalnih stega i veza odlaze naviše, odnosno, u drugi, duhovni posebno za njih pripremljeni svet lepote i mira. Svud u svemiru, kako u materijalnom, tako valjda i u duhovnom, važe isti zakoni. Teško tone naniže, a lagano lebdi i stremi naviše, što u prevodu znači da čovek opterećen grehom propada u donje slojeve, a pravednik s lakoćom odlazi naviše. To su glavne dogme svih svetskih religija, zar ne?

- Sve je moguće - složio se moj sagovornik.

- I vi verujete u takve tvrdnje? - kao snebivam se ja.

Dr Grbeša se nelagodno osvrće po praznom dvorištu, jer su njegova supruga i Katarina u međuvremenu ušle u kuću.

- A šta očekuješ da ti na ovo kažem? - pita me sniženim glasom. - Zar jedino tebi nije poznata zvanična politika naše zemlje prema "religioznim naklapanjima" verskih fanatika? - podvlači on značajno. - I pravo da ti kažem, ja lično sumnjam da će se kod nas iko usuditi da izda ovakvu jednu knjigu!

- A moja pokojna majka tvrdi da hoće, jer je došlo vreme da se što veći broj našeg naroda obavesti o Bogu i skorom isteku čovekovog veka. Kada sam joj izneo moju sumnju da će naše vlasti dozvoliti jedno takvo izdanje, ljutito je rekla da ja neka pišem knjigu, a "oni" će se pobrinuti da knjiga izađe.

- Ruža ti je tako poručila? - pita me Grbeša koji je poznavao moju majku od mladih dana, jer je rođena u istom selu. - Pa, ako ona tako tvrdi, - čudno se nasmešio, - onda ja ne znam što da ti kažem. Jer ukoliko ova knjiga ikad izađe u Jugoslaviji, ja ću biti prvi među onima zapanjenima!

- Ja vas sve ovo pitam u nadi da ćete mi pomoći pronaći neke "rupe" u Katarininim tvrdnjama, a vi je gotovo u svemu podržavate.

- A kako da je ne podržim, kad sam proučio na desetine sličnih svedočenja ljudi, koje su mi u toku psihijatrijske karijere vlasti poslale na "posmatranje", jer su bili proglašeni "duševno labilnima"! Za razliku od nas, Rusi imaju specijalnu službu koja se bavi proučavanjem tih "paranormalnih" slučajeva, kako se nazivaju. Pa ako Rusi veruju tim ljudima, zašto da im ne poverujem i ja?

Doktor Grbeša je dobio na čitanje knjigu Paralelni svet već iduće godine. Nije mi poznato kakvo lice je napravio, ali ja sam njegov komentar u prvom izdanju iz čiste bojazni nepravedno pripisao doktoru Seferu. Nisam želeo da ga dovodim u nepriliku, jer je u ono vreme već bio rektor Niškog univerziteta. U ovom izdanju želim da ispravim tu nepravdu. Dr Grbeša je preminuo desetak godina kasnije i došao mi je u san nekoliko puta. Ništa mi nije rekao, samo mi se uvek "tajanstveno" smešio!

ŠTA KAŽU "POKOJNI"

DUHOVI KROZ VEKOVE

Za "duhove" i pojave raznih "aveti" znalo se gotovo od postanka prvih svesnih čovekolikih bića. Crtana svedočenja o tome zalaze duboko u preistoriju. Čovek je, dakle, imao ideju i strah od "više sile" još od prvih dana svoje svesti, svesti kaku mi danas poznajemo.

Jedno od prvih zapisaih svedočenja o pojavi "aveti" datira oko sto godina pre Hrista, odnosno, početka nove ere. U ondašnjoj Atini se u to vreme mnogo pričalo o neobičnoj aveti koja se pojavljuje u jednoj vili podignutoj iznad prastarog grada. Avet se prikazivala u obliku starog čoveka duge sede kose sa teškim lancima na rukama i nogama. Kada se ne bi mogao prikazati, čuo bi se noću zveket njegovih teških lanaca. Usled šoka prilikom susreta sa ovom aveti, od srca je umro jedan od vlasnika te uklete vile. NJegovi naslednici više nisu mogli prodati prekrasnu kuću ni za minimalnu cenu, pa su je nudili za nisku kiriju potencijalnim stanarima. Ali, priče o stravičnoj aveti su se već bile proširile gradom, pa se niko nije usuđivao da ode tamo da stanuje.

Za ovaj slučaj je, kažu, čuo jedan filozof koji se iz prirodnih razloga zainteresovao za čudnu pojavu i odlučio da otkupi vilu. Već prve noći ga je uznemirio zveket lanaca a par dana kasnije, sreo se sa svojim nepoželjnim "sustanarom" na mesečinom obasjanoj terasi. Da, bila je to avet nekog sedog čoveka u lancima. I mada mu se opasno kezio, mlatarao lancima i polako mu prilazio, filozof je stoički izdržao test ne makavši se sa svog mesta. Kao što se i nadao, avetinjska prilika se okrenula i nestala. Filozof ju je sledio do jednog ugla u dvorištu u kojem je apericija isparila!

Odmah idućeg dana, filozof je pozvao radnike da prekopaju taj deo dvorišta. Nisu dugo kopali kad naiđoše na grob nekog čoveka u lancima. Bio je to okovani kostur a gvožđa su se već raspadala od rđe. Novi kućevlasnik ga je preneo na groblje i po propisu pokopao. Avet se nikad više nije pojavila niti ga bilo čime uznemirila!

Šta su to "aveti"? Oni koji ovu materiju poznaju malo bolje od mene tvrde da je avet, u stvari, duša umrlog čoveka koji iz nepoznatih razloga nije u stanju da mirno "pređe" u onaj drugi, paralelni svet! Avet, kažu oni, obično ima neki jak razlog zbog kojeg se muva na ivici ova dva sveta, ne mogavši da napusti ovaj, ili ne znajući kako da pređe u onaj. Avet se obično zauvek izgubi ako joj se "objasne stvari" ili udovolji razlogu zbog kojeg je još tu. U ovom slučaju se avet okovanog nesrećnika izgubila pošto je bio propisno sahranjen.

Da bi se opisali svi zabeleženi slučajevi pojava raznih duhova i aveti, bila bi nam potrebna bar još jedna ovakva knjiga. Zato ćemo preskočiti nekoliko vekova i navesti par slučajeva iz vremena pobune Olivera Kromveia protiv kralja Čarlsa Prvog. Oba "upozorenja" bila su namenjena kralju Čarlsu, ali ih on, na svoju nesreću, nije poštovao. Kao što znamo, Parlament ga je kasnije osudio na smrt zbog izdaje i pogubio odsecanjem glave.

1645. godine Čarls se pojavio kod Northamptona sa vojskom od oko pet hiljada rojalista. Trebalo je to da bude odlučujuća bitka. Nameravao je da napadne Kromvelove snage odmah rano izjutra, ali mu se te noći u polusnu prikazao pokojni prijatelj Straford, plemić koji je poginuo u jednoj od prethodnih bitaka. Kralj se sećao da mu je jasno rekao da odustane od ove bitke, jer neće biti u stanju da sukobima izgladi nesporazum s parlamentarcima. To će moći da se reši samo pregovorima i izvesnim odricanjima od kraljeve strane. Kada se trgnuo iz sna, odmah je pozvao svoje generale i ispričao šta im Straford poručuje. Ovi su ga pažljivo saslušali ali se nisu složili sa idejom da se sukob prekine, jer su imali vrlo pouzdane izveštaje o izuzetnoj slabosti Kromvelove vojske. Objasnili su kralju da je sada vreme da se protivnik potuče i time zatre svako dalje mešanje Parlamenta u kraljeve stvari!

Čarls ih je, na svoju nesreću poslušao, mada zabrinut. Ali uprkos iznenadnom napadu na još nesređene pobunjenike, bitka se u toku dana preokrenula u korist Kromvela i kraljeve snage behu potučene kao nikad ranije. U stvari, rojalisti nikad više posle toga nisu uspeli da se vojno oporave. Tada je usledilo i drugo upozorenje, ovaj put masovnijeg oblika. Na jednom bivšem bojištu, počela se pastirima svake noći prikazivati "avetinjska vojska" na konjima! Urlali su, mlatarali sabljama, ranjenici jaukali, da bi se pred zoru sve smirilo. O događaju je čuo dvor i smesta poslao tamo istražnu komisiju. Članovi komisije su i sami prenoćili s pastirima na tom brdu i videli istu stvar, ali su na čelu avetinjske konjice prepoznali lik princa Ruperta, tada još živog kraljevog rođaka i generala! Kralj ni ovo nije pravilno shvatio i prekinuo sukob, već je odobravao dalje bitke. U prvoj koja je usledila princ Rupert je pao mrtav! Ostatak ovog krvavog ishoda nam je iz istorije dobro poznat.

Čini se da je i kraljica Ana Bolen bila nedužna žrtva nesreće i krvave istorije britanskih vladara. Kažu da se i do današnjih dana pojavljuje njena "obezglavljena" prilika u dvorištima londonskog Tauera. 1914. god. jedan strazar ju je sreo i od šoka pao u nesvest. Kasnije je pričao da je nosila pod pazuhom svoju odrubljenu glavu!

U izgnanstvu na ostrvu Svete Jelene, Napoleonu se takođe prikazao duh voljene Žozefine. U dnevniku je ostavio o tome zapis. Posetila ga je jedne noći i malo posedela na ivici njegovog kreveta. Kada je rukama pokušao da je obgrli, nestala je bez traga. Napoleon je bio toliko uznemiren ovim priviđenjem da nije mogao mirno zaspati nekoliko dana. Najverovatnije ga je potresla pomisao šta li će reći Bogu ili onim silnim hiljadama pobijenih, ukoliko duhovi zaista postoje pa samim tim i "život nakon smrti"! Iz istorije znamo da su se aveti i duhovi umrlih prikazivali u snu ili "naživo" još faraonima, jevrejskim kraljevima, mnogim prorocima, sveštenicima i običnom narodu. Oni "s druge strane" su očigledno pokušavali ovakvim svojim ponašanjem uticati na pravac razvoja naše civilizacije, ali danas vidimo, bez naročitog uspeha. Mi smo, kažu, toliko čvrsto vezani za ovaj materijalni svet, da neke od njega često ne može otrgnuti ni sama smrt!

NEČISTE KUĆE

O duhovima koji nisu u stanju da napuste svoja bivša prebivališta postoje čitave legende. Uglavnom su to duhovi pogubljenih kraljeva, plemića, ili naprosto okorelih bogataša koji iz razumljivih razloga ne mogu da prihvate egzistenciju lišenu bogatstva, vlasti, počasti i drugih ovozemaljskih strasti i slasti! Takvi "nečisti" duhovi, kako ih narod obično naziva, borave u svojim bivšim dvorcima i kućama i po više stotina godina. Oni na sve moguće načine nastoje da uznemire nove vlasnike svojih bivših poseda, a da bi se zauvek odstranili, potrebno je pozvati u pomoć " isterivače duhova". To su najčešće parapsiholozi ili medijumi sposobni za direktan kontakt, a vrlo često i specijalno trenirani sveštenici. Ali, nisu samo zlobni vlasnici u pitanju. Često na sebe pokušavaju da svrate pažnju duhovi pokojnih koji su u tim kućama svojevremeno nastradali "prisilnom smrću". O jednoj od takvih kuća u Americi, snimljena su čak tri filma. Reč je o čuvenim "Užasima iz Amitvila". Navešćemo jedan karakterističan slučaj.

Berta Šulc iz Frankfurta na Majni uselila se 1976. u jednu vrlo očuvanu kuću iz 19. veka. Dobila ju je po neverovatno niskoj ceni mada je cela kuća bila ukusno preuređena i dekorisana skupim tapetama. Uskoro će joj postati jasnije zašto ju je kupila po tako niskoj ceni!

Već prve nedelje čula je kako u kupatilu na gornjem spratu šišti mlaz vode! Pomislila je da su u pitanju olabavljene stare slavine ali kad je ušla unutra šum vode ne samo da je prestao već je kupatilo bilo potpuno suvo. Berta je protresla glavom pomislivši da je sanjala. Ali samo što se vratila u krevet, šum vode se opet čuo! Berta do tada nije imala slična iskustva u životu, pa se ozbiljno zabrinula. Upalila je noćnu lampu i budna presedela u krevetu do jutra.

Sutradan se sa ekskurzije vratila kćer, osamnaestogodišnja

devojka pa su zajedno detaljno ispitale kupatilo i sve cevovode. Kćer je zaključila da "šum" dolazi putem cevovoda iz neke kuće u susedstvu. Ovo je zvučalo razumno pa je na tome i ostalo. Ali ne za dugo. Kad je desetak dana kasnije devojka pokušala da se istušira vrisnula je i gola istrčala napolje u susret prestrašenoj majci...

- Iz tuša šiklja krv! - histerično se drala majci u uho, grčevito je stežući oko vrata.

Gospođa Šulc se odvažila da izvidi situaciju. Pažljivo je odškrinula vrata ali sem mlaza tople vode ništa drugo se nije moglo primetiti! Jedva je nagovorila kćer da se vrati i okupa, sedeći pored nje na toaletnoj šolji! Ništa se više nije pojavilo, ni tog dana, niti idućih mesec dana. Majka i ćerka su bile uverene da sa kućom nešto nije u redu. Njihova sumnja se još više učvrstila kada su jedne noći, spavajući u istom krevetu, začule iz kupatila stravično dozivanje u pomoć! Vikala je neka mlada devojka, očigledno u smrtnoj agoniji. Tri minuta kasnije, galama je prestala.

Berta Šulc je odmah idućeg jutra pozvala u posetu svoju agentkinju za prodaju nekretnina i postavila joj nekoliko vrlo neprijatnih pitanja: ko je pre njih živeo u kući i da li se u kući desilo nešto neprijatno? Agentkinja je bila zbunjena. Priznala joj je da je vlasnik imao teškoća oko prodaje i izdavanja vile ali u kući se nije nikad desilo ništa nasilno. Može se to lako proveriti kod lokalne policije. U kući je do pre deset godina živeo jedan udovac sa ćerkom, koji se posle prodaje imanja iselio za USA.

Posle niza uzastopnih uznemiravanja Berta je odlučila da sve poveri jednom rođaku, inače protestantskom svešteniku. I on se složio da nešto nije u redu sa kućom, tačnije sa delom u kojem je smešteno kupatilo. Počeli su samoinicijativno da ga demoliraju, komad po komad, zid po zid. Ispod same metalne kade nisu našli ništa. Nisu naišli na tragove ni među zidovima.

Tek pošto su počeli strpljivo da odlepljuju sloj po sloj tapeta, zastali su zapanjeni. Na trećem sloju starog papira, jasno su se ocrtavali krvavi otisci nečijih šaka

Pozvana je policija. Detektivi su pažljivo saslušali uzbuđenu vlasnicu vile i odmah se dali na posao. Bilo je jasno da je u kupatilu, tačnije, u samoj kadi izvršen zločin! A da bi se moglo krenuti s mrtve tačke bilo je potrebno pronaći leš. Pošto su detaljno ispitali okolinu kuće detektivi su zaključili da treba kopati u podrumu. Učinio im se sumnjiv jedan ugao, očigledno popravljan i preliven slojem betona "novijeg datuma". Već na dubini od svega pola metra, naišli su na posmrtne ostatke tela mlade devojke, ne starije od osamnaest godina. Pre ukopavanja, telo je višestruko umotao u prozirnu plastičnu navlaku.

Odmah se posumnjalo na bivšeg vlasnika koji je emigrirao "sa ćerkom" za SAD. Otkrilo se da mu to nije bila prava kćerka već poćerka od druge žene koja je pre deset godina umrla od raka na plućima. Sve se slagalo. Policija je tako imala i motiv za ubistvo: očuh je, verovatno, jedne noći pokušao da siluje devojku u kadi. Došlo je do borbe pa je on ili udario po glavi ili se u toku otpora okliznula i sama smrtno povredila! Uplašen od mogućih posledica, sahranio ju je u podrumu i pobegao u SAD. Interpol je odmah obavestio FBI a ovaj uhapsio ubicu i sproveo natrag u Nemačku na suđenje.

Berta Šulc je ostala da živi u istoj kući, ali je više niko nije noću uznemiravao. Duh pokojnice se zauvek smirio, jer je uspela privući pažnju "živih" na svoju zlu sudbinu. Telo joj je nakon istrage odnešeno na gradsko groblje i propisno sahranjeno. Mora se priznati da priče o sličnim događajima zvuče pomalo stravično, ali su tačne. Parapsiholozi se muče da odgonetnu tajne pomoću kojih se "mrtvi" muvaju između nas živih, ali im za sada nije pošlo za rukom da dođu do "opipljivih" dokaza da mrtvi uopšte "žive"!

ZLI DUSI

O takozvanim "zlim dusima" takođe postoje legende koje datiraju stotinama i hiljadama godina unazad. Od ovih su duhova stradali rimski imperatori, španski kraljevi, mnoge vojskovođe i dosta običnog sveta. Nemoguće je nabrojati ih, pa ćemo se opet poslužiti samo onim slučajevima novijeg datuma, za koje postoji istražna ili druga dokumentacija. U pitanju su duhovi ljudi koji su i za života bili zli, jer kažu poznavaoci duhovnog sveta, karakter čoveka se uopšte ne menja kada umre! To što se odjednom našao "s druge strane" nema nimalo uticaja na njegove poglede. Naročito kada shvati da je živeo grešno i da kao takav nema pristup u "više slojeve" novog sveta! Zvuči razumno, a kao što ćemo uskoro videti ovakvi "zli dusi" mogu i s one strane da nanesu živima mnogo nesreće pa često i smrt!

Loreta Simson iz Floride, kupila je 1979. gotovo novi Kadilak "Eldorado" upola cene. Automobil je bio prešao svega sedam hiljada kilometara a prodavala ga je poznata firma za preprodaju polovnih vozila. Dobila je i garanciju na tri godine. Na nesreću nije uspela da je iskoristi. Samo dve nedelje kasnije, patrola koja kruži autoputevima pronašla ju je unutra mrtvu usled udisanja karbon monoksida! Automobil je stajao parkiran po strani auto-puta sa svim prozorima zatvorenim i presami-ćenom ženom na prednjem sedištu.

Porodica pokojnice je vratila Kadilak firmi od koje je nedavno kupljen. Prekrasni auto je bez problema prodan već iduće nedelje jednom bračnom paru iz Minesote, kojima se stari automobil pokvario u toku letovanja na Floridi. Dobili su ga za neverovatnu cenu od pet i po hiljada dolara i odvezli se kući - pevajući! Bili su nešto srećniji od Lorete Simpson jer im se ništa nije desilo čitavih sedam meseci. A onda im je taj isti Kadilak usmrtio najmlađe dete, dečaka od dve godine. Kako?

Otac ga je ostavio parkiranog pred garažom kuće. Kleo se da je zakočio auto i ručnom kočnicom i menjačem prema propisu. Tek, auto je iz nepoznatih razloga krenuo nizbrdicom unazad i na smrt prignječio malog Patrika koji se pozadi vozio na malom triciklu. Istražna komisija je pronašla da je auto bio - otkočen!

Normalno, roditelji se više nisu mogli voziti u autu ubici svog najmlađeg deteta, pa je opet prodan. Kupio ga je neki trgovački putnik iz tog grada, koji nije mario za nesreću o kojoj su svi znali. Čini se da ga je to koštalo glave, jer su ga tri meseca kasnije pronašli mrtvog. Skrenuo je noću s puta koji je inače od detinjstva poznavao i svom silinom udario u obližnje drvo. Udario je glavom o volan i na mestu ostao mrtav. Automobilu se samo malo iskrivio teški branik!

Za slučaj se zainteresovao jedan mladi student psihologije koji se zabavljao sa ćerkom pokojnika. Počeo je sa svojim profesorom, inače priznatim parapsihologom, da istražuje istorijat ovog "avetinjskog" vozila. Ovo mu nije bilo teško, pošto su se u knjizi vozila nalazila imena svih ranijih kupaca. Tako su saznali za sudbinu svih kupaca sem prvog! Ime mu se nije nalazilo ni u jednom imeniku a za adresu mu nije znao čak ni prvobitni prodavac iz Floride. Tek je federalna policija (FBI) uspela da im dostavi ime prvog kupca. Bio je to jedan kubanski izbeglica, poznati prodavac droge, u podzemlju poznat pod imenom "Kubanac"! Dok se jedne tople noći vraćao kući sa neke vesele sedeljke, pored njega se na crvenom signalu zaustavio jedan drugi crni Kadilak. Usledila su tri "prigušena" hica i "Kubanac" se skljokao na volan težinom pritiskujući sirenu koja je počela privlačiti pažnju usnulih suseda! Policija nije nikad uspela saznati ko ga je ubio.

Ovde se s lakoćom može zaključiti da se "Kubanac" ni na onom svetu nije mogao pomiriti sa svojom zlom sudbinom već je nastavio da ljudima donosi smrt i nesreću. Saznavši za sve ovo ćerka trgovačkog putnika je odlučila da sa svojim verenikom odveze Kadilak na staro gvožđe gde su ga pred njenim očima morali ispresovati u kocku od jednog kubnog metra! Bio je to, čini se, jedini način da se spreči dalje krvoproliće. O slučaju se mnogo pisalo u štampi, napisano je i par knjiga a snimljen je i film.

Drugi slučaj koji se desio u Kaliforniji nema veze sa avetinjskim mašinama ali ima sa osvetom.

Detektiv Džek Flint radio je sa partnerom na jednom slučaju zloupotrebe maloletnika u pornografske svrhe. Već tri godine su lovili glavnog rasturača ovih filmova i magazina na teritoriji južne Kalifornije bez uspeha. Flint bi obično "igrao" policajca grubijana, čoveka "teške ruke" dok je njegov znatno mlađi saradnik asistirao kao "balans", odnosno izigravao detektiva blage naravi i više prijateljski naklonjenog potencijalnom kriminalcu od kojeg bi pokušavali iznuditi priznanje. Ova tehnika je stara koliko i civilizacija a njome se služe manjeviše sve policije sveta.

Jedne noći u toku racije na lokalni klub homoseksualaca, Flint i njegov partner upali su u malu podzemnu dvoranu u kojoj su se prikazivali filmovi o seksualnim odnosima dečaka sa odraslima. Dok su se ostali razbežali glavom bez obzira, uhapšen je mladić koji je te noći radio kao kino-operater. Odvukli su ga u stanicu, zatvorili se s njim u sobu za preslušavanje i napali ga pitanjima onako s nogu. Nisu mu dali da odahne. Osećali su da bi ih on mogao dovesti u vezu sa spoljnim snabdevačem ovog zabranjenog materijala. Ali siromah mladić nije imao pojma o rasturanju i distribuciji ovih filmova, samo je noću "tezgario" za honorar od dvadeset dolara. I mada su mu u projekcionoj kabini pronašli knjigu iz istorije umetnosti, nisu mu poverovali da je on u stvari student željan džeparca. Znali su da se organizovani kriminal sve češće služi vrlo veštim smicalicama da doskoči policiji.

Posle dva sata ispitivanja detektivi su izgubili strpljenje.

Nastalo je teško šamaranje i ubrzo su prelomili vilicu sirotom mladiću. U nasilju se naročito isticao detektiv Flint. Onesvešćenog mladića odvukli su u zatvorsku ćeliju. Ostavili su ga da leži na betonskom podu lica okrenutog prema plafonu. Od silnog krvarenja u ustima ugušio se pre no što se i osvestio. Dvojica policajca su za to vreme mirno večerali u susednom restoranu, planirajući novu taktiku. Na povratku su ih čekala ambulantna kola, velika gužva u stanici i policijski komesar San Franciska! Još iste večeri su mu morali predati svoje policijske značke, najureni su s posla bez prava povratka u policiju, s gubitkom penzije i bilo kakve naknade!

Ali, za jednog od njih, tu nije kraj priče. Život detektiva Flinta se pretvorio u pravi pakao. Saznanje da je te noći bez potrebe ubio dvadesettrogodišnjeg mladića, studenta završne godine primenjenih umetnosti, verenog za jednu izuzetno bogatu i lepu devojku, dovodilo ga je u stanje totalne depresije. Njegova nasilna priroda konačno ga je upropastila. I inače sklon alkoholu, počeo je još više da pije.

Ubrzo su ga ostavile žena i ćerka. Susedi su kasnije pričali kako ih je noću budio "životinjskim" krikovima! Očegledno je preživljavao košmarne snove iz svog neprijatnog života. Jedne noći je iz "čista mira" skrenuo automobilom i udario u drvored! Sa trideset kopči su mu ušili rez na lobanji, donja usna mu je ostala trajno osakaćena, a na levoj polovini lobanje nikad mu više nije rasla kosa! Još je ovako unakažen poživeo pola godine dok ga jedne noći sused nije video kroz osvetljen prozor kako visi!

Pismo-dnevnik koji je ostavio na stolu zapanjio je istražnu komisiju. Iz njega se jasno vidi da je Flinta u smrt "naterao" pokojni mladić! U snovima bi mu dolazio i "davio" ga cereći mu se u lice raskrvavljenih usta! Jednom mu se "pojavio" onako unakažen u ogledalu dok se ujutro brijao! Jedne noći mu se prikazao nasred puta, one kobne noći kada je zamalo izgubio život! Noću bi ga jasno čuo kako jauče u svom podrumu! Kada je sišao da proveri, zatekao je na podu lokvu krvi! Misleći da ludi, otrčao je pod hladan tuš i kada se vratio u podrum više nije video ništa! Noću ga je nečija "ledena" šaka drmusala iz snova! Više nije mogao sve to da izdrži i odlučio je da se obesi!

KONTAKTI POMOĆU MEDIJUMA

Šta je to medijum? Medijum je "posrednik" između svesti umrle osobe i svesti živih. Pomoću ovih retko obdarenih osoba može se komunicirati s pokojnima. Pored tih nekoliko zaista potvrđenih i proverenih medijuma postoji takođe i čitava vojska tobožnjih medijuma, obdarenih jedino da vam vešto uzmu novac Za pedeset ili sto dolara pašće ovi prevejanci u trans ili "nesvest" od kojih će vom se dići kosa na glavi, ali kad kasnije malo bolje razmislite, shvatićete da niste u stvari, saznali baš ništa! Ovo govorim zato da sebe sačuvate od lažnih proroka i gatara, i da biste ujedno mogli da proverite takvu osobu na licu mesta.

U čemu je stvar? U većini slučajeva, rodbina pokojnih osoba, naročito dece, pada u depresivno stanje zbog iskrene tuge i potištenosti. Ovo, obično saznaje osoba koja "poznaje" dobrog medijuma, ali, ne zaboravimo da ista osoba dobro poznaje i vas! Nije, dakle, čudno što "medijum" zna ime vašeg deteta, ili supruga, kao i niz drugih detalja iz vašeg života. To mu je mogao sasvim slučajno ispričati vaš prijateij koji vas je preporučio, a u većini slučajeva, medijum i vaš poznanik rade zajedno! Toliko o mogućnostima prevare. A sad ćemo prisustvovati jednoj "pravoj" seansi prizivanja duhova, kakvoj sam ja prisustvovao u Los Anđelesu.

Jednoj televizijskoj glumici je ćerka izvršila samoubistvo.

Ime joj iz razumljivih razloga ne mogu ovde citirati. Mesec dana posle događaja, utučena majka je odlučila da sazna zašto joj se jedino dete usmrtilo. Filmski reditelj, zajednički poznanik, preporučio joj je jednu proverenu osobu iz Santa Monike. Pošto mi je to kroz razgovor pomenuo, setio se da me upita da li bih možda želeo da budem prisutan, jer je potrebno bar šest osoba oko stola a glumica se plašila neželjenog publiciteta. Pristao sam iz čiste radoznalosti jer u to vreme još nisam imao nameru da počnem sa pisanjem ove knjige.

U devet časova uveče, dovezli smo se do vile ove žene. Bio je to više dvorac nego vila, sa oružanom stražom. TV monitorima i foto-ćelijama koje su puštale ili sprečavale automobile! Dama je očigledno bila bogata i vrlo vešta. Predosećao sam da već sve zna, samo smo joj potrebni kao *statisti* za ono što će uslediti. Kako sam se grdno prevario!

Pored dotične glumice, prisutan je bio i njen znatno mlađi suprug, plejboj tridesetih godina. Pored mog prijatelja reditelja sedela je njegova supruga, a sa moje druge strane njihova ćerka. Bila je to, dakle, striktno "porodična" seansa sa izuzetkom moje cenjene ličnosti, koji sam bio samo posmatrač.

U polumračni salon je oko devet i deset ušetala dama koja će nas zabavljati sledećeg sata. Bila je to žena pedesetih godina, vrlo smirena lica koje je nekad bilo veoma lepo. Svima nam se Ijubazno naklonila, ne rukujući se. Zatim je sela i zamolila za nekoliko trenutaka koncentracije i meditiranja. Ja sam piljio u nju diveći se njenoj fenomenalnoj "glumi" i sposobnosti da opčini prisutne oko sebe. Nije mi bilo jasno zašto se moj prijatelj reditelj petlja sa ovakvim stvarima, kad sam ga znao kao vrlo trezvenog i obrazovanog čoveka.

- Ovde se nalaze dve osobe - preseče me glas naše domaćice iz razmišljanja. - Jedna je devojka dvadesetih godina a druga je starija dama sa nekakvom maramom na glavi!

Danas me više nije sramota da javno priznam da sam se na

ove njene reči bukvalno ohladio i odmah pomislio na moju pokojnu majku koja je umrla nepunu godinu dana pre tog događaja. Naviku nošenja marame je zadržala još iz Jugoslavije, pa je čak sa njom i umrla!

- Možete sad početi s pitanjima - upozorila je dama uzbuđenu glumicu, stalno zatvorenih očiju.

Uplakana majka je pitala svoju "ćerku" zašto se ubila u cvetu mladosti i zašto joj je tim postupkom zagorčala i poremetila život i karijeru?

- Zbog nesrećne ljubavi - glasio je odgovor koji smo dobili od dame medijuma potpuno prirodnim glasom.

Uopšte nije pala ni u kakav trans, niti se čuo glas pokojnice. Ona je s njom naprosto *mentalno* komunicirala. Verovatno ju je jasno videla za razliku od nas ostalih koji smo se čvrsto držali za ruke i zurili u nju.

Pokojnica je zatim na naše opšte zaprepašćenje ispričala kako je već dve godine bila primorana da "deli" ljubavnika sa svojom majkom! Priznala je da je živela sa svojim mladim očuhom plejbojem, koji ju je zaveo kao osamnaestogodišnju devojku! Kada je nedavno otkrila da nosi njegovo dete, odnosno svog "brata", pokušala ga je nagovoriti da zajedno pobegnu. Ali mladi plejboj, lenčuga po prirodi, nije se usudio udaljiti od prebogate glumice sa kojom je imao osiguranu budućnost! To ju je razočaralo i dotuklo, pa se nagutala pilula i jedne retke droge. Umrla je na mestu i sada joj je strašno žao što je to učinila, jer će morati za to ispaštati! Nije nam objasnila kako.

I tu je u stvari bio kraj seanse. Svi smo svratili naše poglede sa medijuma na sirotog plejboja, čije je lepo lice poprimilo nekakvu sivo-pepeljastu boju! Glumica je prva prekinula "kolo" oko stola, jer se uskoro srušila sa stolice na tepih! Užasno saznanje da joj je ćerka živela s očuhom i da nosi njegovo dete, potpuno ju je dotuklo!

- Sedite! - oštro nam naredi dama medijum pošto su se neki oko stola uzvrpoljili. - Ona će biti u redu! - umirila nas je kao da se radi o kakvoj sitnici. - Ova druga gospođa bi želela nešto da poruči svom sinu! Kaže da se zove "Roza" ili "Ruza"!

Kad se tada nisam i sam skljokao na pod, verovatno nikad više neću. Moja pokojna majka se zvala Ruža, a to nije mogao znati apsolutno niko od prisutnih! Promucao sam da se moja majka tako zvala...

- Ona vam poručuje da vas mnogo voli i da vas neće večeras uznemiravati jer vidi da ste veoma uzbuđeni. Kaže da ćete uskoro popričati kod vaših domaćina!

To je bilo sve. Po licima prisutnih se moglo zaključiti da smo svi teško zažalili što smo ovamo došli! Ostao sam u Holivudu još nedelju dana pa sam od mog prijatelja saznao da je glumica naredila naknadnu ekshumaciju leša svoje pokojne kćerke. Dve nedelje kasnije u Torontu mi je stiglo pismo u kojem me reditelj obaveštava da je devojka zaista bila treći mesec u drugom stanju!

Ovaj moj prvi "kontakt s onim svetom" toliko me je šokirao, da sam počeo gotovo nesvesno da prikupljam i studiram literaturu o toj nedovoljno ispitanoj dimenziji. Zahvaljujući tim grdnim spisima, knjigama, fotosima i naučnim člancima, danas sam u stanju da vam prepričam sva ova širom sveta nagomilana iskustva.

INDIREKTNI KONTAKTI

Pored ovih direktnih stupanja u vezu sa pokojnima, postoje i indirektni. Razlika je u tome što u direktnima "mi" odlučujemo o mestu, vremenu i osobi medijuma, a u onom drugom slučaju "oni" odlučuju o načinu kontaktiranja! To se može desiti u toku najobičnijeg sna, što je ujedno i najmasovniji oblik

komuniciranja s mrtvima. Pošto je naš "duh" veoma olabav-
ljenih veza s telom u toku sna, kažu stručnjaci, onima s druge
strane je lakše da nam "projeciraju" razne poruke. Ili, u nekim
drugim slučajevima, oni mogu i da nas - posete!

Za one tvrdoglave čitaoce koji još uvek imaju živaca da
nastave čitanje ove knjige, navešćemo istinit događaj koji se
desio u SAD 1962. godine.

Rodni Foster, sa suprugom Elizabetom i desetogodišnjom
ćerkicom Doli živeo je prijatnim stilom čoveka srednje klase.
Bio je jedan od direktora poznate agencije za osiguranje i sa
godišnjom platom od trideset pet hiljada dolara, i mogao je taj
luksuz sebi priuštiti. Fosterovi su živeli u novom bungalovu tek
sazidanom specijalno za njih, u jednoj od boljih četvrti grada
Denvera u Koloradu. A onda je jednog vedrog letnjeg popod-
neva porodicu Foster iznenadila tragedija.

Gospođa Foster je sedela u dnevnoj sobi i pratila na
televiziji svoju omiljenu emisiju, a mala Doli se sunčala pozadi
u prostranom dvorištu i povremeno skakala u veliki bazen za
kupanje, kojim su se Fosterovi ponosili. Iz susednog dvorišta
čulo se kloparanje male motorne kosilice, kojom je njihov
sused Rodrigez kosio svoju dvorišnu travu. Delila ih je daščana
ograda srednje visine, preko koje su se on i mala Doli o nečem
dovikivali.

Kako mu devojčica nije odgovorila na poslednje ponovlje-
no pitanje, on se propeo preko ivice ograde da je vidi, ali je više
nije bilo u platnenom naslonjaču pored bazena. Pomislio je da
je ušla unutra i nastavio da seče svoju travu. Ali kada se po
treći put vratio ogradi i opet pogledao u susedno dvorište,
primetio je nepomično telo devojčice kako licem prema dole
pliva nemirnom površinom vode u bazenu. Bez oklevanja je
preskočio ogradu i onako obučen uskočio u bazen. Gospođa
Frejzer koja ga je primetila kroz veliki stakleni prozor dnevne
sobe skočila je iz svog sedišta, shvatajući da se nešto desilo sa

njenom Doli. Gotovo bez daha je istrčala u dvorište gde je Rodrigez već klečao presamićen nad nesrećnom devojčicom, pokušavajući da je povrati veštačkim disanjem "usta na usta". Posmatrajući njegove napore stajala je nesrećna majka po strani, usta prekrivenih rukama koje su se tresle.

- Ne stojte tu kao kip - doviknuo joj je sused - nego odmah pozovite ambulantu!

Ali sve je već bilo uzalud. Maloj Doli više se nije moglo pomoći. Tek nakon detaljnog pregleda i seciranja u obližnjoj bolnici otkrilo se da je patila od ozbiljne srčane mane. Nije ostalo razjašnjeno da li je nešto hladnija voda tog dana imala ikakav udeo u ubrzavanju srčanog udara ali je bilo jasno da se utopila usled iznenadnog gubitka svesti.

Ovim iznenadnim odlaskom male Doli za nesrećne roditelje je nastupio pravi duševni pakao. Ocu je trebalo više od dva meseca da bi se povratio od šoka a gospođa Foster je zapala u takvu duševnu depresiju iz koje se više nije oporavila ni posle dve godine. A onda se mala Doli jednog dana ponovo pojavila u svojoj bivšoj kući, ali na vrlo originalan način. Opisaćemo vam ovde ceo taj slučaj, jer je jedinstven po svom fenomenu takozvane "indirektne prikaze".

Godine 1963. jesen je bila vrlo blaga, pre je ličila na neku vrstu produženog leta. U školskom dvorištu katoličkog internata "San Džozef" odvijao se čas fiskulture. Dečaci i devojčice vežbali su salto preko "konja". U tome su im pomagala dva iskusna nastavnika. Ali dvanaestogodišnjoj Doroti Melvin se izgleda veoma žurilo, jer kada je skočila preduhitrila je nastavnike koji su još uspravljali prethodnog učenika. Pala je tako nezgodno, da je ostala ležeći u travi bez svesti. Službenik hitne pomoći zaključio je da je devojčica zapala u neku vrstu kome i da se mora odmah prebaciti u najbližu bolnicu.

Sticajem okolnosti, bila je to ona ista bolnica u koju je pre dve godine bila prebačena i mala Doli Foster na seciranje.

Smestili su je onako obučenu u jednu praznu sobu prema kojoj je već žurila specijalna lekarska ekipa. Ali u tom kratkom periodu, devojčica je odjednom došla svesti, ustala, mirno pokupila sa poda tašnu sa svojim knjigama i prišla vratima iza kojih je čula jasan razgovor svojih uzbuđenih nastavnika koji su je dopratili i sada uznemireni čekali ishod prvog stručnog pregleda. Tu se Doroti iz samo njoj poznatih razloga predomislila i napustila sobu kroz poluotvoren prozor. Ovo joj nije bilo teško, jer se soba nalazila u prizemlju zapadnog krila zgrade. Nakon svega stotinak kora-ka, našla se u obližnjoj ulici niz koju se uputila prema Golf Klubu.

Bilo je tri časa popodne, gospođa Foster je po svom starom običaju gotovo nepomična sedela i piljila svojim uvek ovlaženim očima nekud u daljinu, kroz veliki prozor dvorišta iza kojeg se talasala plava voda dvorišnog bazena. Ona nije još uvek mogla sebi oprostiti što se bila zanela posmatranjem televizijske emisije tog kobnog dana kada je izgubila jedinicu kćerku. Nikad više otada se nije posvetila ni televizijskom programu a ni svom inače omiljenom čitanju. Sate bi provodila tugujući za svojim izgubljenim detetom. Iz tog melanholičnog stanja, trgli su je veseli poznati joj zvuci zvonca sa ulaznih vrata. Samo njena Doli je zvonila jednom dugo i pet puta kratko, veselu završnicu Marša Pajaca!

Usplahirena je skočila iz svoje fotelje i požurila ulaznim vratima, kroz čija obojena stakla se već nazirala silueta devojčice. Dok joj se krvni pritisak penjao abnormalnom brzinom, otvorila je širom vrata i propustila unutra veselu devojčicu slične visine i kose njene pokojne Doli...

- Zdravo, mamice! - reče nepoznata mala gošća i po starom Dolinom običaju, prope se na prste da je poljubi u obraz.

Gospođa Foster je stajala kao paralisana. A kada dete nastavi u pravcu spiralnih stepenika koji su vodili na prvi sprat vile, ona tiho zatvori ulazna vrata i pođe za njom. Doroti

Melvin, jer to je bila ona, kao da je poznavala raspored kuće i svih soba, umaršira u bivšu sobu male Doli. Otvorila je baš onaj plakar u kojem je Doli držala svoje knjige i ostavila svoju školsku tašnu. Zatim je ušla u kupatilo u kojem je sve ostalo nedirnuto i počela da pere ruke. Posle toga je proverila drugi jedan plakar sa svojim omiljenim igračkama, pomilovala velikog pajaca po crvenom nosu, malo mu ga zavrnula, a iz igračke se začuše poznati joj zvuci uspavanke. Onda je odjednom sve to vratila na mesto i sela na svoj uredno spremljeni krevet, ruku spuštenih u krilo, baš kako je uvek sedela i pokojna Doli. Odatle je veselo posmatrala smrtno bledu gospođu Foster koja se klatila u širom otvorenim vratima.

- Ko si ti, zlato? - prišla joj je uzbuđena majka klecavih kolena i spustila se pored nje na ivicu Dolinog kreveta.

- Ja sam tvoja Doli, mamice. Zar me ne poznaješ?

- Oh, Bože? - počeše ženi nekontrolisano da teku suze.

- Naravno da te prepoznajem srce! Godinama sam se molila dragom Bogu da mi te vrati, bar još jednom u životu! Strašno mi nedostaješ, mila!

- Ne budi tužna, mamice - nežno je pomilova devojčica po od suza vlažnom licu. - Samo zbog tebe sam se i vratila, da ti kažem da više ne tuguješ za mnom. Znaš mamice, ja u stvari nisam umrla, nalazim se u jednom drugom, mnogo lepšem svetu od ovog.

- Hoćeš li mi ikada oprostiti što te nisam bolje pazila onog prokletog popodneva? - jecala je nesrećna majka.

- Ne plači - brisala joj je Doroti suze svojim prstima, - tako je moralo da bude! Zato nemoj više da se odričeš sopstvenog života zbog mene. Ti si mi bila vrlo nežna i dobra majka, ali moja smrt nije tvoja krivica. Uostalom, tamo gde sam sada, mnogo mi je bolje i lepše nego mi je bilo na ovom svetu!

Ove čudne reči nepoznate devojčice kao da malo umiriše gospođu Foster, ona i sama poče da briše oči od suza, ali ni za trenutak ne ispuštajući iz vida ljupku devojčicu pored sebe. Ovde se mala Doroti odjednom uhvati rukom za čelo i umorno zaklopi svoje plave oči...

- Moram sada da se vratim... - reče još Doroti i bez svesti se opruži na leđa po površini kreveta.

Gospođa Foster joj sa nežnošću majke podiže noge sa poda i položi na krevet, čak je prekrivši delom gornjeg svilenog pokrivača. Još jednom ju je blago pomilovala po čelu i ostala pored nje da sedi. lako joj nije sve bilo najjasnije, gospođa Foster je bila i ostala čvrsto uverena da ju je tog popodneva posetila njena pre dve godine umrla ćerka. Otprilike, u isto vreme, tačno pre dve godine, istog tog datuma, utopila se i mala Doli Foster!

Kada su upali u sobu male Doroti Melvin, lekari su se zbunjeno zagledali jedni u druge. Dvojica nastavnika su posvedočila da se nije pojavljivala na vratima. Bilo je jasno da se Doroti u međuvremenu povratila iz nesvesti i "pobegla" kroz prozor! Bilo je ovo prilično čudno, jer je Doroti Melvin važila za vrlo pametnu i vaspitanu devojku. Odmah su pozvali njene roditelje koji, još uvek, o celom slučaju nisu imali pojma. Ne, rekoše im odande, Doroti se nije pojavila kod kuće!

Dok su uzbuđeni roditelji hitali u bolnicu, škola je pozvala lokalnu policijsku stanicu. Svi su se počeli pribojavati onog najgoreg, odnosno da se devojčica probudila u polusvesti i sada sama lunja nekud po gradu. A u modernom društvu kakvo je američko, takve se avanture obično tragično završavaju jer ulicama gradova potuca se i velik broj opasnih tipova svake vrste. Šerif je odmah sazvao svoj specijalni odred koji se bavio nestancima i kidnapovanjem dece, na brzinu su izrađene i razaslane fotografije male Doroti, a pre večernjih vesti ih je primila i lokalna televizijska stanica.

Kada je u šest na vestima ugledala sliku male Doroti Melvin, gospođa Foster je odmah prišla svom telefonu...

- Kancelariju šerifa, molim - zatražila je od dežurnog služ-
benika.

- Šerif pri telefonu! - začuo se dubok muški glas.

- Nestala devojčica koju tražite, nalazi se živa i zdrava u
mojoj kući.

- Koja je vaša adresa, gospođo? - upita šerif istim smire-
nim tonom, mada je mislio da se radi o nekoj smicalici kakve
su u sličnim slučajevima takođe bile česte.

Kad su, kao bez daha, dojurila šerifova kola u diskretnu
otmenu ulicu, pred vratima ih je već čekala gospođa Foster...

- Sledite me - samo je rekla zadihanim policajcima.

Uvela ih je u sobu male Doli, u koju su se jedva svi nagu-
rali. Šerif je naravno, najpre opipao puls zaspalog deteta i sa
radošću ustanovio da je živo.

- Kako se to desilo? - pogleda on u gospođu Foster.

Ono što je zatim čuo, zaprepastilo ga je. Zapanjili su ga i
ostali neshvatljivi detalji. Nikom nije bilo jasno otkud je mala
Doroti mogla znati za kuću Fosterovih, kad je živela u supro-
tnom delu grada! Otkud je znala da se umrla ćerka Fosterovih
zvala Doli? Kako je mogla znati za raspored kuće, kad u njoj
nikad nije bila? Pa ona *karakteristična* zvonjava na vratima!

Naravno, ceo slučaj se mogao objasniti na *jedini* logičan
način, što su lokalne TV stanice i novine širom zemlje i učinile:
ganuta strašnom tugom svoje nesrećne majke, pokojna Doli je
odlučila da joj se za trenutak vrati i "objasni" joj neke stvari.
Odabrala je dan i trenutak koji joj je najviše odgovarao. Bila je
dvogodišnjica Doline smrti, sunčano popodne, a i pogodno
"vozilo" na ovaj materijalni svet, odnosno onesvešćena Doroti
Melvin. Opsela je njeno materijalno telo, i pošla svojoj bivšoj
kući. Pošto se sita napričala sa svojom majkom, na isti način je
oslobodila telo Doroti Melvin na koji ga je i opsela i vratila se u
svoj bolji i lepši svet - paralelni!

Što se tiče Fosterovih, neobični susret sa nepoznatom

devojčicom toliko je izmenio ponašanje Doline majke, da je godinu dana kasnije, čak i rodila jednu drugu devojčicu. Naravno, nazvali su je Doli, verovatno iz očajne želje i nade da će se "duh" njihove voljene kćerke "useliti" u ovo novo telo!

Da li se je zaista uselio, bojim se ostaće za nas tajna.

SNIMANJE "POKOJNIH" GLASOVA

Bilo je gluvo doba noći.

Mada je poslednji TV film već odavno završio, Stejsi Lukas je još uvek nemo piljila u "kišu" na TV ekranu. Uopšte nije primećivala da je program završen niti je čula karakteristično šuštanje etera sa ekrana. Kao hipnotisana je blenula ispred sebe, zanesena sopstvenim crnim mislima. A budućnost Stejsi Lukas nije bila ni malo ružičasta. U stvari je više nije ni imala, jer joj je ovo bila poslednja noć u maloj porodičnoj kući smeštenoj u gustišu velike farme. Znala je da je ništa na svetu ne može spasti od glomaznog šerifa Mejsona i opštinskog poreznika koji će zakucati na njena vrata već oko sedam časova ujutro. Doći će po nju sa malim opštinskim kamionom i iseliti je u obližnju seosku školu gde će moći ostati samo do kraja februara, a onda mora i odande otići kud god zna!

Stejsi je bila učiteljica, stara oko 30 godina, još neudata. Nije se udala zbog starog oca, bolesnog i vrlo nervoznog čoveka preke prirode. Uz sve ovo, Lukas je bio i užasno škrt i jeftin čovek. Za svaku sitnicu se satima cenjkao, nerado je plaćao svoje dugove i takse, pa su se tako one nagomilale na preko 20 hiljada dolara! Kada je pre godinu dana umro, Stejsi ga je morala sahraniti "na kredit" od banke. Svi su je žalili i pomagali joj koliko su mogli, ali sada joj više niko nije mogao pomoći. Tula je bila mala teksaška varošica od jedva 3.000 stanovnika, okružena uglavnom pustinjskim predelima. Od svakih sto odraslih, radilo je svega tridesetak. Stejsi je, naravno, primala od opštine platu, ali tih četiristopedeset dolara bilo joj je jedva dovoljno za životne nužnosti. Zbog svega toga pala je te noći u tešku depresiju, ne znajući šta da uradi, a na um su joj počele padati i najcrnje ideje! Odjednom ju je iz ovih košmarnih misli prenuo rezak zvuk obližnjeg telefona...

Devojka se trgla pogledavši na zidni sat. Bilo je prošlo dva. Ko bi je mogao zvati tako kasno? Momka nije imala, a onih nekoliko prijatelja su je u poslednje vreme počeli izbegavati, svesni da joj ne mogu pomoći...

- Halo! - reče ona tihim, baršunasto promuklim glasom, čekajući da se neko javi iz šuštavog etera slušalice...

- Gospođica Lukas?! - konačno upita oštar muški glas.

- Da - potvrdi ona još slabijim glasom, prirodno pomislivši da je zovu iz šerifovog ureda u Tuli.

- Imam poruku za vas - reče glas.

- Da?! - očekivala je Stejsi najnoviji udarac sudbine.

- Vaš otac vam poručuje da prestanete da se brinete, jer se novac koji vam je potreban nalazi sakriven u garaži ispod duplog dna njegove kutije za alat!

Nastupi grobna tišina, a onda se linija prekide...

- Halo! - poskoči devojka sa sedišta. - Halo!

Ali sa druge strane se čulo samo "zauzeto" brujanje. Stejsi poče lagano da se trese, a ovo se uskoro pretvori u pravu groznicu. Bože, šta da radi? Ko je to mogao biti? Ta, njen otac je mrtav već više od godinu dana! Da nije neki njegov prijatelj ili ortak u kakvom poslu, pa se na nju sažalio? Ali da bi sebi bar donekle odgovorila na ovu bujicu nemih pitanja, morala je odmah proveriti informaciju. Zamotala se vunenim šalom, jer su pustinjske noći prohladne pa se žurnim korakom uputila preko mračnog dvorišta u pravcu ambara i obližnje garaže. Upalila je svetlo i nervoznim pokretima počela prevrtati po alatu i raznim kutijama. Kada je naišla na veliku crvenu kutiju za alat, povadila je svih šest fioka i počela da ispituje dno, kuckajući ga prstima... Odzvanjalo je nekako čudno pa Stejsi okrete kutiju naopačke. Zapanjena se zagledala u šest šrafova, što je bilo krajnje neobično jer takve kutije imaju presovano dno iz jednog dela! Nespretno je počela odvrtati šrafove specijalnim šrafcigerom i taj joj se posao učinio najdužim u životu...

Pažljivo je odigla plehano dno i zagledala se u svežnjeve dolarskih novčanica krupne vrednosti! Učinilo joj se da će izgubiti svest, jer joj je već na prvi pogled bilo jasno da se pred njom nalazi pravo malo bogatstvo! Osećajući slabost u celom telu, Stejsi poče da vadi novčanice i trpa ih sebi u haljinu. Zatim se laganim koracima uputila natrag prema kući, plašeći se da ne izgubi ravnotežu. Unutra se skljokala u fotelju zureći u svežnjeve ispred sebe u krilu. Počela je ovlaš da ih prebrojava, radilo se o najmanje trista pedeset hiljada dolara!

Iz ovog letargičnog stanja je opet prenu zvono telefona...

- Halo! - zgrabi ona nervozno slušalicu. - Halo!

Usledi kratka tišina...

- Jeste li pronašli taj novac? - začu se onaj isti glas.

- Jesam! - potvrdi devojka plačnim glasom. - Ko ste vi, gospodine?! Recite mi za ime Boga!

Ali po šumu iz slušalice činilo se da onaj odugovlači.

- Zovem se Martin Bloh - reče na kraju. - Službenik sam telefonske centrale u Dalasu. Već tri pune godine javljaju mi se razna lica "s one strane", šaljući poruke svojima. Mnoge su nejasne ili zbunjene a neke poput vašeg oca, jasno mi dolaze i sa tačnim adresama ili telefonskim brojevima.

Stejsi ga nije prekidala iz prostog razloga jer je bila za trenutak izgubila moć govora.

- Kažu mi psiholozi da je to usled neke specijalne vidovitosti koje nisam svestan, a pomoću koje se sa mnom može lako komunicirati s one strane pomoću telefona!

Tu Stejsi izdadoše ionako labavi živci i ona poče tužno da

cvili u slušalicu. Čovek iz centrale poče da je teši i da se raspituje o njenim problemima, pa joj pred zoru ostavi svoj kućni broj i zamoli da ga uveče opet pozove. Neispavana, isplakana i prebledela devojka ostade budna još dugo u noć, razmišljajući da li je sve ovo ipak moguće? Stejsi Lukas niko na svetu ne bi više uspeo razuveriti u postojanje "drugog sveta"!

Do prvog "elektronskog" hvatanja glasova s one strane, došlo je sasvim spontano. Krajem pedesetih godina jedan Sveđanin po imenu Jirgenson poželeo je da snimi na svom magnetofonu cvrkut ptica iz svoje bašte. Uključio ga je i otišao u grad a kada se vratio, očekivalo ga je iznenađenje. Izmešani sa ptičjim cvrkutom, začuli su se i neki čudni glasovi! Govorili su na više jezika, od kojih je Jirgenson neke poznavao. Zaintrigiran ovom neobičnom zvučnom pojavom, Sveđanin je nastavio sa eksperimentima pomoću magnetofona i radija istovremeno. Uskoro je njegov sistem hvatanja "onostranih" glasova bio toliko savršen da su se poruke mogle sasvim pouzdano razjasniti i prepoznati. Otkud je znao da su "s one strane"? Pa jednostavno. Ljudi koji su mu se javljali, predstavljali su se imenima poznatih naučnika, umetnika ili vojskovođa - davno pomrlih! Čuli su se razgovetno njihovi glasovi, poruke ili čak pesme!

O ovom slučaju ubrzo su čuli i neki u svetu poznati parapsiholozi pa se "hvatanje glasova" proširilo i na laboratorijske uslove pod kojima se beleži i ispituje i do današnjeg dana. Kažu, svako može snimati glasove pokojnih ako pored dobrog magnetofona namesti radio aparat na skalu "između dve stanice", odnosno na šum etera. Jačina snimanja se podesi do maksimuma a kasnije se mogu čuti ti famozni glasovi koji dolaze - niotkuda! Gospodin Martin Bloh je čak napravio i sopstvenu šemu specijalnog telefona pomoću kojeg se može razgovarati sa pokojnima.

Džek Beri iz Sakramenta, je bio izvrstan radio-tehničar na lokalnoj stanici, ali i okoreli kockar. Naročito na konjskim trkama. Kada je u poznatom naučnom časopisu pročitao o snimanju i slušanju glasova "s one strane" Džek je još iste večeri počeo da radi na "superjakom" prijemniku s ugrađenim magnetofonom. Nemajući vremena da stalno sedi u podrumu i čeka na "poruke", on bi uključio magnetofon ujutro pa ga na brzinu preslušao uveče. Ništa mu nije uspelo čitavih mesec dana, ali Džek je bio tvrdoglav i uporan čovek. Strpljenje mu se jedne nedelje isplatilo. Odjednom je naišao na neke šumove i zaustavio traku u premotavanju... Ćuo je glas spikera kako prenosi konjske trke... Pobedio je konj po imenu "Siva Lisica"! Džek Beri je naglo prebledeo. Dobro je znao da će taj konj učestvovati na trkama iduće nedelje, a i glas spikera mu je bio dobro poznat. Bio je to poznati komentator sa lokalne radio stanice koji je umro pre šest meseci! Da li je sve to ipak moguće pitao se zapanjeni tehničar.

S nestrpljenjem je sačekao iduću nedelju i prvi put u životu - nije se kladio ni na jednog konja, mada su ulozi bili poveliki. Pobedio je "Siva Lisica"! Džek Beri je poslenji ustao sa tribine. Jedva je hodao do svoje kuće. Tamo je uključio magnetofon i sledećih dana s nestrpljenjem očekivao sledeću poruku. Stigla mu je u petak. Preslušao je deo "prenosa" specijalno izvedenog za njega i zabeležio ime jednog nepoznatog konja. Uplatio je gotovo hiljadu dolara i dobio natrag - pet hiljada! Vi već i sami predosećate kraj ove tragikomične priče, zar ne? Tačno to mu se desilo - posle dva i po meseca "nepogrešne" prognoze, naišao je glavni derbi sa izgledima na ogromnu zaradu. Džek nije imao toliki novac, pa je prodao kuću i iselio se sa ženom i troje male dece u obližnji hotel. Žena ga je u svemu do kraja podržala jer je trebalo da zarade oko pola miliona! Na njihovu

nesreću, naznačeni konj koji je u "radio-prenosu" bio imeno-
van, spotakao se deset metara pred ciljem i pao! Kroz cilj je
prošao drugi po redu i odneo sobom svu Džekovu ušteđevinu i
trideset četiri hiljade dolara od prodaje kuće, ukupno nekih
pedeset hiljada dolara!

Šta se desilo, pitaćete se? Pa, već smo vas upozorili na
"zle", "pakosne", "šaljive" i njima slične duhove. U specija-
lnom intervjuu koji je Džek dao jednoj velikoj novinskoj mreži,
on je priznao da se baš nije za života slagao sa tim pokojnim
reporterom, ali kada je čuo njegov glas pomislio je da onog
tamo grize savest pa želi da mu odande malo pomogne! Ali ako
se ima na umu da se duhovi "tamo" ne ponašaju naročito
drukčije od načina na koji su se ponašali "ovde", onda je jasno
da je pokojnik u stvari podvalio sirotom Džeku! Naravno, kažu
neki parapsiholozi, postoji i jedno drugo sasvim prirodno obja-
šnjenje: reporter se zaista pokajao zbog nesuglasica s Džekom,
pa je želeo da mu se zbog toga "oduži" ali je za ovo u posle-
dnjem trenutku saznao neki od tamošnjih "vodiča" i podmetnuo
pobedničkom konju - nogu! Jer, da nije pao, konj bi zaista
pobedio a Džek postao bogataš!

Trenutno u svetu postoji oko sto hiljada naučnih ili priva-
tnih traka sa snimljenim glasovima iz "paralelnog sveta" i za
njih postoji samo jedno jedino objašnjenje - ukoliko su to zaista
glasovi pokojnika koji za sebe tako tvrde, onda paralelni svet
kao takav zaista postoji a takozvana energija svesti, odno-sno
duša ostaje neoštećena nakon fizičkog propadanja tela! Ja se
lično nisam bavio ovim eksperimentima ali sam kod doktora
Sefera imao priliku da čujem jednu od takvih traka klasifi-
kovanu pod "AUTENTIČNO"!

Oni koji nam se odande javljaju ma ko bili a pouzdano i
naučno je dokazano da se javljaju, čine to samo iz jednog
razloga - da nas uvere u svoju egzistenciju. Oni žele da nam
stave do znanja da smrt kao takva ne postoji, već da ćemo se,

nakon fizičke smrti naći u jednoj drugoj, za sada nepoznatoj dimenziji u kojoj ćemo zadržati punu i jasnu svest i memoriju. Uzrečica "vidi pa umri" nije najtačnija, nego "umri pa vidi"!

LIČNA ISKUSTVA

Svako veče, oko dvesta hiljada Amerikanaca i Kanađana razgovaraju s mrtvima! Ne, ovo nije nikakva šala, tvrde pouzdane statističke agencije. Ovoj tvrdnji ide u prilog i velik broj "Uidži ploča" (ploča za razgovor s duhovima) koje se prodaju širom SAD i Kanade. O čemu se radi? U pitanju je mala kartonska ploča sa štampanom azbukom i plastičnim trouglom. Ploča se postavi nasred stola, zatim dvoje ili više osoba oba pola posedaju oko stola pazeći da se ne dodiruju. Svaka od prisutnih osoba stavi desni kažiprst na mali plastični trougao i on istovremeno - krene! Krene gde, pitaćete se? Pa lepo krene od slova do slova i počne tako da sriče reči i čitave poruke koje "oni s druge strane" žele da dostave nama "na ovoj strani"!

Ova moderna igračka za odrasle nije skorog datuma. Sa mrtvima se na ovaj način razgovaralo vekovima, ali su za taj proces najpre znali isključivo sveštenici. U stara vremena to se radilo sa običnom staklenom čašom naopako okrenutom, dok se okolo nalazila ispisana azbuka. Sem u SAD ovom se okultnom igrom zabavljaju i mnogi Nemci, Francuzi, Šveđani i drugi. Oni koji nemaju mogućnost da kupe ovu "igru", jednostavno obrnu stakenu čašu nasred glatkog stola, zatim, na komadiće papira ispišu slova azbuke i poređaju ih oko čaše. Postupak je isti. Dvoje ili više osoba stave kažiprst desne (ili leve) ruke na gornji deo čaše i čekaju. Obično se pored azbučnih slova napišu na dva papira "DA" i "NE". Ovo veoma skraćuje postupak razgovora.

Za "Uidži ploču" sam saznao od istog reditelja koji me je poveo sobom na moju prvu u životu seansu prizivanja duhova pomoću medijuma. Moji domaćini su me podsetili da je moja majka tada izrazila želju da sa mnom popriča i predložili da mi demonstriraju ovu tajanstvenu igru, kako bi mi pomogli u lakšem shvatanju i prikupljanju materijala za buduću knjigu. Prepričaću vam šta mi se te noći desilo u vili mog prijatelja na Holivud Hilsu, i to iz dva razloga: da vas zabavim, a zatim upozorim!

Petoro nas posedalo je oko uglačanog drvenog stola. Oblik stola nije važan ali mora biti drven ili staklen. Na sredinu su okrenuli naopako jednu visoku čašu od lakog stakla tako da joj je stalak strčao uvis. Zatim su ispisali na malim komadima iz notesa azbuku latinice kao i dva papira sa "DA" i "NE"! Kao i svaki skeptik očekivao sam neku masnu podvalu, mada mi se kosa još nije sasvim slegla od one prve seanse! Shvatio sam da sve ovo čine kako bih bolje zapazio detalje.

Kada je sve bilo spremno njih četvero su stavili kažiprst na dno obrnute čaše. Ponudili su i meni ali mene je bilo teško nagovoriti. Odlučio sam da budem samo pasivan posmatrač i dobro je što sam tako mudro postupio, utoliko je moj šok bio veći! Nakon nepunih desetak sekundi, čaša se polako pomerila u pravcu "DA"!

- Ovo znači - odmah mi *prevede* moj prijatelj - da se sme slobodno razgovarati! Jer pored dobrih duhova na onoj strani ima i rđavih ili pakosnih, u čijem bi prisustvu bilo nepoželjno izmenjati informacije!

Sa krajnjim naporom sam uspevao da suzdržim ironičan smešak.

- Ko ste vi? - upita sad jedna dama iz društva.

- MARTA - sroči čaša bez problema.

- Moja sestra Marta? - odmah proveri supruga mog prija-telja.

Čaša krene prema papiriću sa ispisanim "DA"!

- Ako ste vi zaista moja sestra Marta, onda se svakako sećate imena krpene lutke koju smo zajedno imale!

- NIKI - odmah ispiše čaša.

Ona gospođa se nasmeši i objasni mi:

- Pazite! Uvek morate "proveriti" osobu koja vam se predstavi kao poznanik ili rodbina! Ovo iz razloga što često "na čašu" navrate i potpuno strane osobe željne "trača" ili još gore, pakosne osobe. Ovi neprijatni "dusi" često mogu da vam daju kakvu pogrešnu informaciju, koja bi vam lako mogla upropastiti ostatak života ili karijere!

Ovo, pomislim ja, nije baš "igra" za svakog. I tu počne Marta da priča sa svojom živom sestrom o svemu i svačemu, uglavnom nevažnim stvarima iz ovog i "onog" života. Postavljali su joj pitanja koja bi mogla mene da interesuju i kako bih ja mogao lakše da dođem do nekog korisnog zaključka. Englezi su znate, vrlo pristojan i prijatan svet. Oni vam nipošto ne nameću nešto u šta niste u stanju da verujete, samo vam to pokažu, pa vas ostave zaprepašćene.

- Želi li još neko sa nama da popriča? - upita ona dama nakon otprilike pola časa.

"DA" - potvrdiše "oni s druge strane".

- Sa kime biste želeli da govorite?

Polako sročiše moje ime! Ali naravno, odmah pomislim ja, prisutni dobro znaju kako se zovem, a čaša se "kreće" ispod njihovih prstiju!

- A ko ste vi? - upitam ja, još uvek sedeći po strani.

Čaša polako sroči ime jednog poznatog jugoslovenskog filmskog radnika, koji je umro pre dosta godina. Čak i sada kad pišem ove redove osećam kako mi se odiže kosa na glavi. Prisutni su očigledno primetili naglu promenu boje na mom licu, jer svi povukoše ruke sa čaše i upitaše me da li je sa mnom sve u redu? Ja sam ih unezvereno posmatrao. Otkud bi oni mogli znati ime tog čoveka inače mog bliskog poznanika iz Kino Kluba Beograd?

- To nije moguće! - na kraju sam promucao.

- Šta nije moguće? - blago me upita moj prijatelj.

- Otkud vi znate ime tog čoveka?

- Mi nikad nismo čuli za to ime! - smešio mi se on. - Čovek koji se tako predstavio želi sa vama da razgovara!

Ali ovakvo objašnjenje naprosto nije mogao da shvati "drukčije" programirani mozak! Brzo sam razmišljao. Ako stvarno razgovaraju sa "duhom" tog čoveka onda bi on morao znati iste stvari iz prošlosti koje su i meni poznate...

- Ako ste vi zaista taj za kojeg se izdajete - rekao sam na srpskom - onda smo zajedno bili dugogodišnji članovi iste organizacije! Kako se zvala?

Pošto niko od prisutnih nije znao ni reči srpskog, moje iščekivanje odgovora bilo je utoliko napetije...

- KINO KLUB BEOGRAD - ispisala je čaša.

Bio sam iskreno preneražen. Nije mi išlo u glavu kako su tih četvero Engleza mogli ovako jasno odgovarati na njima "nepoznatom" jeziku? Da sam i sam držao prst na čaši, pomislio bih, prirodno, da je u pitanju moja - podsvest!

- Ako je i to tačno - nastavio sam nemilosrdno da ga testiram - onda vi znate i kakav je bio moj nadimak!

- DIZNI - sroči čaša bez zapinjanja.

I ovo je bilo tačno. Ja sam se upisao u Kino Klub Beograd 1955. godine. Bio sam najmlađi član i "lud" za crtanim filmovima. Već prve godine Klub mi je omogućio da nacrtam svoj prvi crtani film, koji je istovremeno postao prvi amaterski crtani film u Jugoslaviji!

- Kako se zvao moj prvi crtani film? - pade mi na um.

- BOKS MEČ! - dobih spreman odgovor.

Zatražio sam od prisutnih "odmor"! Bio sam toliko uzbuđen i iscrpljen ovim kratkim dijalogom, da sam se čak za trenutak opružio na obližnjem kauču. Glava mi je pucala. U nju nikako nije ulazilo ovo najnovije iskustvo. Bilo je to kao kad bi neko silom pokušao da ugura slona u kućicu za pse.

Sat kasnije sam se malo primirio i pristao da i sam stavim prst na čašu. Pitao sam mog bivšeg druga kako je umro i "zašto". Pošto sam mu bio na sahrani, tačno je nabrojao sve glavne prisutne "zvezde" Jugoslovenskog filma onog vremena koje su došle da ga isprate. Onda mi je dao nekoliko važnih informacija o mojoj predstojećoj karijeri. Izvinio mi se zbog šoka koji sam pretrpeo, ali je objasnio da ga je dovela sa sobom moja pokojna majka koja ga je lično poznavala jer je za života dolazio kod nas. Želeli su ovim da me "ubede" u neke stvari koje bi trebalo da znam!

Zatim se javila moja majka, kako mi je obećala na pret- hodnoj seansi kod one žene medijuma. I ona je odgovorila na moj "test" bez zapinjanja. Samo ona i ja smo znali te odgovore. Prekorela me blago zbog mog skepticizma i rekla da bi trebalo da napišem knjigu o Paralelnom svetu. Objasnila mi je da će ta knjiga pomoći onima koji se kolebaju da se "opredele", jer oni koji u te stvari ne veruju, neće svoj stav promeniti ni pored knjige, a onima koji u Boga veruju, knjiga nije ni potrebna! Pošto me je upozorila da se ne služim razgovorom na čašu, zbog velikog broja uvek prisutnih "negativnih duhova", ugovo- rili smo datum, mesto, šifru i "specijalan način" sledećeg razgovora.

Sa velikom nervozom sam čekao taj datum i deset uveče! Desilo se to posle mesec i po dana, u Torontu. Za stolom smo sedeli samo supruga i ja. Pored mene se nalazila nova sveska i olovka. Pošto je znala "lozinku", moja majka je počela odgo- varati na naša pitanja. Mene je, prirodno, najviše interesovala "tehnička" strana paralelnog sveta. Bio sam iznenađen novim rečnikom i poznavanjem nauke moje bivše majke, inače prose- čno načitane osobe bistra uma. Za vas ću, dragi čitaoci, ovde ponoviti samo neka interesantna pitanja i odgovore, koji se uglavnom slažu sa odgovorima drugih izvora, mada su neki vrlo originalni i možda zabeleženi prvi put.

Ovde želim odmah da vas upozorim da je "komuniciranje" sa pokojnima zabranjeno od svih verskih organizacija. Još je starim prorocima bilo rečeno da se čovek mora isključivo osloniti na svog Tvorca i Njega moliti za bolju budućnost. Jer samo Bog može promeniti našu sudbinu na bolje, a đavo uvek na gore! Kontakti s pokojnima mogu biti i vrlo opasni, jer se na ivici dve dimenzije mota velik broj pakosnih i zlih duhova, koji ne samo što vam mogu naneti veliku štetu, nego i opasne psihološke poremećaje.

TREĆI RAZGOVOR - OKTOBAR 1979.

- Kako se tamo osećaš?
- Lagano u svakom pogledu. Ovo novo "telo" mi je bestežinsko pa se lako krećem. Duševno sam takođe mirna jer su mi sad sve stvari jasnije.
- Kako se tamo krećete?
- Nogama, u neposrednoj blizini a na veće daljine putujemo pomoću misli.
- Kako to misliš?
- Pa, na primer, u toku rada mi zatreba neka informacija iz biblioteke. Pomislim na paviljon s knjigama i - eto me tamo!
- O kakvom to "radu" govoriš?
- Dok ovde čekamo na "tranzit" (prelaz) moramo da radimo. Tako se najbrže privikavamo na novu sredinu. Dok ne naučimo na kretanje i komunikacije u ovoj dimenziji nismo u stanju da pređemo u drugu, višu.
- Kakvim radom se ti baviš?
- Dočekujem ili budim novoumrle u stresu i pomažem im

da se lakše snađu i shvate novu situaciju.

SEDMI RAZGOVOR - DECEMBAR 1979.

- Gde tamo živite?
- Ja u prirodi jer sam je uvek mnogo volela. Drugi koji ne mogu da se odmaraju "pod vedrim nebom", spavaju u kućama.
- Zašto se morate odmarati kad ste bestežinski?
- Iz životne navike. Ali brzo naučimo da nam odmor ovde nije potreban. Ja sam, na primer, još dugo posle smrti bila "bolesna" pa su me čak i lečili u ovdašnjoj bolnici!
- Ne razumem!
- Većina ljudi koja umre nije spremna na ovaj život, pa se odjednom nađu u košmaru. Ne kažemo im odmah da su umrli već ih prema individualnim potrebama pripremamo. Bolesne lečimo i dalje, osakaćene u ratu ili saobraćajnim nesrećama "krpimo" a one koji su verovali u drugi život sačekujemo i upućujemo tamo gde treba da idu.
- Otkud znaš gde ko treba da ide?
- O tome vode računa "više instance", takozvani "vodiči".
- Misliš "sveci"?
- Ne, ali to jesu neka "bića od svetlosti", božji ljudi ili kako ih neki zovu "božji agenti"!
- Znači, svece nisi tamo viđala?
- Sveci ne postoje - objasni mi ona. - Svece smo proglasili mi ljudi! A ovde se ne priznaju "činovi" podeljeni od nas ljudi na zemlji! Ovde se čin mora zaslužiti i dokazati. Svako može vremenom postati "biće od svetlosti"!
- Razumem. Znači, zemaljski kralj je za vas običan čovek.
- Ni kraljeva ovde gde sam ja nema. Kraljevi, carevi, i njima slični "vladari" obično odlaze u niže slojeve.
Nisam je ni pitao zašto!

JEDANAESTI RAZGOVOR - FEBRUAR 1980.

- Vreme! Šta je to za vas?
- Vreme, kakvo je tebi poznato ovde ne postoji.
- Možeš li "putovati" po našem vremenu, mislim, prošlosti ili budućnosti?
- Mnogi to ne umeju, ali ja sam naučila. Pošto mi je prošlost uglavnom dobro poznata, radije zavirim u blisku budućnost, jer još nisam u stanju da putujem suviše daleko!
- Šta je to vreme? - interesovalo me je. Poduža pauza...
- To ti je... to ti je kao točak sa filmskom trakom - objasni ona dobro mi poznatim filmskim jezikom. - Kao i na filmu, postoji početak, sredina i kraj! Zamisli sad taj film kako protiče projektorom... Sličice koje SADA prolaze kroz otvor objektiva su SADAŠNJOST! Ali pazi, sadašnjost kao takva ne postoji! Jer brzina ovog vremenskog filma je ogromna. Brža od svetlosti! Zamisli sad da kroz otvor projektora protiču sličice "sadašnjosti" brzinom od trista hiljada u sekundi! U stvari, mislim da je i to prespro! Film koji je već prošao kroz otvor i namotao se na prazan točak je, naravno, prošlost! A film koji će se tek pojaviti u otvoru je budućnost! Vi, na žalost, retko možete zaviriti u prošlost ili budućnost vašeg životnog filma. Nama odavde to je lakše jer nismo kao vi - vezani za vreme! Svaki čovek ima svoj "film" koji se odmotava od rođenja do smrti. Kada čovek umre ovaj film mu se "prikazuje", kako bi bolje shvatio svoje dobre ili loše radnje iz života.

Nove izražajne mogućnosti moje majke su počele da me iznenađuju i zabavljaju. Očigledno je brzo napredovala, a i za života je volela mnogo da čita.

- Znači, vreme ima početak i kraj.
- Sve što ima početak "mora" imati svoj kraj! Ali to se odnosi samo na materijalne stvari. Duhovni svet je sazdan od drukčijeg, "nekvarljivog" materijala!

- Kakvog?

- E, bojim se da te stvari još nisam saznala.

DVADESET DRUGI RAZGOVOR - JUNI 1980.

- Stvari su mi sada mnogo jasnije. Naučila sam da govorim "mentalnim jezikom", da se lakše i brže probijam kroz "prvu nižu" i "prvu višu" dimenziju i da sama rešavam probleme. Mislim da će me uskoro poslati na viši stepen".

- O čemu govoriš?

- Kažu da se samo "postepeno" možemo ponovo vratiti Bogu! Ukupno ima sedam nivoa ali ja nisam sigurna na kojem sam sada. Prvom ili drugom. Takođe postoje sedam nivoa "naniže" gde odlaze oni koji će se ujediniti sa đavolom! Da bi video Boga, moraš postati savršen "kao on"! Da bi se sreo s đavolom, moraš se "spustiti na njegov nivo"! Svakim skokom na viši nivo, stiču se veća svest, i veća moć. Kao i na zemlji, što ideš naviše, sve manje ljudi je oko tebe! Jedan mi je "vodič" pričao da na šestom stepenu još nikog nema!

- Objasni mi ovo malo bolje - zamolio sam.

- U pitanju je "kristalisanje" naše svesti. Pošto nismo bili zadovoljni samo čistom svešću o sebi, đavo je došao na ideju da nas povede sa sobom u materijalni svet gde ćemo pored čiste svesti osećati i "druge stvari"! Nije nam objasnio da ćemo time "uprljati" prvobitnu svest, a sami nismo bili dovoljno iskusni! Bog nas je mirno pustio da steknemo "iskustva" i vratimo mu se tako još čistiji. Na žalost, u ovom procesu čišćenja mnoge duše će poginuti! Ali oni koji shvate grešku i pokušaju se vratiti - živeće večno!

- U redu, toliko sam shvatio i iz Biblije, ali šta ti treba konkretno da uradiš da bi se popela na viši nivo?

- Moram se postepeno odricati svojih zemaljskih navika, svog urođenog egoizma, svojih sklonosti i ostalih neracionalnih duševnih osećanja. Već na ovom stepenu se moram potpuno odreći - sebe!

- Šta sledi onda?

- Prelazim na viši stepen ili nivo, ili kako to neki nazivaju "sferu"! To su duhovne sfere čiste svesti. Telo gubi svoj značaj, a duša dolazi do izražaja. Od tog stepena moraš se veoma naporno penjati naviše. Što više, to teže!

- Šta radiš tamo?

- Koliko sam naučila od mog "vodiča", na višem nivou ću dobiti novo zaduženje.

- Kakvo na primer?

- Dobiješ grupu ljudi i nad njima "apsolutnu vlast". Vodiš računa o njihovom duhovnom razvoju i sudbinama. Paziš, na primer, da ne uđu u "pogrešan" avion! Ili ih navodiš na pravac koji im je još pre rođenja bio "zapisan"! Mislim na njihovu karmu! Posle te prve grupe, daju ti veće grupe ili čitave narode.

- Ali - pade mi na moj "materijalni" um - to onda znači da možeš lako i pobiti sve te ljude, zar ne?

- Ne! Ne možeš! Oni koji bi tako nešto mogli učiniti nisu u stanju da se popnu ni na ovaj običan, a kamoli na viši nivo!

Pa da, kakvo glupo pitanje!

- Šta rade na onim, još višim nivoima?

- Njima je data još veća vlast od ovozemaljske. Neki od njih vladaju čitavim planetarnim sistemima, ili čitavim galaksijama!

TRIDESET TREĆI (I POSLEDNJI) RAZGOVOR - APRIL 1981.

- Odlazim! - otpočela je moja "majka" ovo je naš poslednji razgovor. - Kažu da moram sad da idem, a ni tebi više nisu potrebne moje informacije, dovoljno znaš, više ti ne treba! SVE ćeš saznati kad pređeš ovamo!

- Bojim se da još nisam spreman! - počeo sam da se ograđujem od ovakve mogućnosti.

- Za to budi "uvek spreman", jer nisi ti taj kojeg će pitati za dozvolu!

- Da li ti znaš kada ću ja umreti i kako?!

- Znam!

- Ali mi, naravno, ne smeš to ispričati!

- Kada bih ti tako nešto rekla, "unazadila" bih sebe za hiljadu i više godina!

- Još uvek sam pomalo skeptičan - priznao sam joj.

- I to vidim, na žalost! Zato ću ti još pre nego odem ostaviti nekoliko "materijalnih" dokaza! Biće ti malo neprijatno, ali ne brini...

Još smo dugo pričali o budućnosti, naročito o stvarima koje će se desiti, kako bih ja ostao čvrsto uveren da sam zaista razgovarao sa njom a ne sa sopstvenom podsvešću!

Ovde moram da se izvinim mojim čitaocima što mi nije bilo dozvoljeno da im u prvom izdanju Paralelnog Sveta otkrijem neke neprijatne vizije koje mi je moja majka 1981. prenela u toku naših razgovora, a u koje mi je bilo zaista teško da poverujem.

Kako sam mogao da joj verujem da će "Beograd goreti od bombi", ili da će se Jugoslavija "raspasti u krvavom građanskom ratu", ili kako vidi "nepregledne kolone naših ljudi koji odlaze pravo đavolu u čeljusti!" Govorila je o hiljadama ubica i ratnih zločinaca budućeg građanskog rata. Kada se desio, ja sam bio preneražen. I danas mi je neprijatno što joj nisam mogao verovati, mada sam siguran da mi nije zamerila.

Na kraju nam je objasnila da se više neće javiti, a mi da ne upotrebljavamo sistem konverzacije koji nam je poverila.

Ubrzo posle toga, počele su sa zidova da nam se ruše slike sa ramovima. Ja bih obično odmah izvršio inspekciju, ali su ekseri uvek ostajali čvrsto u zidovima. Time su valjda želeli da mi stave do znanja da je slike pobacala "viša sila". Jer da su padale sa sve ekserima, ja bih, naravno, pomislio da je slika skliznula sa zida usled težine.

Čuli bismo često kucanje po prozorima ili na ulaznim vratima, ali tamo nikog nije bilo! Palila bi nam se po sobama svetla "bez veze" ili otvarala vrata pre no što bi im prišli! I supruga i ja smo postali "nervozni" jer smo imali i bebu pa smo se plašili da joj se nešto ne desi. Ali beba bi noću, mirno i spokojno spavala, ništa ne sluteći. Onda smo počeli primećivati čudne šare i "specijalne efekte" na porodičnim fotografijama koje smo te godine snimali, naročito na Božić 1981.

Jednog jutra su nam svi satovi stajali mrtvi na pet minuta do dvanaest! Bio je to jasan znak da je *krajnje vreme* da počem sa pisanjem ove knjige, jer je *pet do dvanaest*! A onda je sve odjednom prestalo. Uplovili smo u novu 1982. godinu, mirno i bez naknadnih "šokova" iz paralelnog sveta.

Bio sam zapanjen, zbunjen i osećao se nemoćnim. Nije mi još dugo išlo u glavu "kako" je sve to bilo moguće? Sve što nam se tih godina desilo išlo je nepokolebljivo u prilog teoriji o postojanju dva paralelna sveta. Kasnije, u toku mojih mnogobrojnih susreta i diskusija s naučnicima i drugim bistrim umovima, shvatio sam da i oni veruju u tako nešto i da ja nisam iznenada poludeo!

Tada sam čvrsto odlučio da za vas, dragi čitaoci, napišem ovu knjigu, kako biste sa mnom podelili sva ta neverovatna iskustva i uzbuđenja. Zaključak donesite sami, svako za sebe i svako prema svojim intelektualnim mogućnosfima.

ZAKLJUČAK

U početku ne beše ničega!

Tako tvrdi Biblija, a u tome se slažu i naučnici, naročito zagovornici takozvanog "big benga", odnosno praeksplozije svemira. Kako bi vam donekle pomogli da shvatite pojam "ničega", i mi se moramo za trenutak vratiti tom prapočetku svega.

NIŠTA ne znači samo nedostatak bilo kakvih materijalnih čestica, već se ta reč odnosi na prostor i vreme. Jer "pre početka" nije bilo ni prostora ni vremena. Bilo je NISTA! Ali već se ovde sukobljavamo sa logikom zdravog razuma, jer je još Ajnštajn matematički dokazao da NEŠTO od NIŠTA ne može da se dobije! Znači, moramo se i mi poslužiti matematičkim pokušajem shvatanja SVEGA.

Pošto je NULA, matematički simbol za "ništa" to znači da je pre početka postojao jedan bezbroj nula koncentrisanih najverovatnije u jednoj tački nama neshvatljivo malog oblika. Da bi se od te nezamislive mase NULA dobio jedan nezamislivo velik broj, bilo je potrebno ispred njih staviti broj JEDAN, što je takođe i matematički simbol za PRVI! Tog istog momenta, silne nule su postale BROJ, i, do tada ništavilo, odjednom se pretvorilo u STVARNOST! Sve one bezbrojne nule, odjednom su postale najosnovnije i konačne čestice budućeg materijalnog sveta - ATOMI.

Današnjem čitaocu je vrlo dobro poznata atomska struktura sveta, kao i matematički dokazana činjenica da je broj atomskih čestica ograničen, odnosno konačan. Danas u svemiru ima tačno onolio atoma koliko ih je bilo i u prvom trenutku stvaranja, isto onoliko koliko će ih biti i na kraju ovog sveta i vremena. Jedan nezamisliv broj, kojeg je takvim učinila ta PRVA jedinica postavljajući sebe ispred onog bezbroja nula. Tog momenta je nastupilo "pra-stvaranje" materijanog sveta.

Naučnici se uglavnom slažu da je ta prva "pramasa" bila toliko nabijena i gusta osnovnim česticama materije da se unutar nje nije nalazio ni najmanji "prostor".

Kažu da sva ta silna energetska masa današnjeg svemira nije bila veća od fudbalske lopte! Unutar te loptice, ne samo da se nalazila naša današnja galaksija Mlečni Put, već i atomi koji čine vaše telo, dragi čitaoče, i atomi koji čine list ove knjige i štamparsku boju njenih slova! Apsolutno SVE nama poznato i nepoznato nalazilo se skoncentrisano u toj "pramasi".

Istog trena kada je PRVA jedinica svojim pripajanjem, od beskraja NULA načinila neshvatljivo velik BROJ, počelo je i stvaranje svemira. Došlo je do strašne eksplozije energije, odnosno popularnog "big-benga"! U, do tad večitoj tami ništavila bljesnula je prva svetlost! Gotovo istog trenutka kada je nastala materija, stvoreni su i prostor i vreme. Do tada ih nije bilo jer nije bilo materije. "Prostor" je razdaljina između dve tačke a "vreme" je dužina puta koju svetlost utroši da bi od tačke "A" stigla do tačke "B", bez obzira na njihovu udaljenost.

Pokušajmo sad zamisliti sam trenutak STVARANJA!

U prvom deliću milijardinki nama poznate sekunde, "pramasa" ne veća od teniske loptice, eksplodirala je u loptu ogromnih dimenzija koja se širila stravičnom brzinom svetlosti u svim pravcima, a kao što znamo, nije se zaustavila ni do danas. Sa širenjem mase, širio se i obim prostora, a počelo se produžavati i vreme.

U drugoj milijardinki sekunde već su se odvojile manje gravitacione mase od glavne i jurile po "ništavilu". Obim te mase toliko se proširio da bi nam bilo teško i da ga zamislimo. Tako brzo i užasno je bilo oslobađanje te prvobitne mase, da se u početku najverovatnije širilo brzinom nekoliko puta većom od svetlosne. I evo nas danas, deset milijardi godina kasnije, od bezoblične mase oformio se današnji svemir i svud po njemu inteligentna bića slična nama, neka na nižem nivou od našeg, a neka na intelektualnom i duhovnom nivou nama nedostižnom!

- I u to sam apsolutno uveren! - slaže se sa mnom doktor Sefer kada smo dodirnuli ovu temu. - Da smo mi jedina razumna bića, čemu onda stvaranje tako ogromnog i kompleksnog univerzuma?

Kratko ga gledam pre no što se usuđujem da upitam:

- Šta vi kao naučnik mislite, da li je moguće da su prilikom praeksplozije stvorena u stvari dva paralelna sveta? Ovaj od čiste materije, a onaj drugi od čiste energije?

Doktor Sefer se zagonetno nasmeši.

- Kao sin ortodoksnih Jevreja, od malena sam vaspitavan da verujem u Boga i biblijsko stvaranje sveta. Danas mi je, priznajem, to prilično teško. Jer Biblija je, u stvari, više istorija Jevrejskog naroda, tu i tamo protkana religioznim osećanjima onog vremena. Ne zaboravimo da su predanja o "stvaranju" vekovima prenošena s kolena na koleno, uglavnom usmeno, i da su kao takva dospela prilično izvitoperena u današnju Bibliju. Da ne spominjem "čišćenja" i redigovanja koja je izvršila hrišćanska crkva tokom proteklih vekova. Hoću da kažem, danas je i malom detetu jasno da Bog nije stvorio svet za sedam dana, već je to bio jedan dugotrajan i strahovito komplikovan proces koji je potrajao nekih deset milijardi godina. Toliko se računa da je svemir star.

Dok mladi naučnik pravi kratak predah i razmišlja, čekam strpljivo na njegovo naučno objašnjenje.

- Pošto smo već zaključili da je svemir imao početak, nameće nam se prirodan zaključak da će on imati i kraj! Vama je svakako poznata teorija o ekspanziji i kontrakciji svemira, što u svakidašnjem rečniku znači da se on u početku širio, a da će se u jednom određenom trenutku budućnosti početi opet skupljati. Ja lično mislim da su "crne rupe" koje su nedavno otkrivene po raznim delovima svemira, u stvari prvi počeci njegove kontrakcije, odnosno sabijanja u onu istu malu tenisku lopticu iz čije je mase nastao.

- Ovo je vrlo interesantna misao - prekidam ga. - Da li biste mogli biti malo precizniji u pogledu pojave tih crnih rupa?

- Crne rupe su tamne mase izuzetne gustine, a njihov obim me ozbiljno zabrinjava. To su navodno gravitaciona polja koja privlače okolnu masu takvom užasnom silinom, da ne dopuštaju čak ni svetlosnim fotonima da pobegnu! Smatra se da svaka crna rupa privlači i guta u sebe ne samo okolne planete i zvezde, već je u stanju da sabije u svoju masivnu utrobu i čitavu galaksiju! I što je njena masa veća, to je njena gravitaciona sila snažnija. Samo ilustracije radi, zamislite telefonski imenik težak dva kilograma koji se slučajno našao udaljen sto kilometara od "grotla" jedne takve gravitacione sile. U tom trenutku on bi bio težak preko pet tona, a na udaljenosti od desetak metara, taj isti imenik težio bi koliko sve živo stanovništvo naše planete!

Pošto mi je ostavio par trenutaka da se priberem, doktor Sefer nastavlja:

- Naravno, naša generacija se nema čega bojati, jer će kontrakcija svemira trajati bar isto toliko dugo koliko je trajalo i njegovo širenje. Naučnici smatraju da će nakon sabijanja svemira u istu prvobitnu masu doći opet do njegove nove eksplozije i širenja, ali ja nisam više u to siguran. Postoji mogućnost da će se ona vaša famozna "jedinica" na kraju kontrakcije opet odvojiti od bezbroja prvobitnih "nula", nakon čega će se materijalni svet opet raspasti u ništavilo iz kojeg je, zbog nas, stvoren! Matematički, naravno - podvlači doktor Sefer.

- Ali ta kontrakcija materijalnog sveta neće značiti i uništenje onog drugog, paralelnog, zar ne?

- Ukoliko postoji, a sve su indikacije da postoji, ta sa nama paralelna dimenzija će ostati i to najverovatnije zauvek!

- Polako, doktore! - upozoravam ga. - Ako su oba sveta

stvorena u prvom trenutku "big benga", ne znači li to da će se oba sveta i zgusnuti natrag u pramasu i time ponovo nestati?

- Ne! Ova dva sveta se ne potiru i nemaju apsolutno nikakav uticaj jedan na drugi, jer naš svet je materijalan, a onaj drugi duhovan, ili kako se to popularno kaže "od Božje energije svesti". Oba sveta egzistiraju jedan unutar drugog, odnosno paralelno jedan s drugim, ali najverovatnije na različitim frekvencijama.

I tu počinje da me kopka jedno važno, čisto filozofsko pitanje koje sam i zbog vas, dragi čitaoče, primoran da mu postavim:

- Ako je ovo vaše teoretisanje tačno, onda se nameće prirodno pitanje; zašto je Bog, ili ma ko, ili ma šta to bilo, uopšte i stvarao DVA SVETA? Zašto mu nije bio dovoljan JEDAN?!

- E bojim se, gospodine Benedikt, da će nam na to pitanje najbolje umeti da odgovori Padre Gomez jer ono zalazi duboko u filozofsko-teološke rasprave u kojima je on znatno veštiji!

Doktor Gomez nam se pridružio tog popodneva, pa smo tada zajednički održali naš poslednji sastanak pre mog povratka u Toronto. Ponovili smo doktoru Gomezu moju teoriju "matematičkog stvaranja sveta" i objasnili mu gde smo "zapeli"!

- Zašto su stvarana DVA SVETA! - podigao sam značajno dva prsta u obliku slova "V".

Padre Gomez je češkao kratku bradicu, koju je nedavno pustio, fiksirajući me pravo u oči...

- Apostol Jovan počinje svoje Jevanđelje ovim rečima: U početku beše reč, a reč beše u Boga i Bog beše reč! Sve je kroz nju postalo i bez nje ništa nije postalo što je postalo!

Naš sagovornik malo čeka da mi bolje shvatimo poruku.

- Matematički, da, u pravu ste, postojalo je NIŠTA! Ali u toj nama još nezamislivoj formi postojala je REČ, odnosno nečija IDEJA! Ta prasvest u vakuumu ništavila je vaš broj JEDAN, odnosno PRVI! U pravu ste kad nas podsećate da je još Ajnštajn izjavio da se NEŠTO OD NIŠTA ne može dobiti! On nam je ujedno i dokazao da postoje DVE STVARI u kosmosu - energija i materija, kao i da se ove dve mogu pod specijalnim uslovima menjati jedna u drugu! Međutim ono što Ajnštajn nije mogao matematički dokazati, to je TREĆA STVAR u kosmosu! A ta je ENERGIJA SVESTI!

- Od koje je sačinjen taj drugi, paralelni svet? - želim da proverim.

- Od koje su sačinjena OBA SVETA! - ispravlja me doktor Gomez. - Vidite, u Bibliji nam je jasno stavljeno do znanja da je sve počelo od Božje "reči", odnosno "ideje"! Ni jedno umetničko delo, ni jedno naučno otkriće, ni jedna filozofska misao se nije rodila bez nečije prethodne "ideje"! Da bismo napravili bilo šta, dobro ili rđavo delo, potrebna nam je najpre ideja. To je ostalo "u nama" od prapočetka, jer smo u početku svi mi bili sastavni deo Boga!

- Pod "Bogom" - umeša se doktor Sefer - gospodin Gomez podrazumeva "prapočetak"! Nekim naučnicima ateistima ta reč teško pada, jer nisu u stanju da je prihvate kao "fakat". Zato objasnite vašim čitaocima da je reč "Bog", za sada jedina alternativa za onu matematičku "jedinicu", odnosno PRVI!

- Takođe im objasnite - dodaje Padre Gomez - da je ovo o čemu smo danas diskutovali samo "teorija mogućnosti", a nipošto "istina"! Do istine mora svaki od njih - sam doći!

Potrebna mu je kraća pauza kako bi se pribrao.

- Dakle, ta prva svest, odnosno prasvest, odnosno Bog, koja se, u početku svega nalazila prepuštena samoj sebi, egzistirala je u nekoj vrsti čistilišta, u "nečem" nama nezamislivom, pa "to" ne možemo ni objasniti ni opisati. Ta PRASVEST se verovatno osećala tužnom, usamljenom, sama sebi nepotrebnom. I što je duže egzistirala, to je postojala sve svesijom! Tako je otkrila da može stvoriti boje i oblike bilo čega što "zamisli". Kako bi se malo razveselila, ta prasvest se bacila na obiman posao "kreiranja" svega i svačega. I tako je došla na ideju da stvori univerzum! Bio bi to svet prepun drugih svetova, sve lepši od lepšeg. U takvom jednom univerzumu PRASVEST, odnosno Bog, ne bi bio sam, jer bi mogao stvoriti i druga "svesna" bića slična sebi! U Bibliji piše: I stvori Bog čoveka po svom liku! Tu se mislilo na "duhovnu" stranu čovekovu, odnosno njegovu svest o sebi.

- Kako je do toga svega došlo? - interesuje me.

- Spontano! - upada doktor Sefer, koji je očigledno i sam o tim stvarima razmišljao. - Pošto je razradila kompletan plan svoje buduće kreacije, PRASVEST je sve to sabila u ono čuveno "kosmičko jaje", koje sama moderna nauka prihvata kao mogućnost. Jer, da bi stvorila sve te svetove i današnje galaksije, PRASVEST je morala zamisliti i planirati PROSTOR i VREME! To je automatski stvoreno praeksplozijom kosmosa koju ste onako slikovito već opisali.

- Da li su oba sveta, duhovni i materijalni bili istovremeno "lansirani" u prostor i vreme, ili je do stvaranja duhovnog, odnosno paralelnog sveta došlo kasnije? - interesuje me.

- Sve je nastalo istovremeno! - smatra doktor Sefer.

- Zašto? - nastavljam ja tvrdoglavo. - Zašto su Bogu, ili bilo čemu bila potrebna DVA SVETA?

Tu obojica gledamo u Doktora Gomeza, jer osećamo da bi njegovo mišljenje moglo biti "najbliže" mogućoj istini.

- Stvaranje dva sveta za Boga nije bio veliki problem. Problem je nastupio kada je odlučio da stvori sebi "drugove", odnosno i druga svesna bića, ili kako ih u Bibliji nazivaju "anđele". Kao što znamo, prvi anđeo ikada stvoren od Boga, bio je Lucifer, odnosno "lučonoša"! On je trebalo da bude glavni prosvetitelj ostalih nadolazećih duhova po celom svemiru. Pošto je Bog u njega ugradio veliki deo samoga sebe, to je i Lucifer postao "ravan Bogu" u znanju i kreativnim mogućnostima. Ali onog momenta kada je stvoren "drugi anđeo", pa treći, stoti, hiljaditi, pa milioniti, u Luciferu se počela razvijati najpre ljubomora, a zatim mržnja prema Bogu i želja za "otcepljenjem" od svog praoca! Bog, koji je još davno pre početka svega toga znao do čega će doći, odlučio je da sebe i ostale dobre duhove obezbedi i zaštiti od budućeg besa svog prvostvorenog anđela! A da bi to postigao, morao je stvoriti DVA SVETA! Bog ne bi bio Bog, kada ne bi znao budućnost koju je u stvari sam planirao, zar ne?

- Izvinjavam se ukoliko vam se moje sledeće pitanje učini priglupim - morao sam da intervenišem - ali zašto bi svemogući i sveznajući Bog uopšte stvarao sebi i svojoj deci "destruktivne sile" poput Lucifera?!

Po osmehu na Gomezovom licu shvatam da nije trebalo ni postavljati ovakvo pitanje.

- Imate li vi decu? - pita me.

- Imam jedno.

- Zamislite da ih imate desetak i jedno od njih krene pogrešnim putem! Zamislite da ste kao Bog i da možete to znati "pre" njegovog rođenja! Da li biste se zbog ovog nevaljalog deteta odrekli stvaranja onih dobrih koje volite?

- Prirodno da ne bih - priznajem nakon kraćeg razmišljanja.

- E vidite, a vi ste samo "običan čovek"! - podvlači Gomez. - Zamislite tek kakva mora da je bila ljubav jednog Boga koji je stvorio bilione dece! Jer kao što će vaše "prvo" dete biti ljubomorno na vaše "drugo" dete, tako je i Lucifer postupio, ali u "svemirskim razmerama"!

- Šta se po, vašem mišljenju, u stvari desilo? - pitam ga.

- Kada se u Lucifera ljubomora razvila u mržnju, on je počeo da "rovari" među ostalim anđelima. Iz Biblije vidimo da anđeli nisu posedovali "iskustvo", što nam je simbolično prikazano kroz par Adama i Eve. Ali, i u toj priči se nalaze "rupe", jer zašto bi Eva bila "žena" a Adam "muškarac", kad su svi prvostvoreni anđeli bili u stvari - bespolni! Naravno, oni koji su biblijske priče beležili, nisu o tome razmišljali. Ali mi danas, posle dve hiljade godina, možemo sami zaključiti da im pol nije bio potreban jer se anđeli nisu sami razmnožavali! Sve ih je stvarao isključivo Bog! Svejedno, živeli su u parovima ili grupama zbog društva i zabave, a među njima je bila vrlo razvijena ljubav. Ta sami su bili deca ljubavi, jer je Bog SVE stvorio iz čiste ljubavi!

- Kako je došlo do "pobune"? - nestrpljivo ga prekidam.

- Ja lično mislim da je Lucifer počeo među onim bistrijim duhovima, odnosno anđelima, propovedati mržnju prema Bogu. Verovatno je pričao bojke o posebnom svetu u kojem ćemo iskusiti stvari za koje je do tada znao samo Bog. Pričao je kako ćemo svi moći biti "kao Bogovi", kako ćemo otkriti mnoge divne stvari, poput fizičke ljubavi, vlasti, slave, kako ćemo moći sami kreirati druge stvari i sami sebi sopstvenu decu! I kada nas je jednog dana javno upitao: "Ko želi sa mnom u drugi svet?" nas trojica smo bili među milijardama glupaka koji su podigli ruku!

- Zašto smatrate da smo bili "glupaci"?

- Pa samo bi idiot promenio "rajsko stanje" za OVO! - pokazuje Padre Gomez širokim pokretom ruke oko sebe, ciljajući na ovaj svet i njegove "nuz-produkte"!

- A dragoceno "iskustvo" zbog kojeg smo, kako tvrdite, pošli sa Luciferom? - podsećam ga.

- Ono nam je donelo teška razočarenja, duševni bol, mržnju i ljubomoru, stalan strah od drugoga, čežnju za "ponovnim rajem", bolesnu želju za bogaćenjem, nesigurnost, pohotu, perverziju, banalnosti, preduga je lista duhovnih prljavština do kojih smo u ovom jadnom svetu došli! I, na kraju smrt! Tamo smo znali da smo večni, ovde se tresemo od pomisli da ćemo uskoro morati umreti, jer naša smrt je ujedno i "jedina" stvar za koju sigurno znamo da će nam se desiti u budućnosti! Ali naš

Otac ne bi bio ono što je kad se ne bi na nas bednike sažalio i predložio nam izmirenje! Pošto su samo On i Lucifer znali na šta će ličiti ovaj materijalni svet, mudro nas je pustio od sebe, ali nam je još tada obezbedio povratak ako se - pokajemo! A da bismo to mogli učiniti, biće nam potrebno izvesno predznanje. U stvari mnogo, mnogo znanja! Kada smo konačno "shvatili" u kakav nas je duhovni pakao Lucifer poveo, za mnoge od nas je bilo prekasno!

- Kako smo uopšte došli na ovaj svet? - pitam se.

- Postoje dve vrste naučnika u svetu - upada doktor Sefer pa nastavlja: - Prvi su ateisti i veruju samo u ono što vide, a drugi su maštovitiji i smatraju da "sve što se ne može poreći - postoji"! Ja, koji sam kao i vi, video neke stvari, moram dopustiti mogućnost postojanja dve paralelne dimenzije! Za one druge me nije briga, svima su nam podjednako data "sredstva za shvatanje"!

Doktor Sefer tu ustaje i prilazi tabli na zidu...

- Pošto je stvaranje materijalnog sveta koji mi znamo trajalo oko pet do deset milijardi godina, njegovo naseljavanje nije ni bilo moguće ranije. Kao prvo, planete pogodne za život su se morale dovoljno ohladiti, vegetacija porasti i prve se glomazne životinje izroditi. Oni koji su "s druge strane" vodili računa o našim budućim sudbinama, strpljivo su čekali da se na tim planetama pojave i razviju pogodne životinje u koje bi se prvi "duhovi" mogli useliti. Pošto su dinosauruse zbrisali nekom nama još nepoznatom kataklizmom, čekali su na novu generaciju pogodnijih "vozila" na ovaj svet. Pojavom neandertalaca ova šansa im se odjednom ukazala. Imali su pred sobom dovoljno visoku i razvijenu životinju koja je stajala na zadnjim nogama dok se prednjima služila prilikom ishrane i odbrane! Tek tada su, po mom mišljenju, u ove majmunolike "Ijude" ušli prvi duhovi! Kakav paradoks, zar ne? Nekadašnji "anđeli" se useljavaju u "majmune", kako bi stekli sopstvena "iskustva"!

Gledam u Padre Gomeza koji ćuti i sluša.

- I vi se s ovim slažete?

- Ovo o čemu priča doktor Sefer je, u stvari, "jedino" logično objašnjenje našeg "dolaska" na ovaj svet! Nauka nam je već to potvrdila i danas dobro znamo ko smo i kako smo postali ovo što smo. Istina, nauka još uvek ne zna tačno šta je u stvari "svest", ali mi ćemo to, za sada, zvati "duša", jer takođe je poznato da životinje imaju vrlo ograničenu svest! Samo čovek poseduje punu svest o sebi i svojoj okolini! - završava Padre Gomez sa prizvukom lake ironije.

- Onda? - vraćam pogled na doktora Sefera koji strpljivo čeka pored table na kojoj nam crta.

- Pošto su nas tako "prebacili" polako u ovu dimenziju, oni s druge strane su ostali tu sa nama da nas posmatraju i da nam povremeno pomažu. Duh u gorili se brzo snašao, jer kako bi to Padre Gomez rekao, bio je "Božjeg porekla", pa je odmah počeo da otkriva stvari ili ih kreira. Otkrivanjem točka je, u stvari, otpočela naša civilizacija.

- Zašto baš gorila? - opet ih pltam. - Zašto ne neka druga životinja?

- Zato što je samo gorila imao dovoljno velik i dovoljno razvijen mozak, odnosno biološki kompjuter, kroz koji bi "energija svesti" mogla funkcionisati! - smatra Sefer. - Tu odmah želim da napomenem zbog vaših budućih čitalaca, da nama poznati "čovek" ne liči na nas svud u svemiru! Jer na nekoj udaljenoj planeti "ljudi" možda žive pod vodom, jer nema kopna, a na nekom drugom svetu izgledaju kao velike ptice sa krilima koje žive na visokim planinama, jer je vulkansko tle još uvek vrelo! Mi kao takvi, nismo "jedina" svesna bića u svemiru, postoje verovatno nekoliko miliona planeta pogodnih za razvoj fizičkog života. Tako ne smatram samo ja, već i mnogobrojni naučnici i astronomi. Svemir nije stvoren samo zbog nas, već zbog biliona drugih bića, takođe!

Ne budimo skučenog uma kad smo mi u pitanju!

- I to je jedno od "nasleđa" koje smo poprimili od našeg vođe Lucifera! - upada Gomez. - Toliko smo opsednuti žudnjom za vlašću, isticanjem i slavom, da neki od nas još uvek smatraju da smo "jedini u kosmosu"! U stvari smo zrnce kosmičke prašine i kao takva malenkost bolje da se plašimo da Bog jednog dana ne "kihne"!

- Da sumiramo! - predlažem im. - Mi smo znači nevaljala deca Velikog Tate, koja smo se uputila u nepoznate sfere bez iskustva, predznanja i iz čiste želje za avanturom. I što smo se više udaljavali od mesta svog stvaranja, to smo se više gubili u nepoznatim sferama. Oni koji su se na vreme uplašili, trgnuli, na svom putu zastali i okrenuli se, još imaju šanse da primete udaljeni tračak NJegove Svetlosti, dok će se oni krajnje neposlušni i tvrdoglavi zauvek u tami izgubiti!

- Mislim da bi trebalo s ovim da završite vašuu knjigu - predlaže mi doktor Sefer.

- Ne pre no što vas upitam, šta je to u stvari paralelni svet?

- Paralelni svet - objašnjava mi doktor Sefer - je "originalni negativ" materijalnog sveta u kojem egzistiramo! Po tom negativu Onaj koji nas je sve stvorio, može kad god poželi da "iskopira" koliko god novih osoba poželi. Nismo li upravo svedoci jednog opasnog i glupog vremena, u kojem pokušavamo da razorimo i svet u kojem živimo i sebe same?! Lucifer, odnosno đavo koji nas je sobom poveo, toliko je besan od nemoći, da želi što više da nas uništi i spreči u našem bolnom pokušaju izmirenja s Bogom i povratka NJemu! A to može samo uništenjem materijalnog sveta!

- Što mi nameće novo pitanje: A šta ako on u tome ipak uspe i uništi nam ovu jedinu "životnu školu" koju sada nazivamo planetom Zemljom?

- Onda ćemo opet morati čekati hiljadama godina, dok se ne izrodi nova generacija neandertalaca! - ubacuje se Gomez. -

lli će naše "duše" prikupiti svemirska bića iz viših civilizacija i prebaciti nas na neku drugu, pogodniju planetu!

Kako je naša diskusija odjednom krenula u prilično pesimističkom pravcu odlučujem da im postavim poslednje pitanje:

- Šta biste na kraju poručili mojim čitaocima?

- Da otvore "četvere oči", one fizičke i one duhovne, i da ne zaborave da imaju samo DVA ŽIVOTA! Jedan u ovom, i drugi u onom paralelnom svetu! U ovom se može samo umreti. A u onom drugom se može zauvek nestati! - završava Padre Gomcz filozofski.

K R A J

Manufactured by Amazon.ca
Bolton, ON

29400232R00157